榎本武揚《えのもとたけあき》銅像

東京都墨田区．当初建立されたのは現在地ではなく，東京向島《むこうじま》の梅若《うめわか》神社境内だった．大正２年（1913）３月竣工，除幕式は５月に行われた．

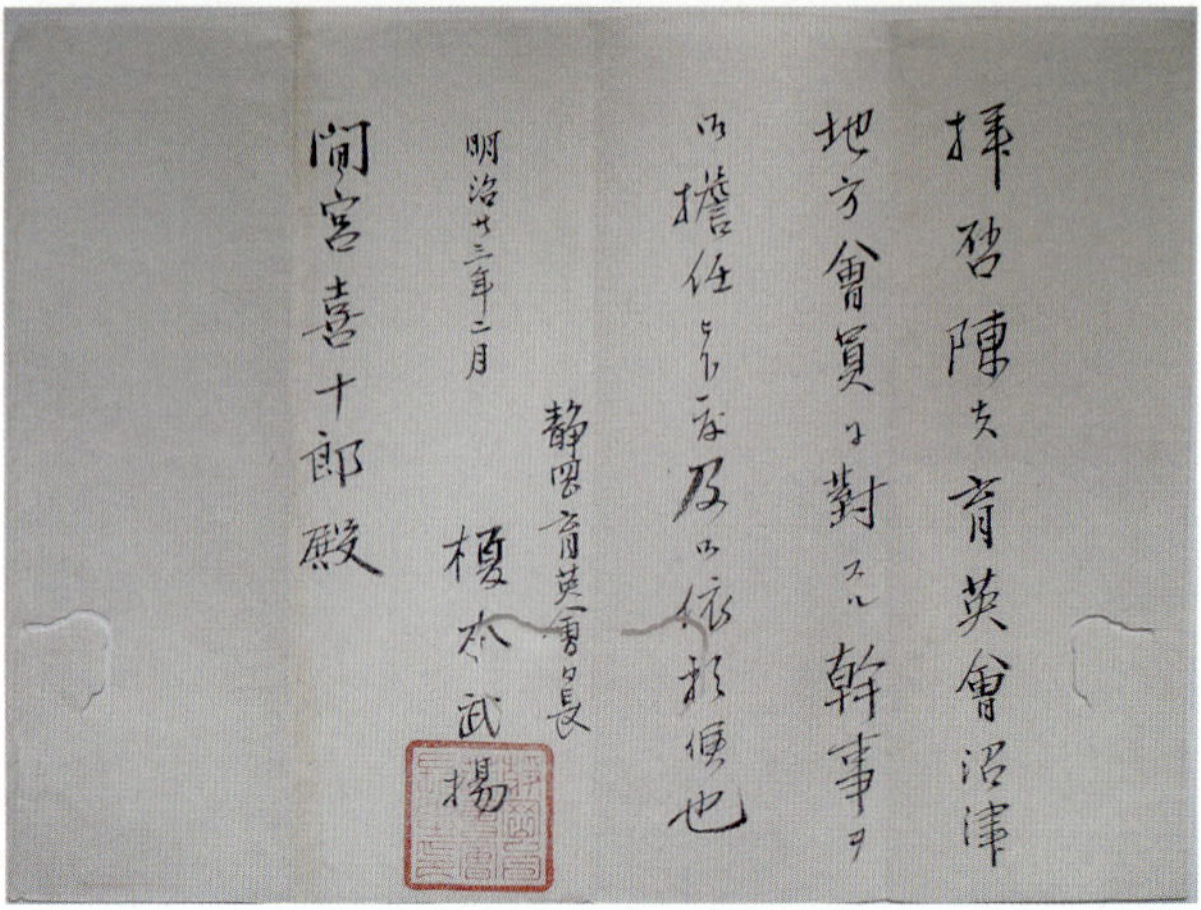

榎本武揚が会長をつとめた静岡育英会の地方会員幹事依頼状

静岡育英会は明治18年（1885）の設立．旧幕臣と静岡県人の子弟の上級学校進学を促進するため奨学金を貸与した．

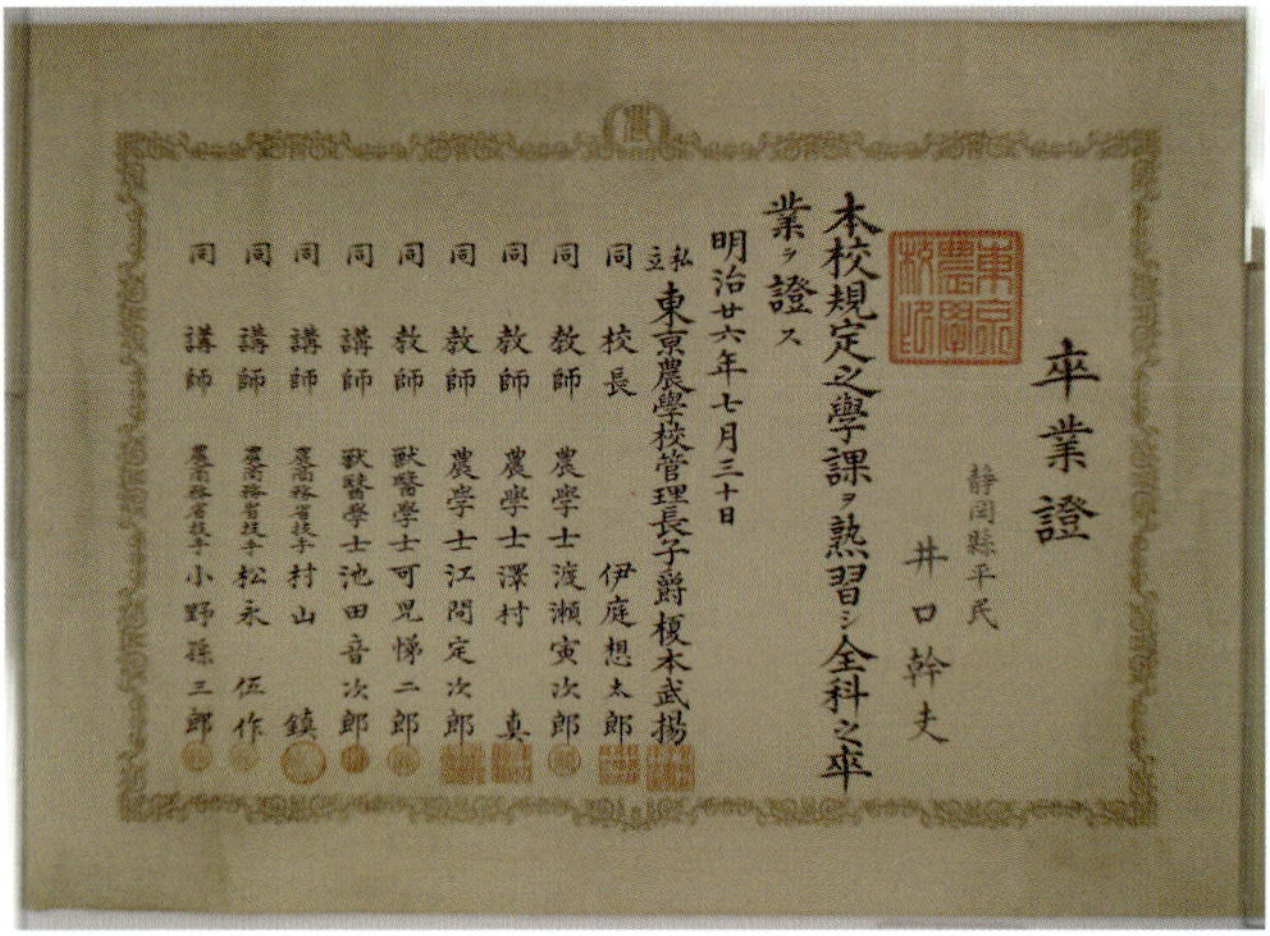

私立東京農学校卒業証

東京農学校は，静岡育英会が明治24年（1891）に設立した育英黌《こう》という私立学校の，農業科のみが26年に独立したもの．管理長は榎本武揚，校長は伊庭想太郎《いばそうたろう》（箱館戦争で死んだ伊庭八郎《はちろう》の弟）．

碧血碑《へっけつひ》

箱館戦争を含む戊辰戦争での旧幕府側戦没者を慰霊するため，明治8年（1875）に函館山の麓に建立された.「賊軍」の戦死者祭祀を許容する旨の太政官布達が出されたのは，前年のことだった.

碧血会の人々

上野東照宮《とうしょうぐう》にて．撮影時は明治末であろう．前列中央には，左から大鳥圭介《おおとりけいすけ》，榎本武揚，林董《はやしただす》，荒井郁之助《あらいいくのすけ》が並ぶ．後列には人見《ひとみ》寧《やすし》，安藤太郎《あんどうたろう》，山内堤雲《やまのうちていうん》，高松凌雲《たかまつりょううん》，小柳津要人《おやいづかなめ》らの顔も見える.

榎本武揚揮毫《きごう》による戊辰之役東軍戦死者之碑

京都市伏見区・妙教寺．京都在住の旧幕臣の親睦団体・京都十七日会により，明治 40 年（1907）に建立された．同じ伏見区の長円寺《ちょうえんじ》にも現存する．

箱館戦争と榎本武揚

敗者の日本史 17

樋口雄彦

吉川弘文館

目次

図版目次

〔口絵〕

〔挿図〕

戊辰をふりかえる旧幕臣　プロローグ

開陽丸

梧一と葉

明治十四年（一八八二）七月、新聞上で政府への猛攻撃が始まった。北海道官有物払い下げ事件である。開拓使を通じて注ぎ込まれた一四〇〇万円相当の地所・施設・船舶などが、わずか三九万円、それも無利息三〇年賦で、一私企業、五代友厚《ごだいともあつ》・中野梧一《なかのごいち》らの関西貿易商会に払い下げられることが決定されたからである。開拓使、北海道といえば、黒田清隆《くろだきよたか》をボスに戴く薩摩閥の牙城であり、この払い下げをめぐっては、同じ薩摩藩士出身の政商五代との関係に利権がらみの嫌疑が持たれるのは避けられなかった。

囂々《ごうごう》たる非難の声は全国に広まる。八月十六日、静岡で発行されていた新聞『函右日報』にも「梧《きり》一《ひ》と葉《は》」と題する論説が掲載された。批判の的になったのは、実名は伏せながらも、五代の相棒中野梧一（一八四二―八三）であり、記事のタイトルもそれを暗示したものだった。以下は、その要約、抜粋である。

「静岡藩士は戊辰《ぼしん》の騒に四派に分れ」た。第一派は「翼幕党」といい、「奥羽《おうう》へ走り上野《うえの》に戦かひ箱根《はこね》に拠り果は函館五陵廓《はこだてごりょうかく》の降伏より西国の藩々へ預けられたる連中」である。第二派は「王臣党」といい、「主公既に謹慎して王師に抗せず況んや我々をやと造作も無く王臣となり一時は本領を安堵せし者」のこと。第三派は「移住党」といい、「今の従三位君が駿遠へ封ぜられて引移らるゝや無禄なりとも御供申して御先途を見届け奉らんと旨ひ理屈をつけて家禄にカヂリ附んとせし連中」である。第四派は「帰農党」であり、「旧知行所の名主様を頼み田舎へ逃込んだれども知行所では昔しの殿様の様には取あつかはず追々麦飯の我慢か出来ず再たび駿河路へ便りて三人扶持の御厄介となりたる連中」をいう。

当時、四派の連中は自分の選択が一番正しいと思い、ほかを嘲弄《ちょうろう》していたが、本当のところは何が正しいのかは誰もわからなかった。しかし、「今日朝廷に抜擢せらるゝ人物」には、「此程迄海軍卿たりし親玉は申すに及バず大鳥荒井両氏の如き」に見るように、今になってみれば「翼幕党」こそが「正理」だったのではなかろうか。なかでも、「我〳〵とは中野よくなき先生は中〳〵目から鼻へ抜る怜悧物にて五陵廓の降伏にも天晴なる大言を吐」いて、それ以後、長州人に気に入られ、「中国の大きな県令」となって蓄財し、その後は大阪へ移り商売を始めるなど、成功を収めた。さらに、最近は「方向を転して最う一ツの強藩へも潜り込み、今度はいよ〳〵北海道を濡手《ぬれて》で粟《あわ》の三十万円三十ケ年賦の御払ひ下げとの評判」である。しかし、梧《あおぎり》が一葉を散らし、季節が変わる兆しは現れる。どれほど才知のある者でも、前途には失敗が待っているかもしれないのである。

この論説を書いたのは、たぶん静岡県在住の旧幕臣であろう。彼自身が何党だったのかは明らかでないが、静岡に住んでいるということは「移住党」である可能性が高い。中野は箱館での降伏・赦免後、静岡藩に引き渡されたが、静岡に住んだのはわずかな期間に過ぎず、一般の静岡県民に知られた存在ではなかった。その中野をやり玉に挙げたのだから、記者は同じ旧幕臣社会の一員だったとしか考えられない。「翼幕党」が一番正しかったとするのは皮肉であり、官有物払い下げを受けようとしている中野梧一を非難するための前置きにすぎない。とはいえ、その年四月まで海軍卿だった「親玉」、すなわち榎本武揚《えのもとたけあき》や大鳥圭介《おおとりけいすけ》・荒井郁之助《あらいいくのすけ》らの栄達についても冷たい視線が注がれている。明治政府に仕え栄達した者は、「移住党」にも少なくなかったはずであるが、あえてこの記事では事実を単純化したかったのだろう。

十月、いわゆる明治十四年の政変が起こり、開拓使官有物払い下げは中止された。この新聞記事が祟ったわけでもあるまいが、中野は十六年（一八八三）九月十九日、突然の自殺をとげた。

瘠我慢の説

榎本に対する批判としては、福沢諭吉《ふくざわゆきち》の「瘠我慢《やせがまん》の説」（明治二十四年脱稿）が有名である。駿河《するが》へも移住せず、新政府にも入らなかったという点で、先の「帰農党」に属した福沢は、榎本が武士の意地を貫き戦ったことについては評価をする。敗北し、降参したことについてもやむを得ないとする。しかし、「一旧臣の為めに富貴を得せしむるの方便と為りたる姿」となってしまったという、その後が悪いという。彼を首領と仰いで戦って死んだ者たちやその遺族が陰にある一方で、榎本本人は政府の高官となり栄達を極めているというのはいかがなものかというのである。

榎本とともに批判の的とした勝海舟《かつかいしゅう》についても、戦わずしてみすみす江戸開城を行ったことは「立国の根本たる士気」を弛緩《しかん》させてしまった罪が大きいと指摘した反面、無駄な血を流さなかったことは評価されてもよい功績であるとする。しかし、榎本同様の理由から、そうであったとしても、その後何のためらいもなく明治政府に仕えた勝の態度は指導者としての責任倫理にもとるものであり、維新期に得た「功名」を空しくしないよう、現在の「富貴」を捨て、「断然世を遁《のが》れ」るべきだと主張する。

福沢にとって、新政府軍と戦ったのか戦わなかったのか、抗戦派だったのか恭順派だったのかは根本の問題ではなく、最終的な出処進退にこそ批判すべき点があったのである。彼自身戦ったわけではないので、それはそうであろう。戊辰時に分かれた四派について、どれが絶対の正義だったとか、間違っていたとかではなく、現在のあり方にこそ批判の目を注ぐべきだという点において、先の「梧一と葉」の論旨とは相通じるものがある。

幕人の一致点

島田《しまだ》三郎《さぶろう》は、戊辰に際し幕人の多くが平和論を唱えたのは、朝敵になることを深く憚《はばか》ったからであり、「時代の潮流を観るの識見ある者」は一時の怒気に左右されることはなかった、脱走した榎本艦隊ですら上方《かみがた》を衝《つ》くような行動をとらなかったのも、怒りの対象があくまで薩長だったからで、朝廷に二心があったわけではないことをよく示しているという。そして、「時人が指弾を憚らず晏如《あんじょ》として新政府に仕へたる人々も、脱走者と感慨を二三にせるにもあらず、民間の事業に就きし人々も国家の前途に矚目《しょくもく》するに異同なし、幕人の上下を通ぜる一致点の存せるは後人の一考を要すべき所なりと信ず」(「新政府に対する幕人の思慮」『日本及日本人　臨時増刊　明治大正半百年記念号』大正六年)と述べ、維新後の旧幕臣には、明治新政府に仕えた者、脱走・抗戦した者、帰農・帰商し野に下った者という違いはあっても、国家の将来に心を砕いたという点においては「一致点」があったとする。旧幕臣を総体で評価しているのであり、先に紹介した「梧一と葉」や「瘠我慢の説」の評価とは大きく異なるものである。

島田がこの文章を書いたのは大正期である。彼は最初からこのような考えを持っていたわけではなく、明治初年からの長い時間を経て、ここに至ったのであろう。なぜなら、駿河に移住し沼津兵学校で修学していた若き日の島田は、恭順派勝海舟の態度には飽き足りない、薩長憎しに凝り固まった少年藩士だったからである。その後、民権家・ジャーナリスト・政治家になってからも、彼の藩閥に対する批判は鋭かった。そのような島田も、老いを迎え、過去を振り返った時、戦った者も戦わなかった者も、自分も含め旧幕臣たちが日本の近代化に果たした役割をすべてひっくるめて肯定する境地に達したのであろう。

本書では、先の新聞論説「梧一と葉」や福沢の「瘠我慢の説」が指摘した深刻な対立点がリアルタイムで存在した戊辰戦争時や明治前期から、長い時間をかけ、それらが融解し、島田三郎いうところの「幕人の一致点」が成立し、さらに次の世代の担い手たちによってその心情が受け継がれつつも変容していく過程を、箱館戦争の敗者たちを軸に述べていくことになる。

I

箱館戦争断章

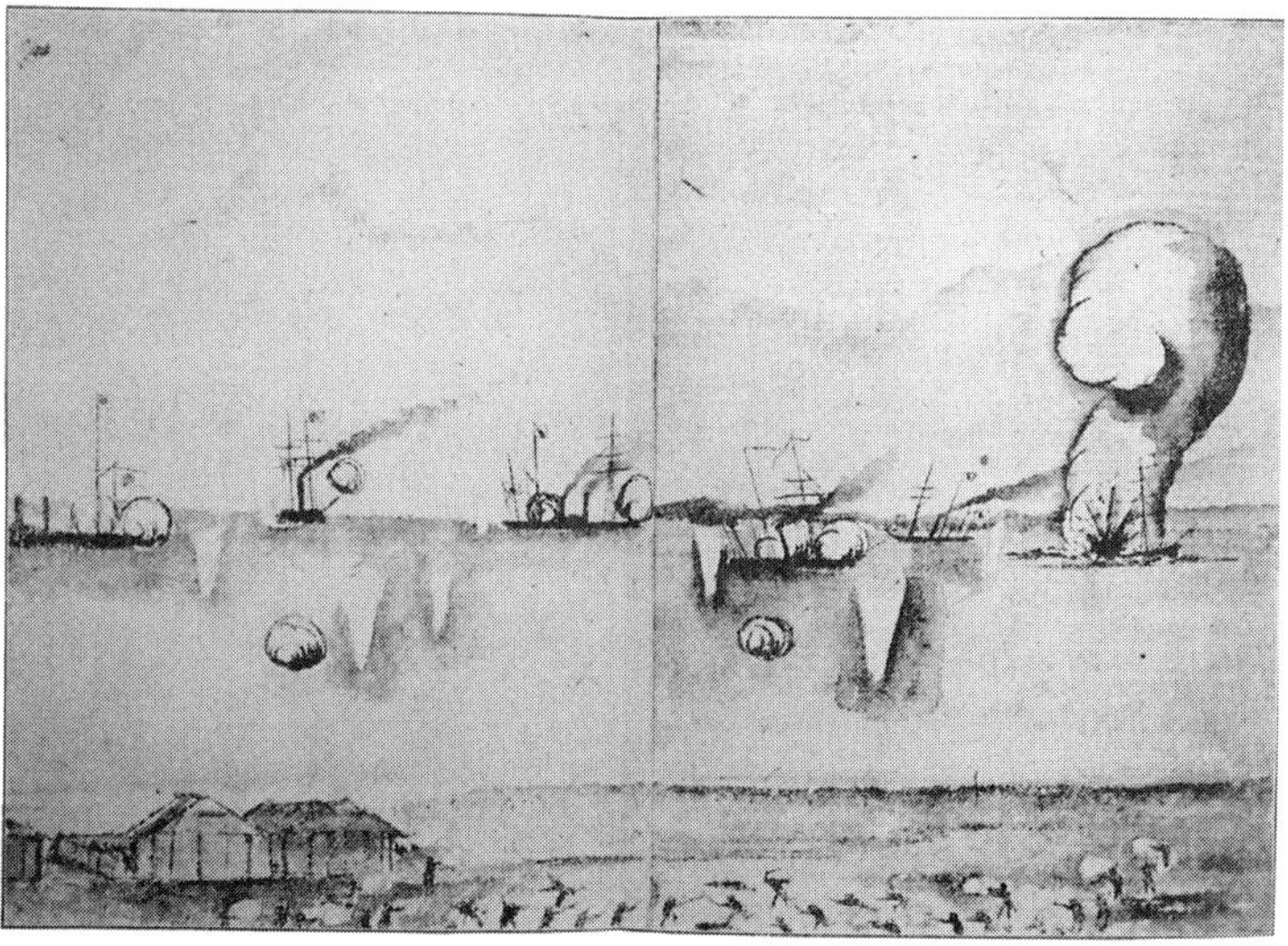

1――箱館戦争図

明治2年（1869）5月11日，榎本軍の蟠龍丸が新政府軍の軍艦朝陽を撃沈した際のようす．横井時庸が描き，『旧幕府』第5号（1897年）に掲載された．

1　戦争の顚末

艦隊脱走

新鋭艦開陽丸《かいようまる》を回航し、榎本武揚（一八三六—一九〇八）がオランダ留学から横浜に帰着したのは慶応三年（一八六七）三月二十六日のことだった。帰国後、軍艦役、軍艦頭並を経て、九月には幕府艦隊の旗艦開陽丸の艦長にふさわしい軍艦頭に昇進した。翌年正月四日には薩摩藩の春日丸《かすがまる》との間で阿波《あわ》沖海戦を演じたものの、取り逃がした。前日には陸上で鳥羽《とば》・伏見《ふしみ》の戦争が始まっていた。大坂に上陸した榎本と入れ替わりに、前将軍徳川慶喜《とくがわよしのぶ》が密かに開陽丸に乗り組んだのは七日、艦長不在のまま江戸へ向け無理やり出航させたのは翌日だった。その後、榎本は敗兵を積み込んだ富士山丸で江戸へもどる。

江戸では抗戦派と恭順派の議論が噴出するなか、正月下旬、陸軍総裁勝海舟、会計総裁大久保一翁《おおくぼいちおう》らを中核とする徳川家の新体制が成立し、榎本は海軍総裁矢田堀鴻《やたぼりこう》の下で海軍副総裁に任じられた。圧倒的な海軍力を手中にした榎本は徹底抗戦論者であり、四月十一日の江戸城無血開城に際しては、新政府との間で交わされた軍艦引き渡しの約束を無視し、八隻から成る艦隊を率いて品川《しながわ》沖から姿を消した。勝らの説得に応じ、脱走先の館山《たてやま》から帰り、嫌々ながらも軍艦四隻を引き渡したのは同月二十八日のことだった。

閏四月二十九日、田安亀之助《たやすかめのすけ》（徳川家達《いえさと》）に徳川宗家を相続させるとの朝旨が伝えられた。五月十五日には新政府軍によって上野の彰義隊《しょうぎたい》が殲滅された。二十四日には家達に対し駿府七〇万石が下されることが通達された。駿河府中藩（後の静岡藩）の藩主となった徳川家達が、七月十七日東京と改称された江戸を出立したのは八月九日、十五日には駿府に入った。

榎本率いる艦隊、軍艦四隻（開陽丸・蟠龍丸《ばんりゅうまる》・回天丸《かいてんまる》・千代田形《ちよだがた》）、運送船四隻（長鯨丸《ちょうげいまる》・美加保丸《みかほまる》・神速丸《じんそくまる》・咸臨丸《かんりんまる》）が品川沖を脱走したのは、八月十九日の夜である。榎本は勝に「徳川家臣大挙告文」を残し、新政府へ提出してくれるよう依頼した。希望したが許されなかった徳川家臣団による蝦《え》夷地《ぞち》開拓を、一戦も辞さない覚悟で強行するとの趣意書であった。

恭順派と抗戦派の間

鳥羽・伏見の敗戦から榎本艦隊の脱走・北行までは半年以上の期間があり、情勢は刻々と変化したが、そのこともあって旧幕臣中の恭順派と抗戦派の間には絶対的な差異はなかったように思われる。

上総《かずさ》に脱走した徳川義軍府（撤兵隊）は一枚岩ではなく、もともと恭順派だった江原素六《えばらそろく》のような人物も行きがかり上加わり、新政府軍と抗戦するに至った。逆に、後に蝦夷地政権の副総裁となった松平太郎《まつだいらたろう》（一八三三―一九〇九）は、四月時点では、下野今市《しもつけいまいち》に滞陣中の大鳥圭介軍のもとを訪れ説得にあたるなど、脱走軍を鎮撫していた。脱走が叶わなかった者、関東近辺で一敗地にまみれた者には、その後おとなしく駿河へ移住した者も少なくない。各人の考え方は不変ではなく、二つの立場の間を揺れ動いたのである。

慶応四年（一八六八）二月に軍事取扱という役職に就いた勝海舟は、配下を次々に派遣し、江戸を脱走し各地へ散った旧幕府軍の鎮撫にあたらせていた。そもそも、関東・北越から箱館まで長く戦い続けることとなった衝鋒隊《しょうほうたい》を率いた古屋佐久左衛門《ふるやさくざえもん》（一八二九―六九）や、新選組《しんせんぐみ》（甲陽鎮撫隊）の近藤勇《こんどういさみ》・土方歳三《ひじかたとしぞう》たちも、当初は勝の指図によって脱走軍の鎮撫や各地の治安維持のために派遣された存在だった。しかし、彼らは、勝の指図に素直に従わず、あえてミイラとなったミイラ取りとして、新政府軍と戦い続けたのである。

2――信太歌之助が脱士を開陽丸に送り届ける図

一方、勝の指令に従順だったのが、甲州に出張し遊撃隊の説得を行った石坂周造《いしざかしゅうぞう》、房総での脱走軍鎮撫・治安維持にあたった松濤権之丞《まつなみごんのじょう》・阿部潜《あべせん》・信太歌之助《しだうたのすけ》、武蔵《むさし》・下総《しもうさ》の鎮静方を担当した江川永脩らであった。そんな彼らも、恭順一辺倒だったわけではなく、阿部は脱走した砲兵隊を自分の知行所である上総国夷隅郡《いすみぐん》若山村（現いすみ市）に匿《かくま》い、何らかの時機をうかがっていた気配があるし、信太の場合、友人古川房次郎《ふるかわふさじろう》（後に榎本軍では諸艦乗組遊撃隊となる）ら三〇名を品川沖の榎本艦隊へ送り届けたこともあり、新政府軍からその行動を疑われ、逮捕・投獄されてしまった（『本朝侠客伝』）。脱走軍に内通しているように見られたのは他の人物も同じであり、新政府側に逮捕された経歴は石坂や江川にもあった。

勝が見込んだ手下たちもこの有様である。幕府の権威と権力というタガが外れ、旧幕臣たちの間にも勝手気ままな考え方を持った集団が分立し、あらゆるものが極めて流動的になっていたといえる。

蝦夷地政権

北へ向かった榎本艦隊は鹿島灘《かしまなだ》で台風に見舞われ、散り散りになった。美加保丸は銚子《ちょうし》沖で沈み、咸臨丸はたどり着いた駿河清水《しみず》港で新政府軍に拿捕された。バラバラになった残る六隻が松島《まつしま》沖で再度集結できるまでには、八月二十四日から九月十八日までの期間が必要だった。仙台には、先に彰義隊に担がれた輪王寺宮公現法親王《りんのうじのみやこうげんほっしんのう》（後の北白川宮能久親王《きたしらかわのみやよしひさしんのう》）が入り、今度は奥羽越列藩同盟《おううえつれっぱんどうめい》の盟主に担ぎ上げられていた。しかし、すでに同盟の中心、仙台・米沢両藩では恭順派が台頭、米沢藩に続き、九月十五日には仙台藩が新政府へ降伏・謝罪し、列藩同盟は崩壊した。同月二十二日には会津藩、二十六日には庄内藩も降伏するに至った。

もともと奥羽越列藩同盟に加担しようという意図は薄かった榎本艦隊である、当初の目論見通り蝦夷地へ向けて、牡鹿《おしか》半島基部の折ノ浜を出航したのは十月十二日であった。仙台からは、それまで関東・奥羽の陸上で戦いを続けてきた大鳥圭介（一八三二―一九一一）らが率いる旧幕府陸軍の諸部隊が乗り組んでおり、総勢は約三〇〇〇名に達した。

3—箱館戦争時の榎本武揚

艦隊が蝦夷地の内浦湾に達したのは十九日、全軍が鷲ノ木に上陸したのは二十一日。すでに明治新政府は箱館府を置いて蝦夷地統治を開始していたが、松前・津軽などの諸藩の兵力を含めてもその軍事力は榎本軍に劣るものだった。戦闘によって新政府の勢力を駆逐、榎本軍が五稜郭や箱館の町を占領したのは二十六日であった。箱館府知事清水谷公考《しみずだにきんなる》は津軽へ逃亡した。十一月には松前藩を降伏させ、蝦夷地全土を掌握することに成功した。しかし、十一月十五日、荒天のため江差《えさし》沖で開陽丸が座礁、沈没したことは大きな痛手であった。

十二月十五日、士官以上の入札（投票）によって最多の得票を得た榎本は蝦夷島総裁に就任した。副総裁には松平太郎が選ばれ、ほかにも海軍奉行・陸軍奉行など、主要な役職が入札によって決められた。同日、全島鎮定の祝砲が鳴らされた。こうして成立した榎本政権（軍）の構成は図4の通りである。

開港場である箱館で、榎本は欧米列国の領事らと会見し、自分たちが明治新政府と対等な交戦団体であると主張し、局外中立を維持してくれるよう要望した。アメリカ、ロシア、プロシアは榎本軍がデ・ファクト（事実上）の政権であることを容認したが、英仏両国はそれを認めなかった。また、榎本はイギリス・フランスの公使に、我々の統帥として「徳川血統ノ者一人」を選んでもらえれば、その下に一致団結し不毛の地の開拓と「北門ノ警護」に専心したいとの、新政府あて嘆願書を託したが、当然ながら新政府はそれを却下した。なお、選挙による代表選出などの点から、後に榎本政権は「共和国」などと評せられることもあった。そのような評価は戦前にはタブー視され、戦後は過大に祭り上げられるという両側面があったが、榎本らが真に民主的だったわけでも、独立国を目指したわけでもなく、本質を見誤った評価であることはいうまでもない。

蝦夷地の統治策としては、開拓奉行に任命された沢太郎左衛門《さわたろうざえもん》以下二〇〇名余を開拓方として室蘭《むろらん》へ送り込み、開拓に着手させたこと、プロシア人商人R・ガルトネルとの間で三〇〇万坪の土地を九九年間租借《そしやく》させるという契約を結び、七重村での西洋農法による農業導入をはかったことなどがあげられる。しかし、将来を見通した施策よりも短期的なそれのほうが顕著であった。いずれ新政府軍との戦争が避けられないなか、手っとり早い軍資金確保のため、箱館の町人に対する御用金賦課、場所請負人への運上金前納の強要、博打場や遊女からの売上金徴収、関門設置による通行料の取り立て、はては私鋳金（贋金）の製造などを行った。大江丸《おおえまる》や鳳凰丸《ほうおうまる》などの運送船を箱館で売却したのも、目先の現金が必要だったからだろう。大江丸は借金二万両のカタにイギリス商人に取られてしまったのだという（中村治子『「瀧屋日記」に見た明治維新―もう一つの箱館戦争―』北方新社、一九九八年）。

脱走軍に加わった幕府招聘《しょうへい》のフランス軍事顧問団の一員、ブリューネ大尉らの指導により、陸軍はフランス式に統一され、第一から第四の「列士満」（レジマン・連隊）に編制され、訓練がほどこされ

4―榎本軍の構成

- 陸軍奉行（大島圭介）
  - 陸軍奉行並 箱館市中取締 裁判局頭取（土方歳三）
  - 会津遊撃隊（諏訪栄吉）
  - 神木隊（酒井良輔）
  - 額兵隊（星恂太郎）
  - 杜陵隊（伊藤善次）
  - 見国隊（二関源治）
  - 遊撃隊（伊庭八郎）
  - 陸軍隊（春日左衛門）
  - 一連隊（三木軍司）
  - 彰義隊（池田大隅・菅沼三五郎）
  - 小彰義隊（渋沢喜作・小林清五郎）
  - 新選組（相馬主計）
  - 衝鋒隊（古屋佐久左衛門・今井信郎・永井蠖伸斎・天野新太郎）
  - 伝習歩兵隊（本多忠直・大川矩文）
  - 伝習士官隊（滝川具綏）
  - 砲兵隊（関迪教）
  - 工兵隊（吉沢勇四郎・小菅智淵）

- 総裁（榎本武揚）
  - 副総裁（松平太郎）
  - フランス士官（ブリューネ）
  - 諸侯方（松平定敬・板倉勝静・小笠原長行）
  - 海陸軍裁判役頭取（竹中重固）
  - 箱館奉行（永井尚志）
    - 箱館奉行並（中島三郎助）
  - 松前奉行（人見寧）
  - 江差奉行（松岡譲）
    - 江差奉行並（小杉雅三）
  - 海軍奉行（荒井郁之助）
    - 開陽艦（荒井郁之助）
    - 神速艦（西川真三）
    - 回天艦（甲賀源吾→根津勢吉）
    - 高尾丸（古川正雄）
    - 蟠龍艦（松岡盤吉）
    - 千代田形（森本弘策）
    - 大江丸（小笠原賢蔵）
    - 長鯨艦（浅羽幸勝→喰代和三郎）
    - 鳳凰丸
    - 回春丸（古川克巳）
    - 第二長崎丸（柴貞邦）
    - 美加保丸（宮永荘正）
    - 咸臨丸（小林一知）
  - 開拓奉行（沢太郎左衛門）
  - 会計奉行（榎本道章・川村久直）
  - 箱館病院（院長高松凌雲・掛頭取小野権之丞）
  - 騎兵隊 器械方（宮重文信）
    - 騎兵隊頭取（奥田賢英）
    - 器械方頭取（貝塚道次郎・友成安良）

た。ただし、実際には旧来の伝習歩兵隊、伝習士官隊、衝鋒隊、遊撃隊、彰義隊などといった隊名やその実体が消えたわけではなく、その後の戦闘も旧来の単位で行われたようである。海軍でも、やはり三名のフランス海軍軍人の指導を受けた。来るべき新政府軍の来襲に備え、五稜郭以下既存の城郭を増強し、四稜郭を新造したほか、各要地にも台場や土塁、塹壕などが築造された。

戦闘のなかの進化

榎本軍が旧幕府の陸軍と海軍から成っていたことは間違いない。しかし、会津藩士が結成した会津遊撃隊、高田藩士が結成した神木隊《しんぼくたい》、仙台藩士が結成した額兵隊《がくへいたい》・見国隊《みくにたい》、盛岡藩士が結成した杜陵隊《とりょうたい》といった諸隊も加わっていたし、もっと微細に見れば、新選組のなかには会津・桑名・唐津の藩士ら、遊撃隊のなかには岡崎藩士らが加入していた。海軍は別にして、そもそも旧幕府陸軍も、フランス軍事顧問団から横浜・江戸で訓練を受けた前歴を持つ伝習歩兵隊から、剣客集団を起源とした新選組に至るまで、さまざまな来歴を持つ雑多な軍団の寄せ集めであった。先に述べた「列士満」編制の採用は、そのような難点をなくすべく統一化を目指した試みだったといえよう。

すでに幕府時代に正規軍として存在しており、それがそのまま脱走しただけの部隊、あるいは正規軍の一部を前身としながらも、他隊との合併などによって成立した部隊がある一方、脱走した有志が自主的に組織した全くのにわか部隊などもあり、隊の編制・規則・階級などはまちまちだったはずである。

そのようななか、榎本軍は、兵士の階級を四つに区分し、その月給を五段階に定めた。上等士官（差図役《さしずやく》まで）は二両、中等士官のうち差図役下役《したやく》は一両三分、嚮導《きょうどう》は一両二分、下等士官は一両一分、歩兵は一両としたのである。この内、「中等士官」という名称は幕府陸軍時代には存在しなかったものである。

創設当初の文久期から、幕府陸軍では、差図役並《なみ》（明治陸軍でいう少尉）以上が士官（将校）であり、差図役下役（曹長）以下が下等士官（下士官）であると位置づけられ、前者は奉行支配、後者は頭支配とされた。しかし、兵卒を庶民から募った歩兵の場合、小頭取締（後の帝国陸軍でいう伍長に相当か）や小頭（兵長?）までは兵卒のなかから選抜することは仕方がないとしても、差図役下役までをも彼らのなかから採用するのは難しかった。すでに差図役下役は武士身分の者から採用されており、それに百姓・町人出身者を混入させることには抵抗があったからである。その結果、差図役下役は士官に準ずる地位であると見なされた。欧米の軍隊とは違い、封建制下の身分を前提とした幕府陸軍において、決定的な階級差は、差図役下役と小頭取締・小頭の間に生じたのである。西洋からの直訳のままにはいかない微妙なズレであった。

榎本軍の場合、差図役下役（曹長）と嚮導（軍曹?）を中等士官と位置づけ、武士身分出身者と庶民出身者との緩衝帯をつくったといえる。関東・奥羽で歴戦した衝鋒隊などでは、すでに庶民出身の歩兵から差図役・差図役並などに昇進した者が少なからず現れており、戊辰内乱の過程では実戦の能力が封建的身分差を越えさせていたのであり、榎本軍全体でもその現象を受け入れざるを得なかったからである。それは、旧幕府陸軍の制度が実戦のなかで独自な進化をとげたものといえる。

実戦での経験は、装備や編制の洋式化とともに、組織の官僚化をもたらしたとされるが（大石学『新選組』中央公論新社、二〇〇四年）、その一方で榎本軍のなかには、新選組はもちろん、派閥抗争から分裂した彰義隊のように、同志的結合が色濃く残っていた部隊もあった。榎本政権自体、「半封建的共和国」と称されるが、軍隊組織としても完全に近代化されたものとはいえなかった。

榎本軍の壊滅

新政府がいつまでも榎本軍を放置しておくはずはない。十二月二十八日、イギリス以下七ヵ国の公使は局外中立の撤廃を布告した。それにより、幕府がアメリカから購入した最新鋭艦ストーンウォール・ジャクソン（甲鉄艦）が、アメリカ公使から新政府に引き渡された。海軍力に自信を付けた新政府は、雪解けを待って行動を開始し、征討軍を北へ進めた。

榎本軍は甲鉄艦を奪取すべく、明治二年（一八六九）三月二十五日、回天・蟠龍・高雄の三艦をもって、宮古《みやこ》湾に寄港した新政府の艦隊を奇襲したが、回天艦長甲賀《こうが》源吾《げんご》以下を失い、作戦は失敗した。

新政府軍が蝦夷地への上陸を開始したのは四月六日、日本海側の江差の北方、乙部《おとべ》村からであった。新政府軍の進撃を阻むべく榎本軍も奮戦したが、ジワジワと押され続け、四月末には五稜郭と箱館のみを拠点として残すだけとなった。五月十一日、新政府軍による総攻撃が実施され、箱館市街は制圧され、榎本軍は五稜郭、千代ヶ岡台場（千代ヶ岱《ちよがだい》陣屋《じんや》）、弁天岬台場（弁天台場）の三ヵ所に分断され、孤立した。土方歳三（一八三五―六九）が戦死したのもこの日だった。艦砲射撃により重傷を負った古屋佐久左衛門はじめ、伊庭八郎《いばはちろう》（一八四三―六九）、春日左衛門《かすがさえもん》ら、各隊の隊長クラスも次々に死亡していった。残っていた三艦のうち、千代田形は奪取され、回天と蟠龍は奮戦むなしく最後は焼失し、乗組員は陸に逃げた。江戸湾脱走時には威容を誇った旧幕府海軍は北の海で壊滅した。

激しい戦火に包まれた箱館で、十六日、「支那二人」が死んだ（「蝦夷事情乗風日誌」）。これは、アメリカ船に乗った二〇人ほどの中国人が船長を殺害し荷物を奪って箱館に入港したところ、そのことが露顕したため、日本の官憲によって投獄されていたが、榎本が彼らを牢から出し使役していたのだという。箱館戦争の犠牲者には外国人が含まれたということになる。なお、榎本軍の助っ人、ブリュネ大尉らフランス軍人は四月末には箱館港に碇泊中のフランス軍艦に収容され、戦線を離脱していた。

総攻撃翌日には新政府軍による降伏勧告が行われた。榎本軍の箱館病院長高松凌雲《たかまつりょううん》が仲介役となったが、五稜郭に立て籠もる榎本は容易に受け入れなかった。この時、オランダから持ち帰った『万国海律全書』を新政府軍へ贈ったのは、死を覚悟したからだった。十五日には、弁天岬台場を守備していた永井尚志《ながいなおゆき》以下二四〇名が降伏した一方、千代ヶ岡台場では最後の戦闘が行われ、中島三郎助《なかじまさぶろうすけ》（一八二一―六九）とその息子たちが戦死した。

五稜郭の籠城軍にも動揺が広まり、自害を図った榎本を大塚賀久治《おおつかかくじ》が制止するという一幕もあった。

5── 高松凌雲

6── 中島三郎助

その翌日、五月十七日、ようやく決意した榎本は新政府軍参謀黒田清隆らと会見、降伏を申し出た。十八日、まず榎本・松平・荒井・大鳥ら幹部四名が護送され、その後、千余の籠城軍は五稜郭を出て、市内の寺院に収容された。銃砲や兵糧もすべて新政府軍に引き渡された。

箱館戦争では、新政府軍は八〇四一人が動員され、うち戦死者二八六人、戦傷者四八四人を出したとされる（『復古記』第十四冊）。対する、約三〇〇〇の兵力を有した榎本軍の戦死者は、『戦亡殉難志士人名録』によれば、旧幕臣に加え仙台・会津・高田・岡崎・豊橋・桑名・松山の諸藩士を含め、六〇一人の氏名が記されているほか、氏名未詳の兵卒として一四三人、年月日・場所不明者として一五四人が掲載されている。ただし、六〇一人のなかには、明らかに戦死していない者が含まれていたり、同一人物が重複していたりと不正確である。諸文献を考証・検討した『幕末維新全殉難者名鑑』が割り出した数字は、榎本軍の戦死者は六七〇人ほどとなる。内訳は、旧幕府軍五二五人、仙台藩一二一人、会津藩一三人、高田藩五人、盛岡藩二人、吉田藩二人、岡崎藩一人、桑名藩一人である。これが真実に近い数字といえるかもしれない。ただし、盛岡藩（杜陵隊）の戦死者数は明らかに少ない。さらに同書には、同一人物が別に掲載されたり（たとえば塚本録輔と塚本轉）、後に獄死した者が含まれている場合などもあるので、掲載された人名をそのまま加算するのではなく、さらなる精査が必要となるだろう。

2 反抗のかたち

佐幕派ジャーナリズム

新政府軍の東征、江戸占領、そして関東・奥羽での戦闘続行という状況下、旧幕臣のなかには新聞という新たな手段を借り、武力ではなく筆の力によって情報戦を挑んだ者もいた。『中外新聞』（慶応四年二月創刊）の柳河春三《やながわしゅんさん》、『江湖新聞《こうこしんぶん》』（閏四月創刊）の福地桜痴《ふくちおうち》（源一郎《げんいちろう》）がその代表である。東征軍を敵視し、会津藩の勇戦を讃え、徳川慶喜への敬慕、近藤勇に対する哀惜を示したその紙面は、大いに新政府側の神経を逆撫でするものであった。薩長批判の記事を載せた福地は五月に投獄され、六月『江湖新聞』の絶版を申し渡された。六月五日、新政府は官許のないものは以後発行を禁止するとの命令を発した。「新聞による激しい権力批判と政府による言論封殺は、やがて民権期においても、様相を変えながらくりかえされる」のであり、戊辰時の佐幕派ジャーナリズム隆盛は「近代日本の新聞の出発点であると同時に民権運動の出発点でもあった」とされる（稲田雅洋『自由民権の文化史』筑摩書房、二〇〇〇年）。

先の二紙以外にも江戸では多数の新聞が発刊され、佐幕的な論陣を張っていた。そのなかで、ここで注目したいのが、『内外新報』（慶応四年四月創刊）と『日日新聞』（同年閏四月創刊）という二紙である。発行元は「海軍会社」、「海軍博聞会社」といい、いずれも編集の中心人物は橋爪貫一《はしづめかんいち》（松園、一八二〇—八四）という旧幕府海軍の軍艦役見習であった。『日日新聞』のほうには、橋爪以外にも安井定保（畑蔵・完治・勘次）・鈴藤勇次郎《すずふじゆうじろう》（祐次郎）という二人の軍艦役も加わっていた。『中外新聞』は旧幕府の開成所に属した洋学者たちが会訳社というグループをつくり、共同発行した新聞だったが、『内外新報』や『日日新聞』は海軍士官たちがそれに倣ったものだったのかもしれない。橋爪らは榎本艦隊脱走には加わらなかったようだが、反対意見を持っていた可能性もあるものの、安井は榎本艦隊の幹部となった柴貞邦《しばさだくに》・松岡盤吉《まつおかいわきち》兄弟とは、韮山《にらやま》代官江川《えがわ》太郎左衛門《たろうざえもん》配下の手代だった時代からの同僚であり、脱走に関しては共感を有していたことも考えられよう。また、鈴藤は太平洋を横断する咸臨丸の絵を描いたことで知られるが、病気のため脱走に参加できないことを悔やみ、自殺までした人だった。

ちなみに、新政府軍の東征にあたって、韮山代官所内では恭順派（柏木忠俊が代表）と抗戦派（柴・松岡兄弟の父松岡正平がその代表）とに分裂したとされるものの、その対立は決定的なものではなかったようである。旧幕府(徳川宗家)の総体を見てもそうであるが、そのなかの極小部分にすぎない韮山代官所についても、内訌《ないこう》はそれほど深刻なものではなく、他藩で見られたような血で血を洗う内部抗争は生じなかった。

殺伐とした世相

関東や奥羽北越での戦争が続くなか、江戸・東京では、諸藩兵が続々と集結し戦地へ向かうほか、旧幕臣たちが移住先である駿河へ出立するなど、人の動きがゴタゴタと慌ただしかった。新政府の統治は始まったばかりで、何もかもが不安定であった。治安も悪化していた。数ヵ月前には薩邸浪士による放火・強盗など攪乱工作が行われた江戸であるが、今度は薩長側が治安を確保しなければならない立場へと変わった。慶応四年(一八六八)八月二十二日、新政府は、すでに暇を出した徳川家の旧臣であることを証明する、「徳川旧臣」の印章を押した鑑札を交付することとし、浮浪の士の取り締まりをはかった。十月二十八日には帰農した旧幕臣の姓名取り調べを命じたほか、行政官は東京府に対し「徳川遺臣浮浪ノ徒未タ方向ヲ不定者」につき早々の処置を指令した(東京百年史編集委員会編『東京百年史』第二巻、ぎょうせい、一九七九年)。定められた三つの選択肢、すなわち駿河移住、朝臣化、帰農帰商という、身の振り方を決めかね、去就の定まらない立場のあやふやな旧幕臣の存在が治安の不安定要因と見なされたわけである。

咸臨丸で渡米した経歴を持つ吉岡艮太夫《よしおかこんだゆう》(勇平)は、江戸城開城の際には前将軍徳川慶喜の水戸行きを警衛した後、江戸に戻り、別手組取締頭取だった時の元部下たちなど三〇〇名余を集め、徳川家に対する新政府の出方をうかがっていた。七〇万石での駿河移封が決定されると、その少なさに憤激し、奥羽諸藩と連携をはかるべく榎本武揚艦隊の参戦を促した。しかし榎本の賛成を得ることはできず、逆に乗艦を断った。彰義隊の残党なども加わり、同志は一〇〇〇人を越えるまでになったが、無頼の徒が吉岡の部下であると偽って良家を襲い金銭を奪うといった事態も発生した。新政府側では吉岡を不逞集団の首魁《しゅかい》として指名手配する。各地を潜伏していた吉岡だったが、明治三年（一八七〇）四月ついに捕縛され、十一月伝馬《てんま》町の獄内にて斬罪に処せられた。

同じ頃、三年七月、強盗などの罪状で、静岡藩士中川千万機は刑部省によって処刑され、梟首されている。

移封先の状況

駿河（静岡）へ移住した旧幕臣たちも全員がおとなしく恭順論に与していたわけではなかった。たとえば、明治元年十二月十八日、新政府軍の東征に協力すべく地元神官が結成した草莽隊、駿州赤心隊の一員だった三保《みほ》村（現静岡市清水区）の三保明神神主太田《おおた》健太《けんた》郎《ろう》が暗殺されるという事件が起こったが、それは旧幕臣たちによる仕業であった。同月二十二日には、同じく駿州赤心隊に属した草薙神社《くさなぎじんじゃ》神官森斎宮《もりいつき》が襲撃され、従僕が負傷した。遠江《とおとうみ》の神官たちが結成した遠州報国隊も報復の対象となった。浜松諏訪社の社家杉浦平馬《すぎうらへいま》や日坂《にっさか》宿八幡社の神主朝比《あさひ》奈《な》内蔵《くら》之《の》進《しん》らは付近に居住する旧幕臣に襲われたり、乱暴狼藉を受けたりしている。藩の側では、明治二年五月二十一日、赤心隊や報国隊の者たちは朝廷のために働いた「殊勝ノ者」であり、彼らを傷つけるのは「中将様ノ思召ニモ相叛キ御家ノ御不行届」にもなってしまうので、今後は心得違いのないようにとのお触れを出している。しかし、この八つ当たりともいうべき迫害に堪えかねた駿州・遠州の草莽隊員六四名は、新政府により招魂社社司に採用されることとなり、二年十月東京へ移住するに至った。

明治元年九月、天皇の東幸が実行されたが、通過地となる駿河の士民に不穏の動きが見られるとの報が京都に伝わり、新政府内には軍を同地へ派遣し警備にあたらせるべしとの意見が出た。しかし、すでに徳川氏を駿河に封じた現在、みだりに流説を信じて官兵を派遣するようであれば後世に禍根を残すことになる、万が一徳川氏に「異図」があったとしてもたちまち社稷《しゃしょく》とともに滅亡するだけだ、との木戸《きど》孝允《たかよし》の意見によって沿道警備は駿河府中藩に一任されたという（『松菊木戸公伝』）。確かに移住した旧幕臣のなかに、個人の潜在意識レベルは別として、東幸に対して何事かを企むような組織的な動きは表面上存在しなかったであろう。

箱館までは脱走しなかったものの、彰義隊に参加し上野での敗戦経験を持って駿河へ移住した者は少なくなかった。大谷《おおや》内龍五郎《うちりゅうごろう》を首領とする沼津勤番組十八番頰《かわ》は、ほぼ元彰義隊士のみから構成され、新政府に対する怨念はもとより、藩庁に対する不平不満も横溢《おういつ》していた。仲間割れのため、同士内での殺傷沙汰も引き起こされた。ガス抜きのため、大谷内らは遠州牧之原の開墾に廻されることとなる。

新政府に反感をつのらせ暴挙に走るといった方向性とは逆の現象も見られた。すなわち、江戸でもらっていた俸禄や先祖代々の領地を奪われ、職を失いわずかな扶持米だけを支給されるという、先行きに対する不安だけがのしかかる状況下、移住者のなかには刹那的な快楽を求め、無気力、自暴自棄に陥る者もいたのである。沼津では、「朱鞘連《しゅざやれん》」と呼ばれた、軟派な不良グループが出現し、町中を闊歩《かっぽ》した。彼らは一様に顔に粉脂を塗り、月代《さかやき》を五分刈りほどに伸ばし大髻《もとどり》を戴くといった異様ないでたちで、まるで歌舞伎の定九郎のようだったという。他人の目を気にすることなく、派手な服装で無反朱鞘の長刀一本を腰に差して町を闊歩し、歌舞音曲にうつつを抜かしていた。

二年九月の新政府密偵の報告によれば、沼津宿の呉服・荒物商は、藩士が贋金で商品を強引に購入しようとし、時には暴力までふるわれる始末なので、ついに店を閉めてしまったという（『静岡県史　資料編16近現代一』）。浜松《はままつ》では不正の行為があった元会津藩浪人が藩の目付《めつけ》に討ち果たされたり（三年六月）、勤番組所属の藩士が酒店で乱暴をはたらいたため割腹を申し付けられたりといった事件（同年七月）が起きていた（『浜松市史　史料編五』）。三年十一月には、侍体の者が所々を徘徊し金銭を無心したり粗暴な行動をとったりするので注意するようにといった布達が静岡藩内に出されている（『久能山叢書』第五編）。反政府意識の有無は別としても、多数の士族が入り込むことによって、地域の治安状況は悪化していたのである。

慶喜による討伐計画

安定化には程遠い駿河の藩地であったが、明治元年（一八六八）十一月六日、箱館の榎本軍を徳川家自身に討伐させようという命令が新政府から下され、さらなる衝撃を与えることとなった。その情報を得た米沢藩士宮島誠一郎《みやじませいいちろう》は、「脱走討伐徳川エ被仰付義ハ主ヲ以テ忠臣ヲ伐人倫断絶ノ極ト存候事」（十一月十日）、「徳川ヨリ一、二大隊ノ兵士直ニ差出シ候得共、右兵隊箱館出陣ニ及ビ脱走徒ト万一父子兄弟ノ骨肉ニ候得バ如何ナル変化モ難計」（同月二十一日、米沢市史編さん委員会編『米沢市史編集資料　第二十八号　戊辰日記』同委員会、一九九八年）などと日記に記し、当事者ではないながらも憂慮した。ただし、勝海舟らの目論見としては、幼い家達に出陣させることはできないものの、代わりに前当主慶喜の謹慎処分を解いてもらえれば、彼に出征させればよいし、実際には戦闘に至る前に榎本らを慰撫する役割を想定していたので、徳川家側として全く受け入れられないという命令ではなかった。

駿河府中藩内では早くも二大隊の動員準備が始まり、指揮官の人選も行われたし、新政府内でも一時慶喜派遣論に傾きかけた。しかし、結局、同月二十四日、新政府は先の命令を取り消し、代わって水戸藩主徳川昭武《あきたけ》に箱館出兵を命じたのである。慶喜を赦《ゆる》し登用することは、かつての公議政体路線が息を吹き返すことにつながる危険もあったし、列強による局外中立を撤廃させ、凍結されたストーンウォール・ジャクソン号の引き渡しが解除されればよかったからである（友田昌宏「局外中立撤廃の過程と徳川箱館出兵論」『日本史研究』第四九六号、二〇〇三年）。

翌年正月には昭武の出征についても必要なしとされた。箱館の榎本軍には、フランス留学中に昭武に身近で接したことのある山内堤雲《やまのうちていうん》・高松凌雲らがいたし、後述の長野桂次郎《ながのけいじろう》のように実際に昭武を蝦夷地政権の首領に祭り上げようという考えを持つ者がほかにもあったかもしれない。ただし、昭武とフランスで一緒だった者のなかでも、すでに駿府へ移住していた向山黄村《むこうやまこうそん》は大局的な見地から情勢を見通せたようであり、「回陽船函館を陥し候趣ニ而（中略）終ニ魯英之戦端と相回　皇国之大患と杞憂仕候」（『江戸』第三九号）と知人あての書簡に記し、榎本軍の行動が西洋列強の干渉を招くのではないかと憂慮していた。沼津移住の藤沢次謙《ふじさわつぐよし》も東京の知人あての元年十二月十五日付書簡に、「北隅之ゴトツキ」は「魯亜英仏之陳呉トナルマジキモノニアラズ」（今泉源吉『蘭学の家桂川の人々　最終篇』篠崎書林、一九六九年）と書いており、同様の心配をしていた。ともあれ、家達、慶喜、昭武ともに、箱館で旧幕臣たちを討伐することも、彼らの政権の首領に担ぎ上げられるようなこともなく終った。

一方、高度な政治判断とは無関係に、一般の家臣たちには全く別の感情が渦巻いていたであろう。後に自由民権家となる島田三郎は、沼津兵学校に学ぶ十代の少年藩士であったが、「如何しても戊辰の敗衄《はいじく》を雪《すす》ぐ可く内乱爆発を渇望する事大旱に雲霓《うんげい》を望むが如く必ず一度徳川氏再興の為に一働きを始めようと考へて」いたといい、ある日静岡の勝海舟のもとを訪ね、新政府と開戦するべきだと主張したが、「一言の下に厳く跳ね付けられ」て、腹を立てたことがあったという（『東京朝日新聞』大正二年十一月二十六日)。二年正月頃、ある若い藩士が父親にあてた書簡には、「蝦夷地榎本永井玄蕃河野佐渡其外脱走人々の勢ハ余程快く御座候風聞ニ有之候、何も悦敷事御座候」と記されており、箱館における榎本軍の奮闘に喝采を送っていた。新政府のいいなりになり、おとなしく移住した者ばかりが集まったはずの藩士たちであったが、もしも箱館榎本軍討伐に出兵することになっていたら、藩内で大きな反発、混乱を招いたかもしれない。

3　降伏と処分

謹慎場所の変転

先述したように、明治二年(一八六九)五月十八日、箱館戦争は終結した。約三五〇〇人いたとされる榎本軍は、降伏時には、五稜郭に約一八〇〇人、弁天岬台場に約二五〇人、室蘭に約二〇〇人、病院に収容されていた負傷者が約四〇〇人になっていたとされる(「説夢録」)。降伏時の場所、本来の所属(幕臣か他藩士か)、負傷者か否か、士官か兵卒かなどの違いによって、謹慎場所や釈放時期に違いが生じた。もちろん榎本ら幹部数名の罪の重さは別格であり、全くの別扱いとなった。

降伏人は収容された寺院ごとに小人数に分けられたため、人によって移動の日付にわずかな違いが生じたが、主として岩橋教章《いわはしのりあき》の場合で説明すると(『正智遺稿』による)、降伏後の足取りは以下のようになる。五月十八日降伏した兵士たちは箱館の寺院に分散して入り、佩刀《はいとう》は姓名を記した上で新政府軍に没収された。二十一日、弘前藩に預けられることになった五八〇名は、英船アルビオン、米船ヤンキシーに乗船、翌日青森に至り、寺院に分散して入った。護送中、道の両側では地元民が洋服姿の降伏人を珍しそうに見ていたという（「後の鏡」）。

なおほかに、秋田藩に預けられることになった二一八名は、島原藩の雲泉艦《うんぜんかん》に乗り箱館から秋田へ向かった。二十三日、榎本以下七名の幹部は東京へ向け青森を出立した。

青森に送られた者たちは、六月十一日同地を出立、弘前に移り、七ヵ所の寺院に収容された。二十二日、士官でない者、つまり兵卒・水夫らは本来の百姓身分にもどり帰国を許された。弘前にいた五八〇名近くのうち、一〇〇名ほどが苗字のない者、すなわち兵卒・水夫だった。弘前・耕春院の収容者名簿にある木村省太郎（人見寧の従者）は、二年七月中旬には駿河国駿東郡原宿《すんとうぐんはらじゅく》（現沼津市）の素封《そほう》家《か》を訪れ、箱根から箱館までの戦争体験を語り伝えているので（『沼津市史　史料編　近代1』所収「函函始末」）、この時兵卒として解放されたのであろう。なお、『史談会速記録』第三五輯収録の富士《ふじ》重本《しげもと》の談話では明治三年のこととされているが、旅費を一切渡さず一〇〇〇人もの兵卒たちを解き放つのは、かえって沿道に迷惑を及ぼすことになるとして、新政府側の降伏人取締担当者が、急遽彼らを官軍招魂社造営の土工として雇い、賃金を与えることにしたというのは、この時だった可能性がある（函館招魂社の完成は明治二年九月のことなので）。秋田藩に預けられた二一八名については、氏名、年齢、所属（藩名・隊名・階級）、出自（武士か平民出身か）が判明しており（「降伏人生国姓名取調覚書」）、平民出身の兵卒・下士も少なくないが、彼らはまだ解放されなかったことになる。

弘前での謹慎者は七月二十一日青森に戻り、また同所の寺院に分散・収容された。山内堤雲（一八三八―一九二三）は、訪ねて来た弘前藩士らに英語の文法書を講義した。九月十五日、十六日には秋田藩に預けられていた二一八人が青森に到着した。そして、総勢は十月二十四日青森を発ち、大阪《おおさか》丸《まる》・安済丸《あんざいまる》に分乗して函館に至り、弁天岬台場に収容された。この時、旧幕臣以外の、桑名などの諸藩士たちはそのまま同船で南下し、十一月九日東京に着き、一旦芝増上寺《ぞうじようじ》に入った後、各藩に引き渡された。函館に残った者と東京へ向かった者の内訳は、弘前藩預かりだった者は三三一名と一一三名、秋田藩預かりだった者は一六八名と四九名となっている。

青森での謹慎中のこととして、安藤太郎《あんどうたろう》（一八四六―一九二四）は以下のようなエピソードを後年語っている。同室の降伏人に林董《はやしただす》（一八五〇―一九一三）がいたが、ある日、林が新政府軍の参謀黒田清隆に呼び出され、市内の旅館へ出頭させられた。しばらくして戻ってきた林に仲間たちが事情を尋ねると、たぶん洋学の能力を買われたのであろう、黒田から「自分と一所に東京に行かないか」と誘われたが、「皆なと一所なら宜いが独り計りでは断る」といって帰って来たのだという。同囚の者たちは、「慾の無い男だ」「惜い事をした」「僕が代りに往きたかッた」などと口々にいい合った。安藤は林の「友愛」、つまり戦友に対する仲間意識の高さに敬意を抱いたという（『同方会誌』第三〇号）。

林董のこの言動は、当時、東京の獄中にあった榎本武揚の耳にも入り、「感心の心掛け」であると姉あての書簡に記した（二年十一月二十七日付）。

函館での扱いは弘前藩預けの時よりも「総て粗劣」だった（山内堤雲「山内堤雲翁自叙伝　下」『同方会誌』第五十八、一九三三年、復刻合本第九巻、立体社、一九七八年）。謹慎中の生活の悲惨さは、寺沢《てらさわ》正明《まさあき》（一八四六―?）が以下のように書き残してくれている。もともと弁天岬台場には馬小屋があっただけであり、そこに根太を張って琉球畳を敷き、三畳一〇人の割合で五〇〇人が押し込められた。各人には薄い座布団と椀二個、箸一揃いが配布されたが、塩を含んだ台場内の井戸水で炊いた古米は喉を通らなかったし、一〇人に一桶で配られた汁は冬にはいつも冷えてしまっていた。飯櫃や椀は洗うことなく汚れたままであった。冬期に炭は一〇〇人に小俵一俵の割り当てであり、手足を温めるのもままならなかった。落とし紙として一ヵ月一人塵紙二帖が分けられたが、みんなそれを節約して習字や俳句などに利用した。衣類は寒暑を問わず一着だけ、着の身着のままであり、盥漱《かんそう》・沐浴《もくよく》もできず、体にはゴマを振ったかのようにノミ・シラミがたかっていたという（『彰義隊戦史』）。

戦争体験記の執筆

函館の収容所では、「内外へ書翰往復禁止の事」とされていたので、文通はできなかったはずであるが、何らかの手段でこっそりと発送したものであろう、岩橋教章（一八三五―八三）は明治二年（一八六九）十一月十六日付で留守宅の妻あて、自身の無事を伝えるとともに、「定めて難義しつゝ、あるべし」と、老人や幼児を抱え苦労しているであろうことを心配する手紙を送っている。

収容所での謹慎生活中は時間を持て余したのだろう、江戸脱走以来の体験記を執筆する者が少なくなかった。先述した通り支給された塵紙は貴重な用紙となったようだ。丸毛《まるも》利恒《としつね》（一八五一―一九〇五）の「北洲新話」は、本文はそれ以前に記されたのかもしれないが、序文が付けられたのは三年三月「函館獄舎」においてだった。玉置弥五左衛門「遊撃隊起終録」は二年八月、石川忠恕「説夢録」は同年九月、今井《いまい》信郎《のぶお》「衝鋒隊戦争略記」は同二年十月の序文が付されており、青森での謹慎期に書かれたことがわかる。また、山内堤雲に英学・数学を学んだ山口知重《やまぐちともしげ》のように、降伏人同士で勉学にいそしむ者もいた。函館獄中の林董は、英国人マーコレイ著の築城書を入手し、吉田次郎《よしだじろう》とともにその翻訳に取り組んだ。工兵の専門家だった小菅智淵《こすげともひろ》（辰之助）は、預けられていた弘前藩から仕えることを求められたが、固辞したという。

7――山内堤雲

同三年四月二日、兵部省の役人とともに静岡藩から関口隆吉《せきぐちたかよし》ら五名が函館に来る。十日、謹慎免除と静岡藩への引き渡しが申し渡された。四二〇名プラス一名、計四二一名が静岡藩への引き渡し人数だった（一名は医師遠山春平であり、遠州の農民出身だったため藩籍を持たなかったと思われる）。なお、仙台藩士の降伏人は翌月の引き渡しとなった。岩橋教章ら士分の者たちの道中は、四月十八日越後寺《てら》

8―大川矩文（右）と吉田三郎（左）

泊《どまり》に上陸・宿泊、二十日柏崎《かしわざき》泊、二十一日柿崎《かきざき》泊、二十二日高田《たかだ》泊、二十三日関川《せきがわ》泊、二十四日善光寺《ぜんこうじ》泊、二十五日坂木《さかき》宿泊、二十六日永窪横町泊、二十七日諏訪《すわ》宿泊、二十八日蔦木《つたき》宿泊、二十九日韮崎《にらさき》宿泊、五月一日鰍沢《かじかざわ》泊、二日蒲原《かんばら》宿泊というルートで、三日に静岡に到着した。寺泊からは二手に分かれ、静岡に向かったのは約一七〇名、東京へ向かったのは約二〇〇名だった。四二一名とは五〇名ほど差があるが、理由は不明である。静岡行きの引率者は、函館に迎えに来た静岡藩士のうち下山一敬・橋爪義央であった。

東京へ向かった一行のルートは詳らかでないが、上州経由で東京に至ったと思われる。引率者は関口・中山信安・海老原和一であった。五月二日、板橋を経て東京に到着した（樋口雄彦「静岡藩の医療と医学教育―林洞海『慶応戊辰駿行日記』の紹介を兼ねて―」『国立歴史民俗博物館研究報告』第一五三集、二〇〇九年）。そもそも静岡と東京に分かれた理由は、同じ旧幕臣であっても、引き取り先となる親兄弟が静岡藩に属しているか否か、あるいは静岡藩内に住んでいるか否かといった違いなど、個々の事情からである。当然ながら、朝臣になった者、帰農・帰商した者の場合は、行先は静岡ではなく東京だった。数は少なかったであろうが、維新後徳川宗家の臣籍を離れ、一橋徳川家・田安徳川家の家臣（一橋藩士・田安藩士）になっていた場合もあるだろう。ちなみに、米沢藩士宮島誠一郎の日記（国立国会図書館所蔵）によると、宮島は三年五月二十一日、東京で吉田次郎・大川矩文（正次郎）・根津《ねづ》勢吉《せいきち》らに会っているので、彼らは東京行きだったのではないかと思われる。備後福山藩の足軽出身で榎本武揚の従者となり、海兵取締並として開陽丸に乗り組んでいた大畑伝一郎《おおはたでんいちろう》は、秋田藩預けを経て赦免後は東京へもどり、三年五月、ちょうど静岡藩から新政府に出仕することとなった、榎本の舅で医師である林洞海《はやしどうかい》に奉公人として採用された（「慶応戊辰駿行日記」）。

諸藩への御預人

右に述べた静岡藩に引き渡された降伏人、東京に送られた降伏人とは別に、諸藩に預けられていた降伏人が四一五名ほどいた。彼らは「御預人《おあずけにん》」と呼ばれた。諸藩の御預人と、弘前藩・秋田藩に預けられ後に函館弁天岬台場に収容された約五〇〇名との間に生じた足取りの違いは、降伏時の状況による。明治二年（一八六九）七月から九月頃にかけ、弘前・秋田以外の諸藩に預けられた者は、いずれも負傷し病院に入っていた者やすでに捕虜になっていた者、室蘭にいた者、そして榎本軍とは別に庄内などで降伏した者たちだったようだ。たとえば、津山藩に預けられた山路一郎《やまじいちろう》（愛山《あいざん》の父、？—一八八八）は、敵の弾丸を受け気絶し、捕らえられ新政府軍の病院に収容されたという。室蘭で開拓方に属した者のうち一八〇名余は、二年七月には早くも東京に送られていたことがわかっている。諸藩御預人は、函館収容組の赦免に先立ち、三年二月から四月にかけ

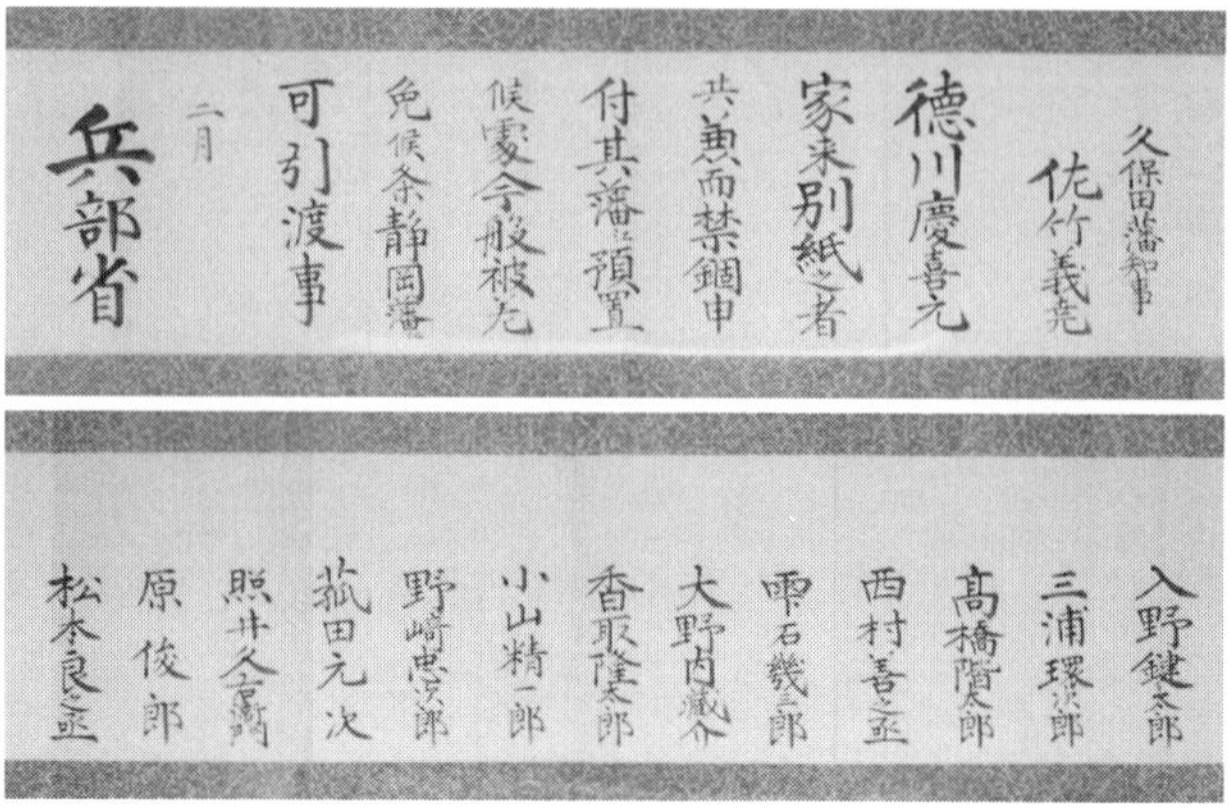

9──秋田藩御預人に対する赦免申し渡し

順次解放され、静岡藩に引き渡された。

預けられていた期間、降伏人の扱いは藩によってまちまちだったようだ。福沢諭吉は、中津藩に預けられた降伏人のようすを実見し、外出ができないだけで、「如何にも自由自在」にしていると記している。また、諸藩預けになった者は「大抵其領分え連れ帰り候」との伝聞を記し、多くの藩では東京の藩邸に置くのではなく、国許へ御預人を送るようだとしている（明治二年九月二日付江連尭則宛書簡、『福沢諭吉書簡集』第一巻）。ただし、御預人の拘留場所に関して、東京と国許のどちらが多かったのかについては、実際に福沢が伝える通りなのか否か、筆者の調べはついていない。

明石藩では、箱館戦争降伏人六名を預かったが、送致した先の明石では光明寺に彼らを収容し、隔日で医師に診察させ、月に三日は酒を贈るなど、賓客として遇した。六名のうち駒崎順之助は横浜でのフランス陸軍伝習経験者だったので、明石藩では墓地でこっそりと仏式銃術を藩士たちに習わせた。赦免された際には、同藩士が付き添い静岡まで送り届けられた。その後、六名のうち駒崎と春日義昌（鹿之助）の二名は再度明石に滞在し、仏式操練を指導した(『明石市史』下巻)。降伏人を諸藩に預ける際、政府は、「禁錮中タリトモ見込ヲ以使役等可勝手事」(二年九月、『改訂肥後藩国事史料』巻十)という指示をしていたため、練兵の教授をさせることは決してコソコソすべきことではなかったはずであるが、なぜか明石藩ではそのことを隠したということになる。「使役」に軍事的なことが含まれるのかどうかを心配し、明治新政府から睨まれることを恐れたのかもしれない。なお、降伏人たちが果たした他藩への「御貸人」としての役割については後述したい。

下総開墾計画と飯島半十郎

箱館戦争降伏人赦免の動きは、意外な方面にも影響を与えた。東京府が進めていた、府下の無籍・無産の窮民を使って、荒蕪地であった下総の牧を開墾するという計画である。もともと士族・平民の別なく希望者を募集したのであるが、肉体労働に慣れていない者約六〇〇〇人については、すぐに開墾場へ送り込むのではなく、東京の授産場で訓練を行っていた。ところが、そのなかには幕府倒壊の混乱で職をなくし、また何らかの事情により帰るべき本籍を失った者たちが多数含まれていた。その数は千二百余人に達したが、多くは「粗暴過激之徒」であり、ほかの良民に動揺を与える危険もあった。そこで、今回箱館戦争降伏人が赦され、「旧藩旧里」へ戻されることになったのにあわせ、「御政令一途」の観点からも彼らの意志を確認の上、旧藩(すなわち静岡藩のこと)に帰籍させたいといった上申が、東京府の権大参事北島時之助《きたじまときのすけ》によってなされ、認可されたのである。なお、すでに開墾地に入植した者には士分だった者もいたが、その

10――飯島半十郎

多くは旗本の家臣だった者、つまり陪臣の出であり、真に無籍の者であるので、彼らについてはそのままとしたいとされた（東京都公文書館所蔵「明治三庚午年従三月至六月　御用留　下総開墾局」）。

この下総開墾については、箱館戦争と関連してさらに別な逸話がある。遊撃隊に属し、伊庭八郎らとともに箱根で新政府軍と戦い、敗走した後、榎本艦隊に乗り組み箱館に行った飯島半十郎《いいじまはんじゅうろう》（一八四一―一九〇一）という人物がいた。後年、彼は虚心の号で浮世絵研究家として知られることとなったが、以下のような戊辰時の記録を書き残している（沼津市明治史料館蔵）。

慶応四年明治元年四月江戸を出て上総ニ至り、遊撃隊ニ加ハリ王師ニ抗し、伊豆相模甲斐駿河ニ出没し箱根の一戦ニ破れて奥州ニ入り、箱館ニ遁れ、十二月潜ニ江戸ニ来り朝廷ニ対嘆願する所あり、当時東京府知事北島時之助并静岡藩山岡鉄太郎等余か願意を賛成し奏上せし事ありしか軍務官既ニ箱館追討の議決せしをもて事行ハれす、後ニ余ハ北島の勧めにより下総の開墾ニ従事せり（読点筆者）

すなわち、彼は榎本軍が箱館を占拠した後、明治元年十二月単身密かに東京に戻り、山岡鉄舟《やまおかてつしゅう》らの手助けにより新政府に対し何らかの働きかけを行ったという。勝海舟の日記からも、二年三月、四月頃、山岡鉄舟が北島からこの開墾計画について相談を受けていたことが裏付けられる。飯島は、箱根で敗れた後、まだ箱館へ脱走する前の慶応四年六月段階でも、「京師エ事状書周旋」のことを米沢藩士宮島誠一郎に相談するなど(『戊辰日記』)、新政府への建白に希望をつないでいた。

また、飯島が残した別の書付には「乱定厳父幽九州実弟繫箱館余潜伏東都出走駿河竊訪母之起居」(乱が治まり、父は九州に幽閉され、弟は箱館で拘留され、東京に潜伏していた自分は密かに母が起居する駿河を訪ねた)云々との記述がある。父と弟も箱館の榎本軍に参加していたというが、父は幕府の和宮《かずのみや》様天璋院《てんしょういん》様御広敷番之頭をつとめ、榎本軍では箱館奉行支配組頭となり、降伏後は岡藩に預けられた飯島善蔵《いいじまぜんぞう》(?—一八八八)、弟はフランス陸軍歩兵科伝習を受け一連隊差図役になった黒沢正助《くろさわしょうすけ》(後の陸軍大尉飯島順之と同一人物)のことである。母はもう一人の弟(沼津兵学校生徒になった飯島正一郎)とともに駿河に移住していたらしい。飯島半十郎は、新政府への嘆願が失敗した後、北島時之助の勧めで下総開墾のことに従事したというのである。東京府が無産・無籍の徒を下総小金原《こがねがはら》へ移住させ開墾に従事させるとの方針を示したのは二年三月十日のこと、北島が東京府判事となったのは元年十月であるが、民部官開墾局知事を兼任したのは二年四月のことだったので、飯島が箱館から戻ってすぐにこの件に関与したのか否か、時間差があり少々疑問である。また、どのような方法で東京に戻ることができたのか、その意図はいかなるものだったのか、個人の意志によったのか、それとも誰かの指示にもとづくものだったのかなど、彼の行動は実に不思議である。しかし、榎本軍の参加者のなかには、多様な考えを持った者が紛れ込んでいたことを示しているのかもしれない。

ちなみに、後年作成された、諸藩へ預けられた箱館戦争降伏人の人名一覧（雑誌『旧幕府』掲載「函館海陸軍総人名」）のなかに、「開拓小金回（田島敬蔵預）名村一郎」と記された箇所がある。益田《ますだ》克徳《こくとく》（名村一郎、一八五二―一九〇三）が小金原開拓に従事した事実はないが、そのような名目で鹿児島藩士永山友右衛門《ながやまともえもん》（田島敬蔵）に預けられたということを意味しているのかもしれない。

榎本たちの獄中生活

新政府の内部で、榎本らを生かすか殺すかをめぐり意見の対立があることは静岡藩へも伝わっていた。東京にいた渋沢栄一《しぶさわえいいち》は、森有礼《もりありのり》から聞いたこととして、明治二年（一八六九）七月二日付書簡で静岡の杉浦譲《すぎうらゆずる》にあて、「薩ニ而ハ可生不可殺」、「長ハ反之」という状況であることを報知した（『杉浦譲全集』第二巻、杉浦譲全集刊行会、一九七八年）。

東京に送られ糺問所《きゆうもん》の獄舎に繋がれた榎本軍首脳部たちの獄中生活については、榎本の獄中書簡や大鳥圭介の獄中日記が詳しく記録してくれている。

榎本が取り調べを受けたのは、脱走抗戦は徳川家の意だったのか否か、軍中にフランス人が参加していた経緯、蝦夷地の土地を外国人に租借させた理由などについてわずかに聞かれた程度だった。あとの多くは書物を読んだり、洋書の翻訳を行ったり、同じ捕らわれの身である会津・仙台藩士の少年たちに洋学・漢学を教え、まるで塾にいるかのような平凡な毎日を送っていた。差し入れられた、箱館戦争で蟠龍艦の砲撃が新政府軍の朝陽艦《ちようようかん》を沈没させた時の写真を見た際には、「大なぐさみ」になったという。

差し入れの品としては、翻訳に取り組みたい洋書を欲し、義弟の赤松則良《あかまつのりよし》や林紀《はやしつな》らがその要求に応えた。特に榎本は「分析術」の本や「舎密書」を望んだが、その理由は、石鹼、薬、焼酎、ガラス、藍の製造法や器械による鶏卵孵化《ふか》など、そこから得た知識を翻訳・解説し、すでに赦免されていた兄武與（勇之助）に伝え、「活計」の一助としてもらうためであった。榎本は「セーミ学は未だ日本国中に小生にならぶ者これなく」と自負しており、他人が目を付けていないことに先鞭をつけることが成功の鍵であり、製法などを洩らさないよう注意を促した。また、事業を興すには資金が必要であり、同志を集め「コンパニー」を結成することも勧めた。実際、弟の指導により武與は、明治四年五月頃には東京向島《むこうじま》辺で鶏・鴨の卵孵化事業を始めていたらしい。

やがて兄の事業を指導するだけでは飽き足らなくなったのか、明治四年十一月頃になると、榎本はほかの獄中の仲間とともに、金銀山の開き方や蝦夷地開拓に関する本格的な著述を著し、公刊したい旨を当局に希望したりした（『榎本武揚未公開書簡集』）。

大鳥は、実に多くの漢詩や和歌をつくった。二年十月、静岡の徳川慶喜の謹慎が解けたと聞いた際には、「あかねさす朝日のかける空はれて雲井にすわるふじの白砂」と詠んだ。弘前藩に預けられている降伏人たちのようすを伝え聞いた時には、彼らが林董や山内堤雲を教師役に英仏語や西洋算術を勉強し、さらに頼まれて弘前藩士に教えているとのことを知り、「窮迫の余にても芸能は人の為めに尊られる」ものであると感心している。二年十二月二十八日からは、自らも入手したリーダーを使い

11―今井信郎

同房の今井信郎（一八四一―一九一八）らに英語の手ほどきを始めたが、三年二月二十二日、坂本龍馬《さかもとりょうま》暗殺の容疑により今井が刑部省に引き渡されるまで講義は続いたものと思われる。理工系人間らしく、葡萄《ぶどう》酒の製法を記した洋書を読んだり、榎本・荒井・沢といっしょに「ガイ氏の窮理書」の翻訳に取り組んだりもしている（『幕末実戦史』）。

獄中生活では、以下のような珍談・奇談も残された。

別々の監房に収容された彼らは、大鳥の房とは英語で、沢の房とはオランダ語で、永井の房とは詩吟によって、取調べに際しての口裏合わせを行ったという。監守は、訳のわからない言葉を発している彼らを、「唐人の寝言の様な歌はいかん、静かにせよ」と叱りつけるのを常とした。

榎本は、暇にあかして様々な機械の模型を紙でつくった。コールタール製造機、人工鶏卵孵化器、ブランデー製造用ランビキなど、いずれも精巧で、見る者を感嘆させた。沢太郎左衛門（一八三四―九八）も専門の兵器関係の模型を製作したが、ある日、地雷火とその附属電池の模型のことが糺問司の耳に入り、危険な装置だとしてハサミで切断するよう命じられたという。紙でできた単なる雛形を危険視するとは、神経過敏というか、トンチンカンというか、後年に至っては笑い話と化した（『海軍七十年史談』）。なお、沢ではなく榎本の逸話としても、紙製の爆弾模型をつくったが裁断させられたとする同様のエピソードが残されている（内田魯庵『バクダン』春秋社、一九二二年）。

獄内の降伏人に対しては、外からの支援があった。たとえば、福沢諭吉は、宮古湾海戦の後捕縛され、東京糺問所に送られ投獄されていた古川正雄《ふるかわまさお》（一八三七―七七）・小笠原賢蔵《おがさわらけんぞう》（?―一八八五）の二人を慰問し、「ザマアみろ」と皮肉をいいながらも、毛布や牛肉の煮物などを差し入れしたという。古川は幕府海軍士官となる前は、福沢の最初の門人であり、その塾長だったからである。福沢は、夫人の実家と榎本武揚の母の実家とが縁続きになる関係から、榎本に対しても援助している。看守への哀願書の案文を書いてやり、老母が獄中の息子と対面できるようにお膳立てしてやったほか、箱館降伏時に榎本が黒田清隆に贈った『万国海律全書』の序文を翻訳してやり、その書物の重要性とともに榎本の才能をそれとなくほのめかし、彼が助命されるようにしたというのである（『福翁自伝』）。福沢が下書きした榎本老母の名による助命嘆願書は、二年九月に提出されたようだ。榎本は福沢の好意に甘え、獄中で翻訳に取り組むべく、英語の化学書の借用を依頼したところ、差し入れられた書物があまりに初歩的なものだったため落胆し、一〇〇人余の弟子を教える福沢大先生もこの程度の人物か、「我邦未だ開化文明の届かぬ事知るべし」と、姉あての手紙に書いた（三年十二月二十八日付）。榎本は福沢に見くびられたと思ったようであるが、福沢にしてみれば榎本の学識がいかほどのものなのか本当に知らなかったのであろう。

ここでは、獄中の大鳥圭介を支援した、ある人間関係について述べてみたい。

支援者の存在

12―大鳥圭介

大鳥は、江戸を脱走するに際し、妻子を知り合いの佐倉藩士荒井《あらい》宗道《むねみち》に預けた。みち夫人と娘二人、息子一人は、箱館戦争が終わり明治二年（一八六九）九月頃に上京するまで佐倉城下に隠れ住んでいた。

荒井宗道（鉄之助、?―一九〇二）は、一五〇石を食み納戸役・側用人などをつとめ、後に堀田家の家令となった佐倉藩士荒井忠介（楽圃）の子である。家督を継いだのは明治三年（一八七〇）閏十月五日。安政三年（一八五六）から同六年まで木村《きむら》軍太《ぐんた》郎《ろう》に師事した後、文久二年（一八六二）二月十五日、幕府の開成所教授手伝出役に抜擢され、手当一五人扶持金一〇両を給された。明治元年（一八六八）十月頃には明治新政府に出仕し京都に赴任、明治三年時点では大阪兵学寮に勤務、四年（一八七一）二月兵学中助教に任命され、同年十一月兵学少教授に進み、十年（一八七七）頃には七等出仕として陸軍士官学校で軍術科を担当した。その後、十年陸軍少佐、十五年（一八八二）参謀本部翻訳課長、十九年（一八八六）三月非職といった履歴をたどり、二十年三月に依願免職となった。訳著には、『攻守略説』（慶応三年、明治四年再刊、佐々木貞庵共訳、陸軍兵学寮）、『兵法中学』（明治四年、陸軍兵学寮）、『布営略典』（五年、陸軍兵学寮）、『前哨勤務階梯』（十五年、内外兵事新聞局）、『兵学教程読本』（十五年、内外兵事新聞局）、『騎兵戦法要訣』（十九年、有同社)、『軍術新論』(二十年、有則軒)、『独逸《ドイツ》陣中軌典草案』(二十年、有則軒)、『軍隊指揮官之手簿』(二十一年、偕行社)、『独逸陣中軌典野外勤務論』(二十二―二十三年、偕行社)など多数があり、彼が兵書翻訳のエキスパートであったことがわかる。

大鳥は佐倉藩士から幕臣になった大築尚志《おおつきたかゆき》(保太郎)とは、富士見御宝蔵番格歩兵差図役頭取勤方として一緒に抜擢され、ともにフランス陸軍伝習を受けた仲であったため、その大築を通じて宗道と懇意になったのかもしれない。宗道と大築とは、文久二年二月、同時に蕃書調所《ばんしょしらべしょ》に採用された間柄であった。

ところで、幕府が慶応元年(一八六五)、フランス式の陸軍士官を養成すべく開設した横浜語学所の生徒の一人に、大鳥貞助という人物がいた。後に新井貞助と改名したとされる。また、幕府がフランスへ留学生として派遣すべく、慶応三年(一八六七)六月二十九日に選抜した候補者二〇名の一人に、一九歳の大鳥貞次郎という人物がおり、彼の肩書は「歩兵差図役頭取　歩兵頭並介圭介厄介弟」となっている。ほかの留学生候補の多くも横浜語学所の出身者であることから、改名したのか誤記なのかは判然としないが、結論として貞助と貞次郎は同一人物と思われる。彼は、慶応三年八月、幕府フランス留学生一一名の一人として渡航、十月パリに到着したとされるが、翌年六月には幕府瓦解により帰国することとなったため留学の成果は乏しかったはずである。

大鳥圭介の厄介弟たる、この大鳥貞助(貞次郎)は、佐倉藩士の出身であり、後に荒井(先の新井は誤り）に改姓した、というより復姓し、改名した。すなわち荒井宗懿という名前がそれである。大鳥貞助と荒井宗懿とが同一人物であることは、佐倉藩士依田学海《よだがつかい》の日記に記された、「士族荒井貞介、兵部省にめされて兵学少助教となる」（明治四年六月三日）、「藤井善言、兵学寮九等の出仕たり。幼年学舎の教授を命ぜらる。これぞ大鳥貞介　荒井氏の子　出洋勤学の志あり、仕を楽まず。藤井生をすゝめてその職に代らしめ、己は仏国に遊びて再び学をつとむとぞ」（明治五年八月二十日）という記述から判明する。四年（一八七一）六月明治新政府の兵部省に徴され兵学少助教に任じられた、佐倉藩士荒井氏の出である「大鳥貞介」とは、四年六月陸軍兵学寮の少助教に任命された荒井宗懿その人であることは間違いないだろう。

荒井宗懿が佐倉藩出身の千葉県士族であり、明治元年十二月十五日大学南校少助教、三年（一八七〇）十月十九日准少助教、同二十七日外務省文書権大佑、同年十二月十七日免官、五年（一八七二）十月開拓使仮学校化学修行掛、七年（一八七四）八月八日陸軍省八等出仕・馬医部分課、九年三月十九日陸軍馬医・病馬厩出仕、十年（一八七七）二月三日陸軍馬医学舎長、十三年（一八八〇）四月二十三日病馬厩第一課出仕、十五年（一八八二）三月差免という経歴をたどり、十五年八月十七日に没したことはほかの史料・文献から判明する。フランス語からの訳書に『牧畜必携』（明治十二年刊）がある。

大鳥の獄中日記には、「本日荒貞三千《みち》ヨリノ手状并ニ嗹独戦記洋書二冊股引松平方エ伊藤ヨリ届キ松平ヨリ直ニ請取ル大ニ今昔ノ感ヲ起セリ」（明治二年十一月十日）、「荒井方ヨリ牛肉並ニ衣服ヲ贈ル」（三年三月二十九日）、「荒井ヨリ洗濯物袷並ニ重之内三個ヲ贈ル」（四月九日）、「荒井ヨリ洗濯物重ノ内ヲ贈ル」（四月十九日）、「荒井方ヨリ洗濯物並ニ重之内ヲ贈ル」（四月二十九日）、「荒井方ヨリ牛肉洗濯物ヲ贈ル」（五月二十六日）、「荒井方ヨリ食料並ニ服類其外列達ヲ請取ル」（六月三日）、「荒井方ヨリ単物並ニ重ノ内ヲ饋《おく》ル」（六月十二日）、「荒井方ヨリ饋物来ル」（六月二十一日）、「荒井方ヨリ衣類食物ヲ饋ル並ニ佛兵書ヲ贈ル」（六月二十九日）、「荒井方ヨリ衣食物ヲ饋ル」（七月七日）、「荒井方ヨリ衣服ヲ饋ル」（七月十五日）、「荒井方ヨリ金並ニ食物ヲ遺ル」（七月二十三日）といった記述が見られる。

「荒貞」という略記もあることから、大鳥に対し頻繁に差し入れを行うこの「荒井」が、荒井宗懿（荒井貞助）であることは間違いないだろう。フランス語の兵書を差し入れしている点も納得できる。荒井宗道は当時大阪に赴任しており、彼であることは考えにくい。ちなみに、獄中で大鳥と同じ境遇にあった荒井郁之助でないことは、なおさら明白である。

一時期、厄介弟という名目で大鳥家の親族、すなわち幕臣の列に加わり、横浜語学所で修学する機会を与えられた荒井宗懿にとって、圭介は恩人であり、それを援助するのは当然のことだったろう。

そうなると、宗道と宗懿との関係はどうなるのか。現在のところ確証は得られていないが、その名前からして、二人は兄弟だったと考えられる。年齢差は一七歳である。上方へ赴任した兄宗道に代わり、東京の大学・外務省勤務だった弟宗懿が獄中の大鳥やその妻子の面倒を見たのであろう。「荒貞」と「三千」の手紙が一緒に届いたという点もそれを裏付けている。

Ⅱ　生き残りたちのその後

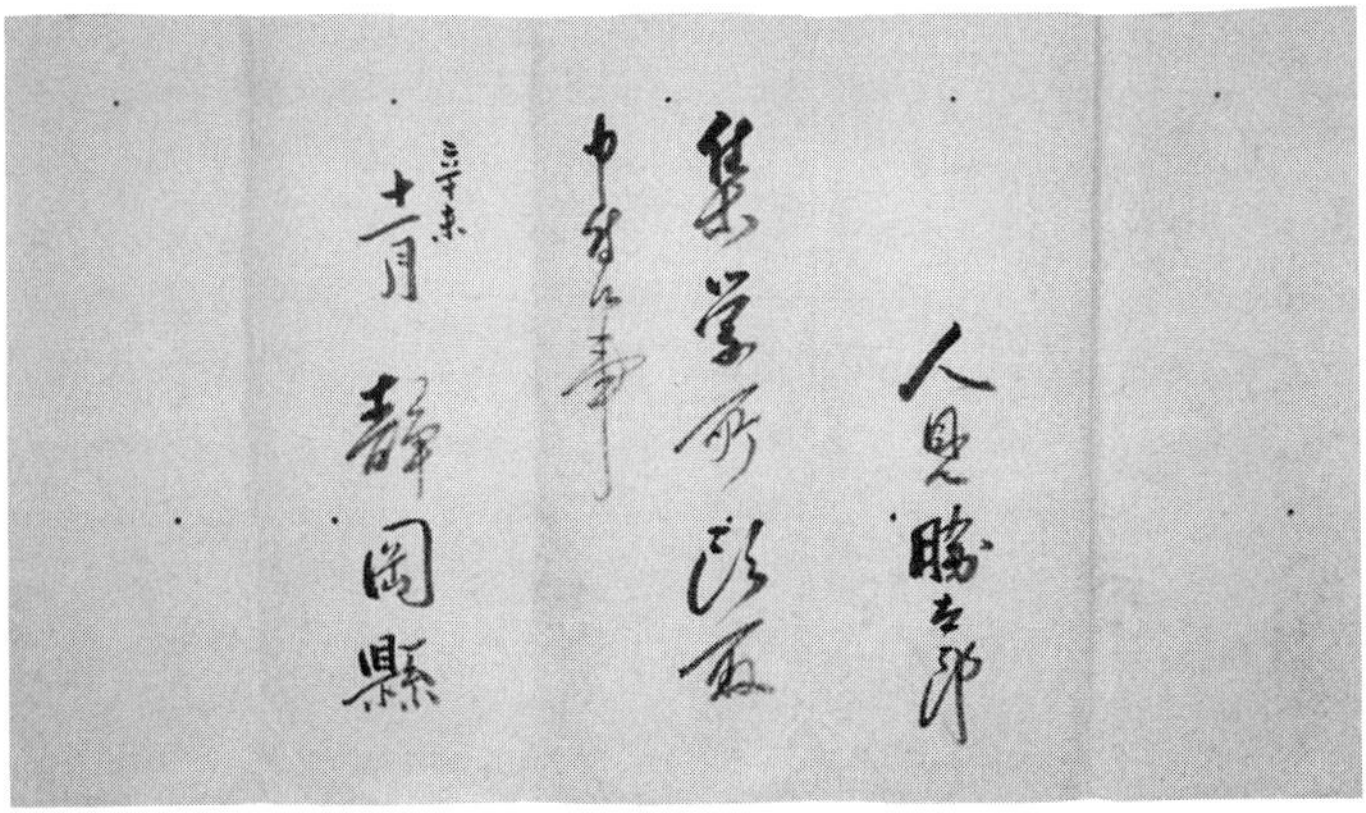

13──人見寧の集学所頭取辞令

箱館戦争から帰った人見寧（勝太郎）は，鹿児島藩の士風に感化され，明治3年（1870）静岡藩で集学所という文武学校を設立した．同校は廃藩後もしばらく存続した．

1　静岡藩への帰属

函館の降伏人たちが明治三年（一八七〇）四月静岡藩に引き渡されたことはすでに述べてしまったが、ここでは少し時間をさかのぼり、脱走・抗戦中の留守家族が味わった労苦について紹介しておきたい。

留守家族の苦労

明治元年十月、脱走した旧幕臣の子供たち六人が連名で「跡目之儀奉願候書付」という願書を藩当局に提出した。私たちの父親は、江戸城が開城された四月十一日、にわかに脱走し、前将軍慶喜公の後を追って水戸へ向かったらしいが、その後日光《にっこう》方面で死亡したとの風聞が伝わっている、そのため私どもを家臣の列に加えていただき、家名が立つようにしていただきたくお願い申し上げる次第である、という内容である。六名とは、工兵頭並吉沢勇四郎《よしざわゆうしろう》の伜兵衛《ひょうえ》（詳一郎、一九歳）、両御番格工兵差図役頭取勤方石川直中（勝之助）の伜貫一《かんいち》（一一歳）、大御番格工兵差図役頭取勤方小宮山昌寿（金蔵）の伜勇次郎《ゆうじろう》（一九歳）、大砲製造所調役竹原平次郎《たけはらへいじろう》（石橋俊勝・八郎）の伜太郎《たろう》（六歳）、海軍所英学教授方吉田安太郎《よしだやすたろう》の伜良助（五歳）、別手組出役・伝習隊差図役並菰田元次の伜幸太郎（六歳）である。

幸運なことに彼らの願いは、翌年正月、藩庁から聞き届けられたようである。家名相続が認可されたのみならず、幼年や病気を理由に、駿河へ移住することを猶予され、東京などに居住することも許された。石川貫一を例にすれば、以下のような明細書を藩へ提出しており、朝臣になった東京在住の旧幕臣の家に同居しながらも、籍の上では駿河府中藩の二等勤番組に編入されたことがわかる。

宿所雑司谷元御鷹匠屋敷行政官附
設楽甚三郎触下古谷源之丞方ニ同居仕罷在候
祖父石川作次郎富士見御宝蔵番之頭相勤隠居仕罷在候
父石川勝之助死両御番格工兵差図役頭取勤方相勤申候
実子惣領
石川貫一
巳歳十二
元高拾五俵壱人半扶持

明治二巳年正月九日父跡式被下置、二等勤番組ニ罷成候

この明細では、勝之助の名の下に「死」の文字が付されている。幼い子供に家名を相続させる前提として、当然ながら父勝之助は死亡したことになっているのである。しかし、実は石川直中（勝之助）は死んではいなかった。箱館戦争に参加した石川は、戦死することなく、降伏・謹慎を経て、明治三年赦免となり、浦和県（現埼玉県）で郷学校の教師におさまった。留守家族が彼の存命をいつ知

14――吉沢勇四郎

ったのかは不明である。あるいは、そもそも日光辺で死亡したというあやふやな情報をもとに子供への家名相続を願い出た明治元年十月時点で、死亡を確信していたわけではないものの、とりあえず藩籍を維持し家禄を確保するために死んだことを前提に願書を作成したと解釈すべきかもしれない。石川直中の場合、生還したことが明らかになった後は、隠居したものとして藩に届け直したらしく、息子貫一の身分に変化はなかった。ただし、五年（一八七二）頃の家禄関係書類に、「石川貫一　再相続直中」と記されたものがあるので（静岡県立中央図書館所蔵「静岡士族名簿」）、父直中が再び当主になったのかもしれない。

脱走者を出した家では、その生死にかかわらず、残された家族が必死で家の存続をはかったのである。六名のうち、竹原平次郎・吉沢勇四郎・吉田安太郎は実の兄弟であり、石川直中は吉沢と義兄弟（妻同士が姉妹）の間柄であった。そのほかの小宮山は吉沢・石川と同じ工兵の所属であった。菰田とのつながりは不明だが、たぶん親しい親戚・知人が共同して危機に臨んだのであろう。

脱走した六名のうち、竹原平次郎は箱館までは行かず、途中で引き返したらしく、明治二年には静岡藩沼津病院の製煉方に就任している。小宮山昌寿の子弘道（たぶん勇次郎と同一人物）は、年長だったためか、静岡学問所の生徒から教授世話心得に採用されている。

六名のうち実際に戦死したのは吉沢勇四郎だけである。彼の遺児詳一郎は、すでに二年正月相続を認められたものの、駿河へ移住することなく新政府の大学少得業生に採用されていた。その後、同年五月箱館戦争で父が死んだことを知り、三年閏十月、静岡藩からは改めて「戦死跡苗跡相続」を命じられ、「其身一代御藩籍」に加えられることが認められ、三等勤番組に編入され、三人扶持が下されることとなった。

父の不在中、相良《さがら》勤番組となり遠州へ移住していた菰田幸太郎（九歳）の明治四年時点での履歴明細短冊には、「父菰田元次死」と記され、慶応四年四月に水戸へ脱走したまま行方不明であるとされている（「相良勤番組士族名簿」）。菰田は箱館政権では海陸裁判役、箱館取締になった人であるが、降伏後は東京の秋田藩邸預けとなっており、戦死したわけではなかった。明治四年にはすでに赦免されていたはずであるが、幸太郎の履歴では何故死亡したままにしたのかはわからない。本当に家族と連絡を取れずにいたのか、それとも父が死亡したことを前提に相続を許可されたため、存命の事実を隠したのだろうか。

林惟純の活動

駿河府中藩（静岡藩）では、脱走・抗戦を続ける者たちを簡単に切り捨てることなく、取り残された彼らの家族に対して救いの手をさしのべた。

林惟純《はやしこれずみ》（三郎、一八二三―九六）は、昌平黌《しょうへいこう》の分校というべき麴町《こうじまち》教授所（麴渓書院）の教授をつとめた漢学者であり、会津藩士から幕臣に取り立てられた経歴の持ち主であったが、静岡藩士として、戊辰時には東京で以下のような仕事に従事したことが没後まとめられた事蹟に記されている。

旧幕府脱走戦死者の遺族飢寒に迫るを以て赤坂の元紀州邸に入れ之を救助したり、又無禄駿河に移住せん事を願ひ出、貧窮にして進退谷《きわ》まりたる者をも同邸に入れて救助したり、両者併せて戸数殆と五百戸、此時惟純氏特に命せられて之を管理し愛育する事赤子の如し、然れとも座して食を仰ゲば懶惰《らんだ》の風習を生するを慮り、各自に職業を授け、一方ニハ米塩薪炭総て半価を以て売渡したり、此の如くにして終に無異駿河の新封地に移住せしめたる（沼津市明治史料館所蔵「林惟純君事蹟余話」、読点筆者）

当主が脱走軍に加わったり、戦死したりしたため、路頭に迷うことになった旧幕臣家族を保護し、東京の静岡藩邸に収容し、授産事業を行うとともに、駿河の領地へと無事移住させたというのである。彼が、このような困窮者を保護する仕事を担当したことは、明治三年六月十五日、「御扶助人の内、脱走者にて当主死亡の者」は、家名を立てることを許すとの方針が藩庁より示され、林三郎・井上八《いのうえはち》郎《ろう》・田村弘蔵・石川渡らにその調査が命じられたことからも裏付けられる（『久能山叢書』第五編）。この仕事が一段落したからであろう、その後林は開業方物産掛に就任している。

ちなみに、前掲の「林惟純君事蹟余話」には以下のようなエピソードも記されている。

榎本釜次郎（武揚）等箱館に拠る、久しくして平らがず、朝廷徳川家に命して征討せしむ、其主幼なるを以て辞す、其頃の事なるべし会津藩某其藩兵を以て請ひて榎本等を征討し前罪を償はんとの説を主張す、惟純氏曰く会津藩と榎本等と意見大同小異ありといへとも元来尊王佐幕同心一体の人なり、今遽に我か藩兵を以て彼等を討たんとす、人情の忍ぶ能ハざる所にあらずやと固く執て動かず、其議終にやミたりとぞ（読点筆者）

箱館榎本軍討伐のため出兵させてほしいと政府に請うてはどうかという、会津藩内の意見を封じたというのである。林にとって、出身藩である会津藩士と、現在属している徳川宗家の家臣たちとが戦場でまみえるというのは身を裂かれるような悪夢だったに違いない。

遺族の保護

明治新政府は、脱走抗戦者を多数出した徳川家、駿河府中藩（静岡藩）の責任を厳しく問うことはなかった。鳥羽・伏見戦争の戦犯として罰せられた塚原昌義《つかはらまさよし》（但馬《たじま》）以下一〇名の旧幕臣のうち、塚原はアメリカへ亡命し、榎本道章・永井尚志は脱走し箱館戦争に参加するなど、徳川家は新政府に対して大失態を演じていた。しかし、結局、五年まで東京の獄中にあった永井を除き、ほかの箱館降伏者とともに三年に引き渡された榎本は「慎方宜」につきすぐに赦免となり、密かに帰国し静岡藩邸内で謹慎していた塚原についても四年五月には寛典願いが藩から出され、厳しいお咎めはなかった。藩内でおとなしく蟄居《ちっきょ》していた平山省斎《ひらやませいさい》・滝川具挙《たきがわともたか》の場合も、老年を理由に近傍の遊歩を許され、「家名廃立」も認められていた。小野友五郎《おのともごろう》にいたっては、謹慎中にもかかわらず三年四月には民部省に出仕している。

新政府の徳川家に対する甘い対応が反映されたものであろう、概して静岡藩は、自藩の脱走者、降伏人、謹慎処罰者などに対して過酷な姿勢で臨むことはなかったといえる。本人たちだけでなく、その家族や遺族に対してもそうである。たとえば、沼津兵学校の規則書「徳川家兵学校掟書」には、「其父戦死報国之功有之者」に対して、年齢・身体検査・学科試験等の条件を緩和して入学を許可するとの規定が設けられていた。新政府軍に抗戦し戦死した者にその規定が適用された例としては、慶応四年（一八六八）閏四月上総での撒兵隊戦争において戦死した梶塚成志の遺児鉄太郎が「戦死跡ニ付願書ニ依リ生徒入被命候事」として、認可された事例が知られる。新政府への反抗を称揚しているかのようであるが、あくまで藩内のみで内々に実施されたものであり、それが政府側に表沙汰になるとは考えられていなかったのだろう。

また、静岡藩は、明治三年（一八七〇）六月五日、「横死候者」がある時は速やかに届け出ること、当主の場合は取り糺《ただ》しの上家名存続の可否を決める、事実を隠した場合には士籍を削る、という布達を出している。ここでいう横死者が戊辰戦争の戦死者を含むのかどうかは明確でないが、後に掲げる例から、それを含むものであったことは間違いない。その一方、同年六月十五日には、「帰籍其身一代御藩籍御差加相成候者」について、取り調べの上、「永世御藩籍入」を許すとの布達が、また、御扶助人のうち、脱走者で当主が死亡した者について家名が立つように取り計らうので、巨細取り調べるようにとの布達も出されている（『久能山叢書』第五編）。いずれも降伏人や戦死者の遺族に対する配慮であった。

上記の布達を受けての、上野戦争から箱館戦争までの戦死者の家名存続に関する許可の具体例として、以下のような記録がある（『久能山叢書』第五編）。明治三年十一月五日、箱館戦争戦死彰義隊士金指隆造の家名が養子精一郎《せいいちろう》に下され、五人扶持・三等勤番組とされる、十一月七日、箱館戦死遊撃隊士岡田斧吉の家名が養子七郎《しちろう》に下され、六人扶持・二等勤番組とされる、箱館戦傷死彰義隊士青山《あおやま》佐一郎《さいちろう》の家名が養子三郎《さぶろう》に下され、五人扶持・三等勤番組とされる、上野戦争刑死彰義隊士花俣鉄吉《はなまたおのきち》の家名が養子鉄太郎に下され、四人扶持・三等勤番組とされる、十一月十日、上野戦争戦死彰義隊士伴門五郎《ばんもんごろう》の家名が養子鉛五郎に下され、五人扶持・三等勤番組とされる、十一月二十三日、箱館戦死衝鋒隊隊長古屋佐久左衛門の家名が実子庚次郎に下され、五人扶持・三等勤番組とされる、といった例である。息子文信（一之助）が箱館降伏人でもあった大属宮重丹下《みやしげたんげ》が、「家名相続取調自訴并御扶助之者取扱」として、藩内でそれらの事務を担当したようである。

勝海舟は自らの三男七郎を、箱館で戦死した遊撃隊士岡田斧吉の養子としているが、ほかの戦死者の遺族、脱走者・禁獄者の家族に対しても、心配りを示している。荒井郁之助妻の静岡到着を記録したり（二年九月二十三日）、榎本武揚の母へ一〇両を遣わしたり（十一月十七日）、古屋佐久左衛門や伴門五郎の家名相続の礼を受けたり（三年十一月二十五日、二十九日）、獄死した松岡盤吉の家内扶持のことを相談したり（四年九月十九日）といった具合である（「海舟日記」）。降伏人や戦死者は、静岡藩内では、表向きには称賛されるべき存在ではないものの、決して冷遇されていたわけではなかった。著名な箱館戦死者の遺族では、中島三郎助と甲賀源吾（一八三九―六九）の例がよくわかる。

中島三郎助の遺児與曽八《よそはち》（一八六八―一九二九）はまだ三歳の幼児であったが、三年六月、亡父の親友佐々倉桐太郎《ささくらきりたろう》が連署した「家名相続願書」を提出し、十一月八日、父とともに戦死した兄恒太郎《つねたろう》の跡を継ぐことが許され、六人扶持の世扶持を下される旨と三等勤番組への編入が通達された。願書には戦死したことを証明する目撃者の証言を書き添えることが決められており、中島の場合は元軍艦役並朝夷惟一（捷次郎）が証人となっていた（『中島三郎助文書』）。

甲賀宜政《よしまさ》（貴知郎、一八五九―一九三五）は宮古湾海戦で戦死した回天艦長甲賀源吾の甥であったが、矢田堀鴻・柴貞邦（庄内降伏人）・三浦省吾（箱館降伏人）らの援助により、明治三年十一月静岡藩に願書を提出、四年二月には家名相続を認められ、六人扶持を下されることとなった。幼い宜政は藩の幹部である矢田堀に引き取られ、同家の家族同様に面倒をみてもらった。やがて、静岡学問所の御雇い教師として招かれたアメリカ人E・W・クラークの自宅に住み込み、親しく英語を学ぶ機会にも恵まれた。クラークは、宜政を矢田堀の実子と勘違いし、「リットル矢田堀」と呼んだという（『回天艦長甲賀源吾伝』）。ただし、クラークは、「わたしの所には二人の少年が一緒に生活していた。（中略）一人は、一八六八年、「タイクーン」（大君、将軍）の軍の最後の戦いで沈没した軍艦の艦長の子息であった」（『日本滞在記』）云々と日本での体験記に記しており、宜政が矢田堀の実子ではないことを知

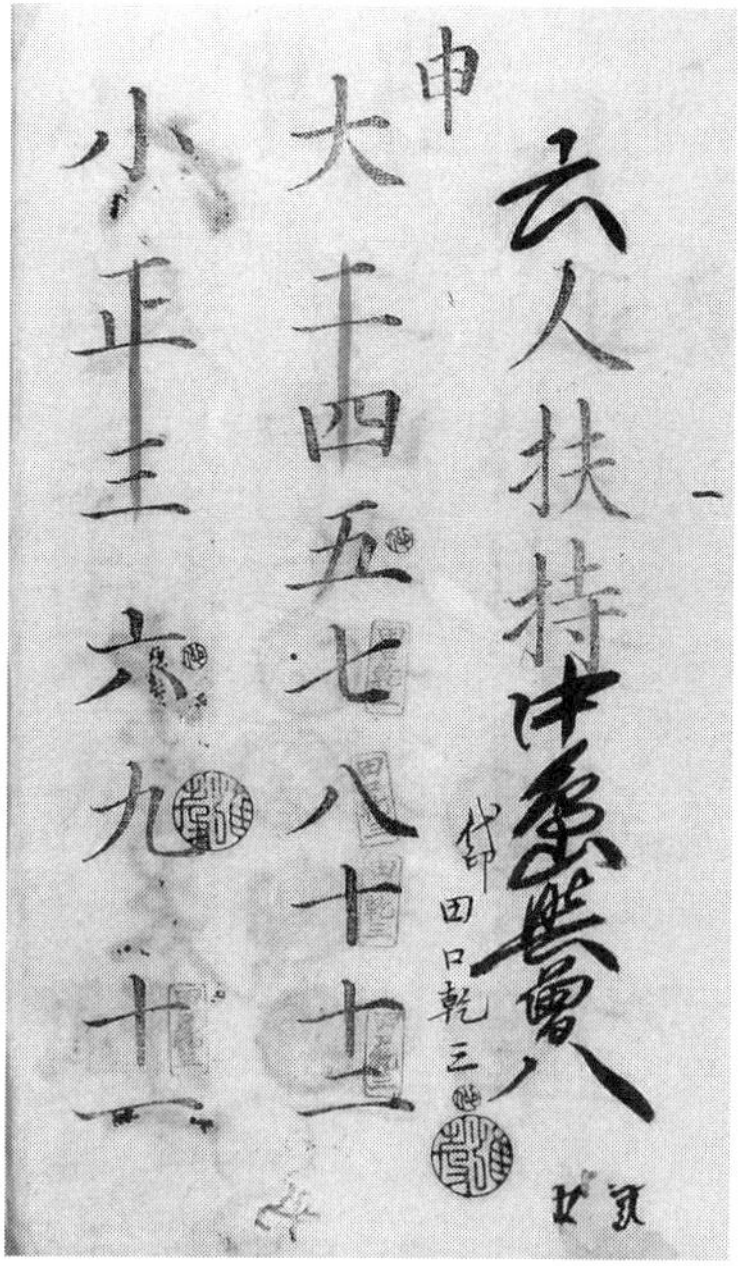

15──静岡での「米札渡帳」
中島與曽八の記載箇所

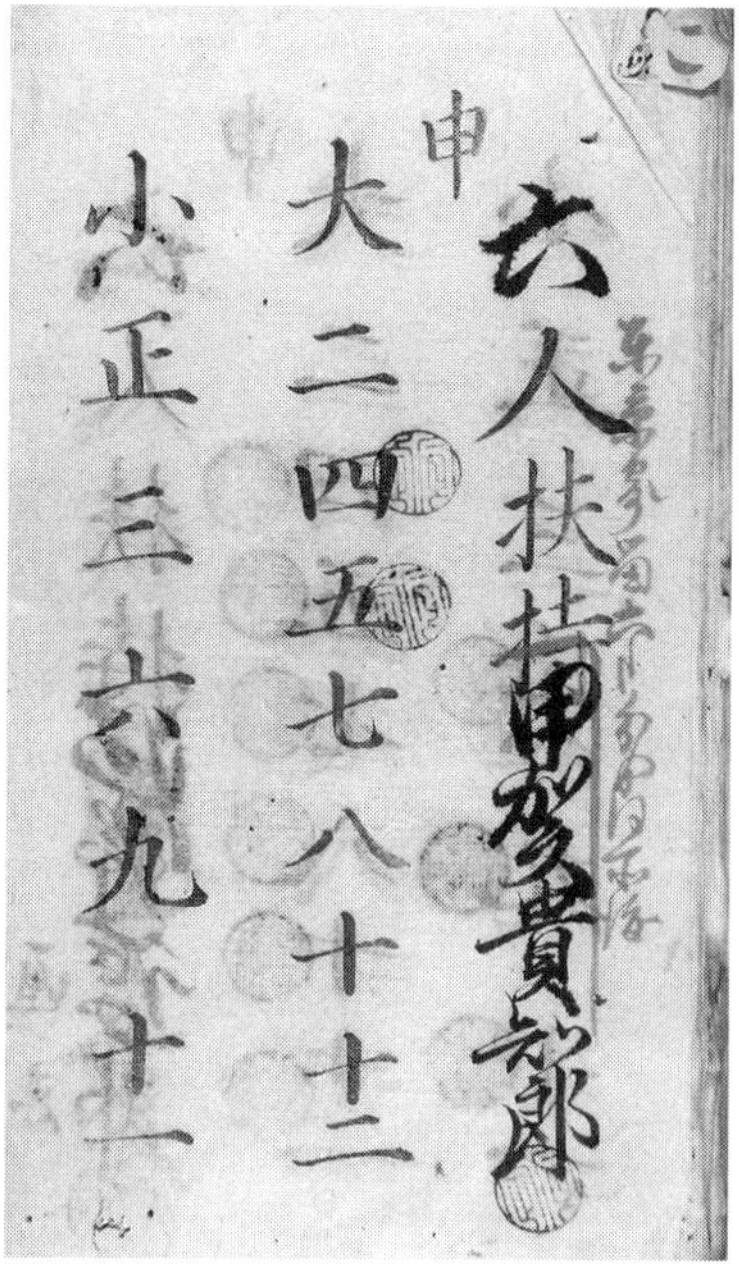

16──静岡での「米札渡帳」
甲賀貴知郎の記載箇所

っていたようである。

甲賀と同じく宮古湾海戦で奮戦し死亡した回天乗組一等見習士官に筒井《つつい》専《せん》一郎《いちろう》（一八四二―六九）という人物がいた。甲賀源吾が掛川藩士から幕臣に取り立てられた秀才だったのに対し、筒井は越前大野藩士の足軽から藩校句《く》読師《とうし》に立身し、やがて幕府に出仕した人であり（『福井県大野郡誌　下編』）、やはり優秀な人だったと思われる。しかし、甲賀家のごとく筒井家が静岡藩において家名を維持できたかどうかはわからない。当然ながら、戦死によって断絶した家もあったであろう。

藩士が藩庁に提出した由緒書には、新政府軍への抗戦の事実を堂々と記している例もあった。榎本脱走艦隊の幹部であった柴貞邦が記した当時の履歴書には、維新政権に対して憚るべき脱走時の事項のみが朱書になっており、新政府への提出用、静岡藩への提出用として、二様の履歴書を使い分けるための下書きだったと考えられる。脱走・抗戦という行動は、決してすべて消し去るべき過去であるとはみなされていなかった。

17――柴　貞邦

18――袖山正志

新政府の警戒

岩倉具視《いわくらともみ》文書（国立国会図書館蔵）のなかに、三河国の神主で平田国学を学び勤王活動に奔走した竹尾正胤《たけおまさたね》（東一郎）が、明治元年（一八六八）十月五日付で記した、駿河での密偵報告が残されている。それには、「箱根暴挙ノ首長」「函山暴挙連」「林昌之助ニ与同ノ賊」など、つまり遊撃隊の箱根戦争の残党が潜伏しているという情報とともに、「徳川家来江戸ニテ脱走セル其妻子チナミ〳〵ニヨリ多ク駿国ニ入ルヨシ」という記述もある。駿河府中藩（静岡藩）に移住した脱走抗戦者の家族は、敗戦逃亡者本人と同様、要注意の対象としてマークされたことがわかる。

新政府が、箱館戦争終結後においても旧幕府方の敗残者を警戒すべき危険な存在とみなさざるをえなかったことは根拠のないことではなかった。明治三年以降のことであろう、東京に戻った箱館降伏人袖山正志（旧名川口藤吉郎、一八五〇―一九二五）は、中野梧一から「今や威権を我政府に弄する者は某なり君宜しく彼れを刺すへし」とそそのかされ、政府高官を狙撃しようとしたことがあったという（『岳陽名士伝』）。

復員兵たちの静岡

静岡藩に引き渡された箱館降伏人は、藩籍に入れてもらうか、領内で帰農・帰商するかの選択を迫られたようである。それは、以下のような願書が降伏人から藩あてに提出されていることから判明する（『正智遺稿』所載、読点筆者）。

私共儀、今般禁錮被免、此度御藩江御引渡罷成難有奉存候、然而者御藩籍奉願候哉、農商ニ帰候哉、両様之内可相願候旨奉畏候、然ル処今更農商ニ帰候も活計相立候見込も無御座候間、何卒御藩籍ニ御差加へ被仰付候様奉願候、以上

高橋栄司
伴繁三郎
岩橋新吾
川本亘

永原徳松
渡辺勝太郎
森本長次郎
武市磯松

右各書判諸五月五日差出候事

右に署名した八名は、いずれも今さら帰農・帰商することは不可能なので、是非とも藩士の列に加えてほしいと願っている。岩橋教章（新吾）が五月五日付で三等勤番組に編入されていることから、彼らの願いはすぐに聞き届けられたようだ。ただし、降伏人に与えられる扶持米は三人扶持という最低額であった。同じく静岡に割付となった箱館降伏人加藤械車《かとうかいしゃ》の娘は、回顧談のなかで、「情けないいんです、『三人扶持』といいうんでした」（『幕末明治女百話』）と嘆く。

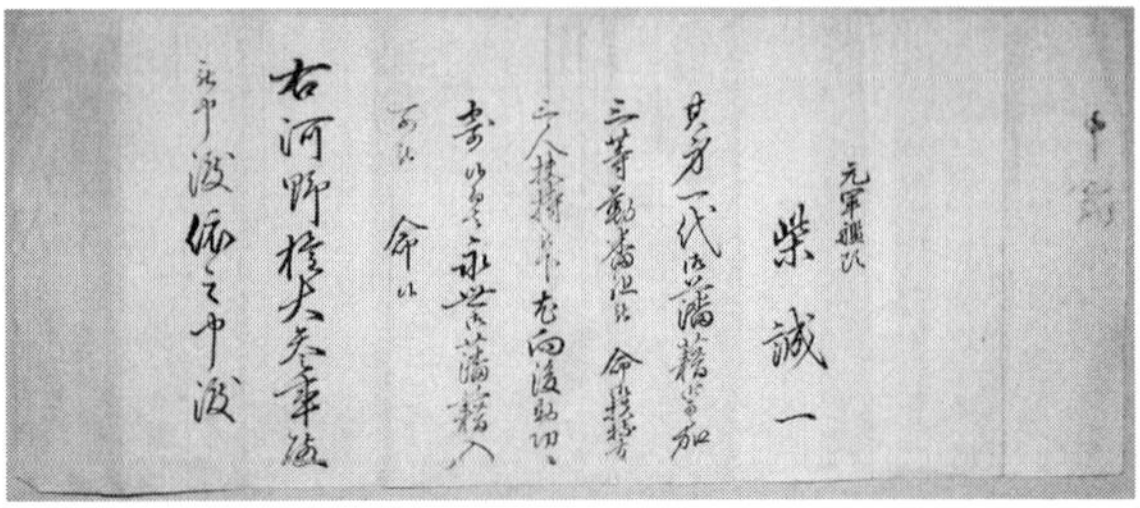

19――柴貞邦の三等勤番組辞令

その後、明治三年六月十五日、「朝廷へ御預相成三人扶持取のもの」に対し、元高に応じた扶持を下されることになったので、明細書を藩庁掛・監正掛に提出するようにとの布達が出された。また、十月二十三日には、来る十一月から三人扶持取の者に対し元高に応じた増扶持を実施するので、閏十月中までに帰藩を願い出る者はその対象となる旨が通達された（『久能山叢書』第五編）。あまりにも低く抑えられていた扶持米について見直しがはかられ、その加増が措置されたのである。

サンプルとして勤番組に編入された箱館戦争降伏人の履歴明細短冊（人事管理のために藩が提出させた短冊状の履歴書）を紹介してみよう。

宿所遠州榛原郡与五郎新田佐五右衛門方　祖父浮洲元四郎死水主同心相勤申候
父浮洲岩蔵水主同心相勤申候

元高弐拾俵弐人扶持　相良勤番組之頭支配　浮洲鶴一郎

世扶持五人扶持　三等勤番組　未年三十一才

慶応二寅年八月六日部屋住より撤兵勤方、同四辰年三月十三日父跡江番代仕、水主同心相勤、同年八月十九日東京脱走、明治二巳年五月十八日箱館於五稜廓ニ降伏、弘前藩江御預ケ謹慎仕、同三午年四月十日謹慎御免、同年五月五日於静岡表ニ新規被召抱、三等勤番組被　命、御扶持方三人扶持被下置候処、同年閏十月廿七日応元高ニ御扶持方増被　成下候旨被　命候

（牧之原市相良史料館所蔵「遠江国相良勤番組士族名簿」より、読点筆者）

降伏人として三等勤番組に編入された浮洲は、当初は三人扶持を給されたが、先ほどの通達にもとづき三年閏十月には元高に応じた扶持高へと変更され、五人扶持に増やされたのである。

新選組の隊士として箱館で戦った中島登《なかじまのぼり》（一八三八—八七）は、戦友たちの姿絵を描き残したことでよく知られる。赦免後は八王子在の故郷の村にもどったが、なぜか家族を残し静岡藩に赴く。駿河

に移住した元八王子千人同心之頭志村貞廉が書き残した日記に、「若田栄吉者一昨年中脱走中下総流山ニ而新撰組へ合併いたし中島登と同僚ニ成り候処、中島氏此度千人隊井上と申者之名跡ヲ冒シ帰参、新井江割付にて参候」云々と記されているので（東京大学史料編纂所所蔵「幕臣志村貞廉日記 三」明治三年九月十日条）、他家を継ぐことにより藩籍に入ったのであろう。南一郎《みなみいちろう》・石川武雄《いしかわたけお》らのごとく生育方頭取支配御雇（後沼津勤番組）に採用されていた者があったように、幕末の段階で幕臣に取り立てられていた新選組の隊士は、そのままでも静岡藩に所属できる資格があったと思われるのだが、中島は別の方法をとったようである。なお、新選組の旧同志たちは、静岡藩内と多摩を行き来し、近藤勇・土方歳三の名跡取立について運動していた形跡がある。

生還者は家族に無事な姿を見せることができたわけであり、感激の再会が繰り広げられたことだろう。しかし、なかには佐々倉桐太郎のごとく、生きて帰った息子義道（松太郎、？—一八九九）を「なぜ戦死しなかったのか」と責めた者もいた。佐々倉は、親友中島三郎助とその息子たちが箱館で戦没したのに対し、その側近くにいながら義道だけが死を共にしなかったことを、武士の意地にかけて許せなかったのだろう。

戸籍をめぐる混乱

少し後年のことにまで話が及ぶが、脱走・抗戦がもたらした身分・戸籍上の混乱について述べておきたい。たとえば、沢太郎左衛門は、脱走したため旧藩から除名された形になっていたため、明治五年（一八七二）四月、静岡県への復籍、すなわち士族への編入と家禄の下賜とを出願したところ、一年後、大蔵大輔井上馨《いのうえかおる》名で「特別ノ訳」をもって、無禄という条件付きで静岡県貫属への編入が認可された。同じく榎本艦隊で脱走し、降伏後は福井藩の御預人となった栗野忠雄《くりのただお》（寅三郎《とらさぶろう》）も、静岡県への復籍を願い出たが、赦免後は福井藩に召し抱えられ同地に居住していたため、期限切れとして不認可となった。廃藩直後、静岡県では、明治四年七月二十日を限りに、帰農・帰商からの帰参、脱走からの復籍などを受け付けないこととしていたのである（『明治初期静岡県史料』第一巻）。

また、箱館奉行所に在職した下級幕吏たちについては、箱館戦争に巻き込まれたことで、戦後以下のような問題が生じていた。明治三年（一八七〇）四月、静岡藩公用人杉山一成（秀太郎）・小田又蔵《おだまたぞう》は新政府に対し、榎本軍に加わったと誤解され終戦後禁錮となり、静岡藩へ引き渡された下宮良平以下一九名の箱館奉行所出身の箱館府吏員について、もともと朝臣になった者であり静岡には身寄りもないため函館に復籍してやってほしいと願い出たところ、翌月、官吏への復職ではなく農工商に就くことを条件に函館帰還が認可されている（国立公文書館所蔵「公文録」）。六年（一八七三）三月、静岡県参事南部広矛らは大蔵大輔井上馨に対し、静岡藩籍を除かれ朝臣にもなれなかった中川直弥以下五名の元箱館奉行所吏員について、手続の期限は過ぎているが遠隔であるとのことを考慮し静岡県籍への編入を認めてほしいと伺い出たが、翌月不許可となっている（『明治初期静岡県史料』第一巻）。さらに、同年四月、箱館奉行所吏員出身の開拓使職員四名は、遠隔の樺太《からふと》に勤務していたため朝臣願いの提出期限に遅れ、なおかつ静岡県への復籍も認められなかったため、改めて朝臣化を申請したものの、認可されず平民として開拓使に編入されている。

戦争の首謀者たる榎本武揚にも以下のような問題が発生した。彼は、幕府に取り立てられ、幕臣として独立した家をなしていたのであるが、維新後は誤って兄榎本武與の戸籍に含まれてしまっていた。武與も箱館戦争に参加していたが、赦免後は静岡藩に帰属し、小島勤番組に編入された。そのため、榎本家の戸籍上の本籍は静岡県庵原郡《いはらぐん》小島村《おじま》（現静岡市清水区）となっていた。弟である武揚は当主ではないとされ、平民籍になっていた。長い時間が経過した後、ようやくそのことに気付いた榎本は、十七年（一八八四）勝海舟や大久保一翁の口添えを得て、戸籍の分離と士族への編入を申請、翌年五月東京府からの認可を得ることに成功している（東京都公文書館所蔵「明治十八年・稟議録・官省・庶務課」）。

ちなみに、士族籍を取り戻した榎本に対し、荒井郁之助には、赦免後あえて平民籍を願い出、考え直すようにという東京府知事大久保一翁の説得に応じなかったという逸話が知られる（大久保利謙『佐幕派論議』吉川弘文館、一九八六年）。

榎本家と同じく小島を本籍地とした箱館降伏人には、榎本道章（亨造）、川村久直（録四郎）、根津勢吉、朝夷惟一（捷次郎）、高橋栄司《たかはしえいじ》、尾形惟善（幸次郎）、岩藤敬明（乙次郎）、伊庭顕蔵らがいた（江戸東京博物館所蔵「東京渡家禄証受取帳」で静岡県第三区＝庵原郡が本籍の者）。ただし、それは書類上のことであり、彼らが実際に小島へ移り住んだのかどうかは別である。

高松凌雲（一八三六―一九一六）はまったく住んだことがないにもかかわらず、静岡藩時代の割付にもとづき浜松県士族という属籍になっている。伴正利（一八三七―一九二一）と近松松次郎は新居勤番組、柴貞邦（一八三四―七四）は横須賀勤番組に編入されている。大鳥圭介率いる伝習隊に加わり野州で戦死した小花和《おばなわ》重太郎《じゅうたろう》の遺児太郎《たろう》は、四年（一八七一）四月十七日付で家督相続を許され、二等勤番組・新居勤番組とされた。官員録に記載された属籍を見ても、小菅智淵・早乙女為房・飯高平五郎・大川矩文・筒井義信・小宮山昌寿・関定暉・浅羽幸勝・渡辺《わたなべ》忻三《きんぞう》・喰代《ほおじろ》和三郎《わさぶろう》・西川《にしかわ》真三《しんぞう》・松岡《まつおか》春造《しゅんぞう》・岩橋教章・吉田次郎・寺沢正明・伊東鉞五郎・小林一知らは軒並み浜松県となっている。静岡や沼津など藩の中枢が集っている場所ではなく、駿河よりも移住者が少なく、東京からも遠い遠江が降伏人の割付地として選ばれたような印象である。しかし、比較できる正確な統計はないので、本当にそうであるのか、さらには、新政府に対する配慮から謀反人だった彼らを遠ざけておこうといった、藩庁側に何らかの意図があったのかどうかについてはわからない。

立ち消えていた海軍学校

静岡藩へ帰属が叶った降伏人たちであったが、その多くに就くべき職は用意されていなかった。特に海軍に所属していた者にとって、静岡には自らの能力をそのまま活かす場所はなかった。もし、榎本艦隊が脱走していなかったとしたら、彼らには別の道が開けていたかもしれない。少し時間をさかのぼってみたい。

海軍副総裁榎本武揚は慶応四年（一八六八）八月、海軍局内で駿河移住後も勤続を望む軍艦役以下の人員をとりまとめ、その名簿「勤続可被　仰付者名前取調書」を藩当局へ提出した（『静岡県史　資料編16近現代一』）。榎本本人はもちろん、幹部級の軍艦奉行荒井、軍艦頭柴・沢・松岡・甲賀らは脱走の意思を固めていたので、名簿中に名前はなかった。脱走には海軍局の全員を連れて行くのではなく、あくまで同志・志願者のみを厳選し同行するつもりだったのだろう。残していく者たちについては駿河府中藩に引き取ってもらうべく、この名簿を作成したと思われる。しかし、表1に見る通り、幹部級の多くが駿河へは移住せず、脱走に加わることになった。海軍局員は全五二〇名余であったが、氏名が記された一三二名のうち六七名もが榎本艦隊脱走に参加した。艦隊は八月十九日北へ向け出航したが、九月二十日には残された福岡久・桜井貞以下一六名の海軍局員が東京を出立、駿河へ向かった。また、艦船の多くは新政府に引き渡され、または脱走に加わったが、唯一行速丸《こうそくまる》のみが徳川家の手に残り、静岡・東京間の往来に使用すべく、新政府の承認を得て保有された。

駿河府中藩では、十月二十三日、海軍局員の名称替えと役金・席次の決定が達せられ、それまで使用されていた軍艦頭・軍艦役といった名称がなくなり、海軍学校頭（役金六〇〇両）以下、五等学校役（役金三五両）に至る役職名となった。同月二十五日には佐々倉桐太郎が海軍学校頭、桜井貞が海軍学校頭並に任命されたのをはじめ、海軍学校取締役四名、一等学校役一名、二等学校役五名、三等学校役四名、四等学校役八名、五等学校役一〇名、五等学校役並一六名が任命された。十一月三日には肥田浜五郎《ひだはまごろう》が海軍学校頭に追加任命された。清水港に海軍学校を設置するため、その人事が発令されたのである。ほかに氏名がわかっていない水夫・火焚五〇名、大工職一名、鍛冶職一名も海軍学校に所属した。

十一月十六日、海軍学校は当分の間、江尻宿在の河尻《かわじり》村にある旗本曽我主水《そがもんど》の旧陣屋を模様替えして仮校舎にあて、開校すべしとの布達が出された。

ところが、明治二年（一八六九）正月二十三日、海軍局・海軍学校の廃止が決まり、行速丸を勘定所に移管し、職員の多くを運送方とする方針が達せられた。海軍学校頭の佐々倉・肥田・福岡は運送方頭取となった。そのほかの職員の多くも転役となった。箱館戦争での壊滅に対する「もうひとつの徳川海軍の最後」である。

さらに、その後も藩の組織改革は続き、明治二年十二月二十三日には運送方は製塩方と改称され、牧之原開墾に従事していた松岡万《まつおかつもる》の配下となり遠州での製塩事業に携わることになった。ただし三年（一八七〇）三月時点の藩職員名簿には、航運方という部局とその所属員が記載されているので、運送方の仕事は一部残ったらしい。しかし、佐々倉・福岡の二人は水利路程掛・少参事となり、航運方には属しておらず、すでに肥田は新政府に出仕し静岡を去っていた。

やがて行速丸は乗組員丸ごと新政府に献納された。三年四月に献納願を提出、五月に認可され、六月行速丸は品川に着いた。この時船とともに新政府に出仕したのは航運方トップの桜井貞ら一四名で

軍艦蒸気役二等	高山隼之助，小川喜太郎，児玉織部，丹下隼之助，町田庫之助，近藤庫三郎，近藤鶯之助，水品才次郎，芦田常徳(乙吉)
軍艦蒸気役三等	横井時庸(貫三郎)，佐久間元次郎，小川亀太郎，飯田市太郎，正木保之(保之助・保三郎)
軍艦蒸気役見習	佐藤安之丞，吉田金次郎，津村悦次郎，加藤鍬三，横田祐之助
軍艦並勤方一等	伴野三司(三次郎)
軍艦並勤方三等	市川三五七
海軍伝習翻	(1人)
海軍付勘定役	桜井貞(貞蔵)，関口銕三郎，川村久直(録四郎)
海軍付調役組頭	永井金之助
海軍付調役組頭勤方	荒井稲次郎
海軍付調役	(2人)
海軍付調役並	中沢又十郎，(他7人)
海軍付調役勤方	(13人)
海軍付賄役	(24人)
海軍付賄役並	(32人)
海軍所并掃除之者	(35人)
海軍所付同心	(253人)
海軍役並見習出役	(20人)
海軍付調役並勤方出役	(10人)

ゴチック体は脱走・抗戦参加者

表1――慶応4年7月「駿河表召連候家来姓名」のなかの海軍局

役職	氏名
海軍副総裁	榎本武揚(釜次郎)
軍艦奉行	荒井郁之助
軍艦頭	肥田浜五郎，柴貞邦(誠一)，沢太郎左衛門，松岡盤吉，甲賀源吾
軍艦役	福岡久(久右衛門)，浜口英幹(興右衛門)，根津勢吉，中島三郎助，小笠原賢蔵
軍艦役並	小林一知(文次郎)，近藤光英(熊吉)，渡辺信太郎，春山弁蔵，浅羽幸勝(甲次郎)，関川尚義(伴次郎)，香山永隆(道太郎)，石渡栄次郎，上原七郎，杉本鈔次郎，篠原貢吉，合原操蔵，岩田平作，赤松則良(大三郎)，小杉雅三(雅之丞)，朝夷惟一(捷次郎)，高橋栄司
軍艦役見習一等	本山漸(高松観次郎)，松平辰之丞，古川正雄(節蔵)，長田清蔵，小林平三郎，塚本明教(録助)，鈴木忠朝(清三郎)，島津定礼(文三郎)，高橋参郎，柿田杏庵
軍艦役見習二等	大沢正心(亀之丞)，内藤実造，尾形惟善(幸次郎)，布施孫三郎，徳田幾雄(祥太郎)，大塚長泰(朝五郎)，大沢久平，原田元信(彦右衛門・彦三)，大沢正業(村松金七郎)，新井保之助，永田嘉之(義次郎)，横地健次郎，鈴木新之丞，土岐源右衛門，杉島廉之丞，榊原鋏之助，三島鋏助，永井久次郎，坂本鐇之助，小林録蔵，佐橋佳衡(釘五郎)
軍艦役見習三等	朝夷正太郎，辻勇五郎，江守悦次郎，小幡市郎右衛門，石塚銃太郎，野村千之助，吉田八右衛門，内藤伝十郎，伊勢権左衛門，伴正利(繁三郎)，石川金之助，桜井當道(捨吉)，谷信鋭(喜八郎)，長谷川得蔵，橋爪貫一，林稲吉，大塚波次郎，渡辺忻三(金三)，岡田井蔵，杉浦金次郎，加藤械車(多宮)，西川真三(飯田心平)，布施鉉吉郎，高島新平，三浦省吾，小栗啓之丞，仙石寅次郎，春日井鉥次郎，高山岩太郎，田沢蔵助，布施慎兵衛，岡田源三郎，石崎甚之丞，山田昌邦(清五郎)，谷友次郎，宇佐美平太，北岡健三郎，矢田堀恒太郎，田口俊之助，岩橋教章(新吾)，杉浦常五郎，田中幸次郎，木村鉦太郎，袖置善之丞
軍艦蒸気役一等	喰代和三郎

あった。この一四名は士官のみの人数であり、ほかに水夫二四名、火焚一六名がいたはずである。こうして、静岡藩の組織から船とその関連部局は消えた。

清水海軍学校が立ち消えとなった理由は明白である。第一は艦船の不足である。開陽丸以下、旧幕府海軍の主要な軍艦は脱走し、静岡藩の管理下にはなかった。唯一残された行速丸（一八六〇年アメリカ製・木造外輪蒸気船）だけでは教育用には不十分であったろう。

艦そのものとともにそれを動かす人材の不足も最大の原因であった。榎本以下、錚々《そうそう》たる幹部級は多くが脱走組に加わっていたのであり、明らかに清水海軍学校の陣容は貧弱だった。本来であれば清水海軍学校の主要な教授陣を構成したはずの榎本らがごっそりと抜け落ちてしまったのである。

むしろ、ほぼ同時に発足した沼津兵学校のほうが、矢田堀鴻・赤松則良・伴鉄太郎・塚本明毅《つかもとあきかた》・田辺太一《たなべたいち》ら長崎海軍伝習所出身の実力ある旧海軍士官がそろっており、海軍の人材に限ってみても陣容は充実していた。このことは、陸軍局と海軍局とが連携することなく、それぞれに学校設立計画を進めた結果であると考えられる。沼津兵学校設立の中心人物のひとり江原素六は、脱走前の榎本武揚と会見し、抗戦を思い止まらせようと、「部下を養ひ日本の海運業の中心となツて進ンでは海外に航路を拓」くべきだと説き、激論に至ったと回想録のなかで述べている（「戊辰懐旧談（六）」『静岡新報』明治三十七年一月九日）。この会見は慶応四年（一八六八）六月八日、もしくは七月十日に実際に行われたらしいことがほかの史料（樋口雄彦「立田彰信の『日記摘録』」『沼津市博物館紀要』29、二〇〇五年）

から裏付けられる。このように陸軍が海軍に対し働きかけを行ったことは確かのようだが、榎本は説得に応じなかったし、残留した海軍局員らも学校設立について陸軍と同一歩調を取ることはなかったと推測される。

そもそも静岡藩が海軍学校開設を中止した背景には、一藩のみでの海軍の保持は無意味であり、財政的にも困難だったという客観的事情がある。巨費を要する海軍は、全国政権こそが整備し、維持できるものであり、一大名に転落した静岡藩徳川家にとっては荷が重すぎた。幕末段階では幕府が企図したように、海軍の整備は中央政権たる明治新政府が担うべきことであり、勝海舟らは当然そのことをよく承知していた。

いずれにせよ、旧幕府海軍出身者らが箱館から帰還した時、彼らにうってつけの静岡藩海軍学校という職場はすでに存在していなかったのである。

付言しておけば、静岡移住予定者名簿「駿河表召連候家来姓名」には、海軍局の部分以外にも、実際には駿河へ移住せず箱館戦争に参加した者の名前が記されていた。田島応親《たじままさちか》（陸軍用取扱）、細谷安太郎（同前）、宮重文信（一之助、陸軍会計用取扱）、横田豊三郎（小筒組差図役下役）、西脇三喜三（小筒組嚮導役）、木村宗三（大砲差図役頭取）は陸軍局員として、高松凌雲は奥詰医師として掲載されていた。彼らがそのまま駿河に移住していたとしたら、その前歴からして、沼津兵学校教授や静岡病院医師などに就任していたであろう。

2 再始動

静岡藩での就職

静岡に引き取られた箱館戦争降伏人をそっくり受け入れるような職場が用意されていなかったことは先述した通りである。ただし、個々には職に就くチャンスに恵まれた者もいた。

先に登場した、五月三日箱館から静岡に到着、三等勤番組に編入された岩橋教章は、同月七日には「静岡学校絵図方」、すなわち静岡学問所の図画担当の教師に任命されている。

鳥羽・伏見の敗戦から東帰、榎本艦隊への乗艦と北行までのようすを「苟生日記《こうせいにっき》」として書き残した杉浦赤城（清介、一八二六―九二）は、赦免・帰藩後、三年九月以前に静岡学問所四等教授に就任していたことがわかっており、四年二月には沼津兵学校三等教授並に転じている。

ほかに静岡学問所の教員に採用された箱館戦争降伏人には、軍艦役見習三等だった桜井當道（捨吉、一八二七―?）がいる。彼は幕府海軍時代にも「諸術世話心得之者」とされていたので、もともと数学を得意としていたのかもしれないが、静岡でも数学を教えることになった。武井頼功という静岡藩士の履歴書に、「同三年八月静岡学校四等教員桜井當道田沢昌永同五等教員中村惟昌エ入学筆算天体学積分迄卒業」と記されているので、桜井は三年八月までには四等教授に任命されていたことが判明する。ほかの教え子の履歴書から、桜井は少なくとも廃藩後の明治五年六月まで静岡学問所で教鞭をとっていたことがわかる。

ほかに、矢《や》口《ぐち》謙斎《けんさい》（?―一八七九）が静岡帰参後、「学政に関与」したとする文献があるが、具体的な職務の内容は不明である。

沼津兵学校のスタッフに採用された箱館戦争降伏人としては、以下の人物が知られる。

残されている辞令によれば、山口知重（一八五〇―一九二二）は、七月八日付で沼津小学校体操教授方に任じられた。当然ながら明治三年であろう。また、日付は欠けているものの、「兵学校附体操教授方」を命じる辞令もあり、沼津兵学校および同附属小学校の両方で体操を教えることになったと考えられる。四年一月には沼津兵学校三等教授方並となった。廃藩後、学校が明治政府に移管されたため、同年十二月、陸軍少尉の辞令を兵部省から交付され、引き続き沼津出張兵学寮（政府移管後の校名）に勤務した。

20―岩橋教章

本多忠直（一八四五―一九〇五）も山口とほぼ同時に沼津兵学校の体操担当に任命されたと思われる。四年一月には三等教授方並に進んだ。

梅沢有久（伝吉、?―一八八二）は、もともと上州の百姓の子であったが、御料所兵賦に応じ幕府陸軍に入り、フラン

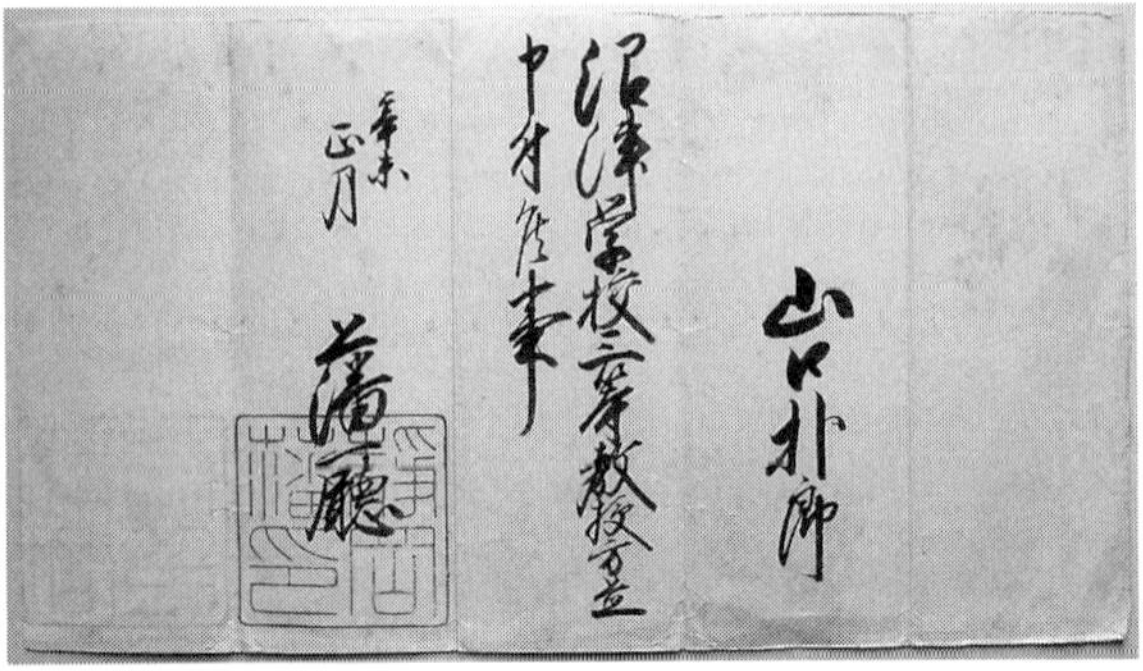

21―山口知重の沼津兵学校三等教授方並辞令

ス軍事顧問団からラッパの吹奏術を学んだ。脱走した伝習隊の一員として奥羽・箱館を転戦した。ちなみに、梅沢と同時に庶民から取り立てられ幕府陸軍の喇叭《らっぱ》手《しゅ》となった者のうち、厚沢楠五郎は清水港での咸臨丸拿捕事件で捕らえられている。仲間のなかで梅沢は出世頭となり、技術を買われ、三年五月には静岡藩軍事掛附属に採用され、七月には喇叭教授方となって沼津兵学校で教えた。

分散移住した藩士の子弟のため、領内各地には藩立小学校が置かれており、静岡・沼津以外のそれらの学校に採用された者もいた。幕府海軍に属し開陽丸に乗り組んでいた伊藤鉞五郎は、箱館では会計局頭取勤方をつとめたが、降伏後は大垣藩預かりを経て帰参、遠州に移住して掛川聚学所（小学校）の教授に就いたらしい。

佐々倉義道のように、父桐太郎が責任者をつとめる水利路程掛の一員となり、海軍で学んだ技術を藩内の治水工事などに活かそうとした者もいた。

就学した若年者

信郎の子今井省三（一八五四―一九二二）の履歴書には、明治三年正月から七年三月まで「静岡学校に於て漢学英学数学を修業す」とある（『明治戊辰梁田戦蹟史』）。ただし、箱館降伏人が静岡藩へ引き渡されたのは三年五月なので、一月から静岡学問所（静岡学校）で学んだというのは少し時期が違っているかもしれない。その後、彼は上京し、東京外国語学校を経て東京大学理学部に進み、卒業した。後年は金沢で長く教鞭をとり、第四高等学校教授で終わった。箱館の少年戦士は教育者として見事に生まれ変わったのである。

箱館では工兵隊頭取として戦った関定暉（?―一九〇八）は、沼津兵学校の生徒になったとされ、同校在学中に地磁気の偏差を測定した記録が戦災で焼失する前まで残っていたという（高木菊三郎「地磁気とその測量」『測地学会誌』第一巻第一号、一九五四年）。ただし、彼が沼津兵学校生徒であったという事実を裏付ける資料・文献はほかには見当たらない。

同じく、筒井義信（一八四六―一九〇〇）が沼津兵学校にいたとする文献があるが、確証はない。『陸地測量部沿革誌』が小菅智淵を沼津兵学校に学んだなどと明らかな誤りを記しているのと同じく、工兵科に貢献した旧幕臣＝沼津兵学校出身者という思い込みが生んだ誤解によるものか。ただし、筒井は、後述するように、明治三年（一八七〇）和歌山藩に招聘《しょうへい》された際には沼津にいたし、また後年、沼津兵学校の同窓会、沼津旧友会に参加していた事実もあるので、ひょっとすると一時在籍した可能性も考えられる。

赦免・帰参後、遠州弥太井原（現袋井市）に移住した小林健次《こばやしけんじ》（一八四八―一九二一）の場合、沼津での修学を許され、家族を置

22―今井省三

いて単身沼津に赴いている。浜松勤番組に編入された小倉鋲一郎《おぐらびょういちろう》も、自費で沼津へ遊学し英学を修業した（『明治初期静岡県史料』第四巻）。

静岡藩には属さなかった箱館降伏人にも、いち早く勉学の道を歩み始めた者がいた。慶応義塾に入塾した者として、二年一二月入社の益田克徳（荘作）、三年五月入社の小花万次《おばなまんじ》（一八五二―一九二〇）、四年八月入社の小柳津要人《おやいづかなめ》（一八四四―一九二二）を挙げることができる。

23―小柳津要人

益田は、ほかの降伏人のように預けられた藩で拘留されるのではなく、高松藩の「貰ひ預り」という立場で、事実上、自由の身となっていた。そのため、早くも慶応義塾での勉学を始めることができたわけである。兄益田孝《たかし》がいうところでは、讃岐《さぬき》に送られることになったものの、大隈重信《おおくましげのぶ》の助言により、病気を理由に東京に残ることを認めてもらい、旧名の名村一郎を益田荘作に変え慶応義塾に入れたところ、名村はどこへ消えたのかわからないということで、処分はうやむやになったのだという（『自叙益田孝翁伝』）。

岡崎藩士であった小柳津は、三年三月藩での謹慎を解かれ、上京して慶応義塾に入社するが、その前には沼津に滞在し、沼津兵学校教授乙骨太郎乙《おつこつたろうおつ》の私塾に入って英学を学んだ。小柳津にとって沼津は、脱藩して遊撃隊に合流した思い出の場所であり、そこでは静岡藩に落ち着いた箱館時代の戦友たちと顔を合わせる機会もあったかもしれない。乙骨塾には、箱館で死んだ伊庭八郎の弟想太郎《そうたろう》も学んでいた。

静岡藩に帰参した箱館戦争降伏人には、生徒となって勉学をし直す者は少なかった。脱走軍のなかには、一五、六歳の少年が七、八〇名ほど含まれていたが、四、五名を残して戦死してしまったという（『後は昔の記他―林董回顧録』）。従って彼ら年少者が帰藩後挙《こぞ》って静岡学問所や沼津兵学校に入ったという事実はなかったのである。むしろ、降伏人は教師の立場で遇される者のほうが多かった。ただし、先述したように、静岡学問所や沼津兵学校の教師に採用された者は僅少である。では、ほかはどのような立場の教師となったのか。それは、御貸人《おかしびと》という名の人材派遣であり、他藩に教師として迎えられたのである。

御貸人としての活用

表2に示したように、現在筆者が把握しているのは、北から、弘前藩への二名、斗南《となみ》藩への二名、水戸藩への一名、土浦藩への一名、大多喜藩への一名、名古屋藩への一名、金沢藩への一名、和歌山藩への三名、明石藩への二名、徳島藩への一名、鹿児島藩への一名、計一六名である。山田昌邦《やまだまさくに》・吹田鯛六《すいたたいろく》ら美加保丸乗組者など、箱館以前に降伏した榎本艦隊参加者を含めればもっと多くなる。

他藩に派遣された御貸人は何を指導したのか。最も多いのは陸軍である。

弘前藩への御貸人となった箱館戦争降伏人二名については、明治三年（一八七〇）六月十五日に謝礼として月二五両を下されたことがわかるだけで、正確にいつからいつまでその任務にあたったのかは不明である。「仏蘭西兵式教師」というのがその名目であり（『弘前藩記事　三』）、フランス式の陸

派遣先	派遣時期	廃藩後の主な履歴
弘前藩・川越藩(仏蘭西兵式教師)	明治3年6月15日～	
弘前藩(同上)	同上	
斗南藩(練習艦運転教官)	明治2年～	郵船会社船長
斗南藩(安渡丸船長)	明治3年頃～	郵便蒸汽船会社船長
水戸藩(蝦夷地検分随行)	明治3年2月16日～11月11日	東京医会会長
土浦藩	明治4年1月5日～	陸軍歩兵大尉
大多喜藩	明治4年8月時点	
名古屋藩	明治4年2月2日～	
大垣藩御預人→御貸人？(陸軍の教授)	明治2年～3年2月	陸軍大尉
大垣藩(陸軍の教授)	同上	東京米穀取引所理事
金沢藩(斉勇館での士官教育)	明治3年～	
福井藩(数学訓導試補)	明治3年1月～6年12月	福井中学校教授・有功学舎経営
福井藩(同上)	明治3年1月～	
福井藩(武学少訓導)	明治3年2月～4年3月	
大垣藩・和歌山藩(砲兵伝習教師)	明治3年10月？～4年9月	陸軍砲兵大佐
和歌山藩(工兵隊編制・工兵学教師)	明治3年11月25日～	陸軍工兵大佐
和歌山藩(工兵教授)	明治3年12月12日～	陸軍工兵中佐
明石藩(フランス式銃術・銃鎗)		
明石藩(同上)		
津山藩(数学取立)	明治3年3月8日～	
津山藩	明治3年6月7日～	
徳島藩	明治4年4月15日～	ハワイ政府移民官
鹿児島藩(洋学局創建)	明治4年1月20日～12月	開拓使御用掛

表2── 静岡藩から他藩への御貸人になった箱館戦争参加者

氏名(旧名)	幕府での主な役職	箱館政権での役職
三宅恒(常)三郎		
服部安次郎		彰義隊押伍
福井光利(平蔵)	翔鶴丸運用方手伝	軍艦役並見習三等
小笠原賢蔵	軍艦役	高雄丸船将
高松凌雲	奥詰医師	箱館病院長
足利義質(畠山五郎七郎)	撒兵差図役頭取勤方	歩兵頭並・一周間掛り
高橋階太郎		
中川長五郎	砲兵差図役並	砲兵隊差図役
三木軍司		一連隊頭並勤方
町野五八(堀覚之助)	遊撃隊	陸軍添役
横田豊三郎		一連隊改役
栗野忠雄(寅三郎)	開成所教授手伝並	長鯨艦蒸気役三等
鈴木新之助		長鯨艦軍艦役並一等
山内信之丞	(村上英俊門人)	砲兵隊頭取
関迪教(広右衛門・丹也)	大砲差図役下役並勤方	砲兵隊砲兵頭
小菅智淵(辰之助・辰三郎)	工兵頭並	工兵隊工兵頭
筒井義信(於兎吉)	小筒組差図役下役並	工兵隊頭取改役
春日義昌(鹿之助・竹内彦五郎)	撒兵差図役	伝習士官隊
駒崎順之助		
山路一郎	天文方見習	会計奉行調役並
大池朔造		彰義隊嚮導役
乙骨兼三	横浜表英学伝習生	開拓方調役
小林弥三郎	外国奉行支配横文清書方出役	開拓方並

所属先（任務）	所属時期	廃藩後の主な履歴
田安藩(有造館フランス語教師)		陸軍砲兵大佐
松本藩	明治3年5月～	
富山藩(変則英学校教師)	明治2年10月～	逓信省東京地方海員審判所審判官
和歌山藩(英学教授・英人教師通訳)	明治3年秋～(6か月)	鹿児島県知事
和歌山藩(軍書翻訳)	明治4年4・5月～9月	逓信大臣・伯爵
広島藩終身士族	明治3年2月～	私塾経営
高松藩(英学教師)	明治4年～(約1年)	司法省八等出仕・実業家

所属先（任務）	所属時期	廃藩後の主な履歴
菊間藩(明親館洋学局主任)	明治元年10月～2年10月	海軍少将
大多喜藩・金沢藩(藩兵訓練)	明治元年～(4年間)	聖公会牧師
和歌山藩御貸人候補	(明治3年8月10日)	海軍少佐

参考　静岡藩に所属せず同様の役割を果たした人物

氏名(旧名)	幕府での主な役職	脱走・降伏時
田島応親(金太郎)	砲兵差図役勤方	フランス軍人通訳
粟沢金平	八王子千人同心の子	裁判局勤務
森本弘策		千代田形船将
山内堤雲(六三郎)	神奈川奉行手附翻訳方	総裁附
林董(桃三郎)	イギリス留学生	隊外
古川正雄(節蔵)	軍艦役並見習一等	高雄丸乗組
益田克徳(名村一郎)	仏式陸軍伝習生	高雄丸乗組

参考　榎本脱走艦隊に加わったが箱館以前に降伏した人物

氏名(旧名)	幕府での主な役職	脱走・降伏時
本山漸(高松観次郎)	軍艦奉行組	美賀保丸乗組・銚子
飯田(山県)栄次郎	歩兵嚮導役	咸臨丸乗組・清水港で降伏
柴貞邦(誠一・弘吉)	軍艦頭	第二長崎丸船将・庄内

各種資料・文献より作成

軍練兵を担当したことは間違いない。土浦藩へ派遣された足利義質（畠山五郎七郎）も「練兵教授」としての役割だったことが履歴書に記されている。大多喜藩への一名、高橋階太郎については職務の内容は不明であるが、拿捕された咸臨丸の乗組員だった飯田栄次郎《いいだえいじろう》も同藩に招聘され、陸軍の訓練を担当したというので、同じかもしれない。

名古屋藩への御貸人中山長五郎については、勝海舟の日記から関連記事を拾うことができる。四年一月二十八日「山岡へ、中川表五郎尾州へ遣わすべき旨、申し遣わす」、五月七日「尾州・中川長五郎より一封使い差し越す。大岡家宜しからざる旨なり」とあるのがそれである。同藩では四年三月に静岡藩から「仏国式銃隊教師」を招いて兵学校を開いたというので（『名古屋市史　政治編第一』）、中山がそれを担当したことは間違いない。ほぼ同じ時期、沼津兵学校資業生大岡忠良も同藩へ派遣されているので、協力して仕事にあたったのであろう。

金沢藩へ赴任した横田豊三郎も同藩陸軍の英式から仏式への変更を担当した。沼間守一《ぬまもりかず》らは高知藩で陸軍の練兵を担当した。

やはり勝の日記から、人選から派遣までのいきさつがある程度判明するのは和歌山藩である。三年十一月十一日「浜口儀兵衛、近藤清五郎、国許へ、小菅辰三郎、借受け度き旨申し聞け、早速返答承り度き旨につき、宜しき由答え、小菅へ一封遣す」、十二日「戸川平太へ、小菅辰三郎の事談ず」、二十五日「小菅辰三郎、明後日紀州行きの暇乞、刀一本遣わす」、二十七日「藤沢長太郎、小菅の事、沼津より同行の者の事等談ず」、十二月十二日「小菅辰三郎、沼津よりの書状、筒井於兎吉、和歌山へ同道の旨」といった記述である。和歌山藩では大参事浜口梧陵と工兵隊長近藤清次郎《こんどうせいじろう》が依頼・受け入れの窓口となった。勝は権大参事・公用掛監正掛戸川安愛《とがわやすなる》（平太）や少参事・軍事掛藤沢次謙に相談したほか、小菅の和歌山行きに際しては餞別《せんべつ》として刀を贈っていることなどがわかる。

小菅智淵（辰三郎、一八三二―八八）は、箱館の戦友であり同じ工兵士官であった筒井義信（於菟吉）を和歌山へ同行することにした。二人とも浜松勤番組に編入されていたが、筒井は実際には沼津に住んでいたらしい。筒井の和歌山派遣については、以下のような通達が残されている（『久能山叢書』第五編）。

（十二月十三日、次郎八殿御渡）

庶務掛
監正掛　へ

浜松勤番組之頭支配
二等勤番組
筒井於菟吉

右工兵教授として若山藩より被相頼度旨申越候間、罷越候様可申渡候、庶務掛、監正掛可談候

小菅と筒井はすでに存在した和歌山藩の工兵隊を強化する役割を果たしたらしい。

同藩に対しては、砲兵分野でも箱館戦争降伏人が貢献している。榎本軍の砲兵頭をつとめ、負傷・降伏後は大垣藩に預けられていた関迪教《せきみちのり》（広右衛門、?—一八九五）である。関は、赦免後、改めて大垣藩から招聘され、「砲隊伝習之教師」を任されていた。和歌山藩では、箱館戦争以前にも関に藩兵の伝習を依頼したことがあったため、彼が大垣にいることを知り、交渉の末、大垣藩に譲渡を納得させ、静岡藩の了承も得た上で、和歌山に招いた。関は、熱心に伝習に取り組み、「操法訓練は勿論器具馬匹一切を整頓せしめ厳然無比の砲隊を完成」させた（『南紀徳川史』第十三冊）。当時、和歌山藩はドイツからカール・ケッペンを招き、徴兵制を導入するなど他藩を寄せつけないほど大規模な兵制改革を実施中であった。小菅・筒井・関ら箱館戦争降伏人たる静岡藩御貸人が果たした役割は、その改革と直接リンクするものではなかったかもしれないが、同藩の軍制近代化に花を添えたことは間違いない。

箱館戦争降伏人の御貸人には、陸軍以外では以下のような分野がある。

斗南藩への二名は、旧幕府海軍に所属した福井光利（?—一九〇八）・小笠原賢蔵であり、艦船の操作を指導したり、運送船の船長をつとめたりしたらしい。海軍を持つ諸藩は少なかったし、本来海軍は統一政権こそが維持すべきであるという方向性が打ち出されていたので、すでにその人材は新政府に集中される傾向が生まれていた。残された需要も運送船の操縦程度だったのであろう。

水戸藩への御貸人となったのは高松凌雲である。藩主徳川昭武とは幕府使節としてフランスに派遣された以来の関係があり、特に請われて昭武の蝦夷地視察に随行することになった。もちろん医師としての能力も買われたのであろう。視察随行の任務が終わった後も、静岡の慶喜からの依頼もあり、水戸藩にとどまることになり、禄を支給されることになった。

なお、諸藩に預けられた箱館戦争降伏人のなかには、預けられた先の藩に頼まれ、静岡藩へ引き渡される前にすでに教師としての役割を果たしていた者も存在した。大垣藩の三名、富山藩の一名、福井藩の四名ほど、高松藩の一名、津山藩の二名、明石藩の一名である。明石藩でのようすについては、先に降伏人の謹慎生活について述べたなかで紹介しておいた。福井藩で数学を教えた栗野忠雄、津山藩で数学を教えた山路一郎、富山藩で英学を教えた森本弘策らのように、赦免後も静岡に戻ることなく、引き続きその藩に残った者もいた。その場合、正式な家臣に召し抱えられ、その藩から扶持を給される立場となっており、静岡藩からは離脱した形となっている。なお、御預人が謹慎中にその藩で教育に従事した事例は、史料が発見されていないだけで、実際にはもっと多くの藩でもあ

24──小笠原賢蔵(右)・小林弥三郎夫妻

ったかもしれない。彼らは、静岡藩への身柄引き渡し前に、すでに御貸人と同様の任務を果たしていたことになり、厳密には静岡藩が派遣した御貸人であるとはいえないが、ここではそれも併せて考えることにした。

福井藩に預けられていた箱館降伏人のうち、栗野忠雄は、三年一月数学訓導試補に任命され、以後、二月数学訓導、三月数学佐教、十一月二等教授と進み、四年十一月には一等教授に昇り、さらに五年八月には地理誌編集御用、管内経緯度取調掛を命じられた。ほかにも、三年一月には鈴木《すずき》新之助《しんのすけ》が数学訓導試補、同年二月には山内信之丞が武学少訓導、中川長五郎が砲兵訓導試補に任命され、福井藩から禄を支給され教育に従事するよう依頼されている。さらに、三年三月に軍務寮支配という肩書を与えられ、扶助米を給された者が六名ほどいた。また、多くの者が三年一月には帯刀を許可されたほか、帰省・帰藩の際には手当金を贈られるなど、厚遇を受けている。最終的には、新政府の民部省や兵部省に呼び出され東京・大阪へ向かった者、帰省・帰藩し福井を去った者がほとんどであったが（熊澤恵里子『幕末維新期における教育の近代化に関する研究』風間書房、二〇〇七年）、六年（一八七三）十二月に至るまで福井中学校で教鞭をとり続けた栗野のように廃藩後も同地に居すわることになった者がいた点は注目に値する。

なお、静岡藩には属さなかった箱館戦争降伏人、すなわち父兄が帰農・帰商していた者として、林董と山内堤雲の例についても一言触れておきたい。林は横浜に住む実父佐藤泰然《さとうたいぜん》のもとに身を寄せた。

その後、東京の私塾で英学教師になったり、箱館降伏人仲間の小花万次の紹介でアメリカ公使デロングの通訳に雇われたりした。四年五月には和歌山藩に招聘され、英書翻訳に従事した。山内も和歌山藩に雇われ英学教授や英人教師の通訳をつとめている。他藩に求められたという意味では、静岡藩の御貸人と似たような役割を果たしたのである。

鹿児島藩への遊学

さらに、御貸人とは違う立場で他藩を訪れた箱館戦争降伏人がいたことに注目したい。それが遊学をした者たちである。教えに行ったのではなく、学びに行ったのであり、とりわけ、彼らが目指した遊学先が仇敵だったはずの鹿児島藩だったことに大きな特徴がある。

箱館戦争降伏人のなかでは人見寧《ひとみやすし》、室田秀雄、町野五八《まちのごはち》の三名（ほかに榎本道章にも可能性あり）、箱館以前に降伏した者では、多賀春帆《たがしゅんぱん》、梅沢敏の二名が鹿児島藩へ遊学した静岡藩士として挙げられる。

25—人見　寧

人見寧の鹿児島遊学の事情は以下のようなものである。箱館では負傷していたため、ほかの降伏者たちより早く東京へ送られ、明治二年（一八六九）八月香春《かわら》藩預けになった人見は、三年三月同藩で釈放の身となり、四月に静岡に帰着した。しかし、小江戸のごとき繁華の地と化し、「亡国ノ恨事」を忘れたような、浮薄な静岡の町と旧幕臣たちの姿に失望した人見は、「心ニ期スル処」があり、鹿児島への漫遊を決意する。そして勝海舟と大久保一翁の了承を得、知藩事からも餞別《せんべつ》を下賜された上、三年五月、再び九州へ向かった。勝からは鹿児島藩士村田新八《むらたしんぱち》あての紹介状も渡されていた。人見と同行したのは、遊撃隊の同志で、酒田で一足早く降伏していた梅沢敏(鉄三郎)だった。

六月上旬、鹿児島に到着した二人は、西郷隆盛《さいごうたかもり》以下から鄭重《ていちょう》な歓待を受けた。漢学校や兵学校を視察し、多くの人士を歴訪、藩内各地にも遊んだ。元庄内藩主酒井忠篤《さかいただずみ》が家来五十余名を引き連れて来遊したように、当時鹿児島には、他藩から百名以上もの書生が集ったというが、人見・梅沢はその嚆矢《こうし》だった。「当藩は格別士風相振、武備充実、其外諸器械盛大ニ出来、他藩ニ無比事ニ御座候」と書簡に記したごとく、人見は鹿児島藩の優れた点を見て取った。静岡藩から鹿児島に赴いた某が、明治三年十二月に記した書簡(「沼津兵学校沿革(六)」)には、鹿児島藩での観察結果として二一項目が示されているが、それは、君臣の情実が父子のごとくである、藩幹部も質素な住居に住んでいる、門閥が打破され兵隊は政庁に自由に意見している、士道が厳格である、他藩からの留学生が多いが隠し事はない、製鉄所や洋学は盛大に向かっている、国産品の輸出にも力を入れている、といった諸点であった。沼津兵学校から御貸人として赴いた吹田鯛六の場合も、兵隊の意気軒昂《けんこう》ぶり、製鉄所・紡績所の盛大さを指摘し、「士風一般ニ質素」である点を見習いたいと鹿児島からの手紙に記している。戊辰時の悔しさや恨みの気持ちはやがて薄らいでいき、自分たちには欠けているものを相手が持っていることに気付いたのである。

勝海舟は、鹿児島にいる人見・梅沢にあてた三年七月晦日付の手紙に、「同家は卓絶の人これあり、純一至誠に出で候故と常々敬服の事に御座候」、「静岡表、旧の如く小議論のみ承り候。箱館帰りの衆も、とかく小言勝ちにて、役者困り候旨、風聞にこれあり候」(『勝海舟全集　別巻1』)などと書き、小さな議論に終始している静岡に足りない点を薩摩の人間から学んでくるよう二人を激励した。彼らもその期待に応えたといえよう。

人見は十一月上旬、帰藩の途についた。そもそも人見は、西郷隆盛に面会するため、勝海舟に紹介状を頼んだが、西郷を刺すつもりであることを見破った勝は、その旨を紹介状に認めた。鹿児島では勝の紹介状を見た桐野《きりの》利秋《としあき》が驚いたが、西郷は平気で「会つて見やう」と、人見に会った。人見は殺すどころではなく、西郷の人物の大きさに心服し帰ったという(河村北溟『西郷南州翁百話』求光閣書店、一九一二年)。以上の逸話は勝の談話によるが、本当に人見が西郷暗殺の意志を持っていたかどうかは疑問である。静岡へ帰る際には同藩の春日艦に便乗させてもらえることになったが、その艦長が赤塚《あかつか》源六《げんろく》であると聞き、箱館籠城時に同艦の砲撃で苦しめられたことは奇遇であると伝え、談笑したという。

人見と入れ替わるように静岡藩からは、やはり箱館戦争降伏人だった町野五八(一八四九―一九一六)・室田秀雄・小林弥三郎(一八三九―九二)の三人が鹿児島にやって来た。また、四年七月十六日には、佐久間貞一《さくまていいち》（千三郎）が、梅沢敏とともに勝海舟を訪れ、佐土原《さどわら》藩への遊学を許可され五〇両を支給され、同年佐土原・鹿児島に赴き、先に来ていた町野五八とともに儒者今藤宏《いまふじひろし》（新左衛門）に入門し修学している（『佐久間貞一小伝』）。時期は不明であるが、美加保丸に乗り込み脱走し、その後各地に潜伏、静岡で自訴した元銃隊頭多賀春帆（三十郎・外記・上総、一八三二―八八）も鹿児島に赴いたという。

鹿児島藩の側でも静岡藩士を積極的に受け入れる心情が生まれていた。同藩士市来四郎《いちきしろう》は、旧幕臣が薩長士を怨むこと甚だしい点を憂慮し、両者を和解させることが「国家の要点」であると考え、阿部潜（静岡藩少参事・軍事掛）・赤松則良（沼津兵学校教授）・松本順《まつもとじゅん》・榎本道章（箱館降伏人）ら旧幕臣と積極的に交流した。明治三年夏には沼津兵学校を視察し、阿部らを御貸人として鹿児島へ招いたばかりか、伊地知正治《いじちまさはる》と図り鹿児島藩内で募金を行い、上野戦争で敵として戦死した旧幕府方の慰霊碑を建設しようと運動した。阿部や榎本道章は、市来らの温情に感激の涙を流し、両者の感情は大いに和らいだという（『鹿児島県史料　忠義公史料　第七巻』）。

人見寧と集学所

十一月中に帰藩した人見は、鹿児島で得たことを活かすべく早速行動を開始した。簡単にいえば、彼が静岡藩で実現しようとしたことは、薩摩の質実剛健さを手本にした士風刷新である。その方策として文武両道を鍛えるための新たな学校の設立が意図されたのである。このことは、人見が鹿児島滞在中に、御貸人として後から来た吹田鯛六に語った、「藩内ニて有志の士を撰集し士風一変の基となさんため遊学校と申す者編制相成」（「史料紹介　静岡藩士の鹿児島だより」）云々という意志表示の言葉からも明らかである。勝ら、藩の首脳もそれを公的に認め、藩財政から経費を支出した。人見の帰藩後、静岡に立ち寄った鹿児島藩参事大山綱良《おおやまつなよし》（格之助）に対し、知藩事島津《しまづ》忠義《ただよし》への分も含め、静岡藩から留学中の謝礼の意を込め刀一振りが贈られたことからもわかるように（「人見寧履歴書」）、人見の鹿児島遊学は単なる私的なものではなかった。遊学の成果である学校設立も藩の公的な事業となったのである。

十二月一日、人見は勝海舟と同道して静岡在の大谷《おおや》村を視察、同月二十三日には永峰弥吉《ながみねやきち》らと同村に居住する希望を述べ、長屋建設の相談をした。四年正月六日には幕内幡次郎が、三月二日には多田為之助が人見との同居を勝に申し出た。永峰は箱館降伏人、幕内・多田は元遊撃隊士の降伏人である。単に同居する場所を確保しただけでなく、五月に入ると学校の開設が立案され、十五日には梅沢と勝が「大屋村学校」の名前について相談、集学所という名称に決定したらしい。六月一日には普請料として一〇〇両、三日には書物代として五〇両が勝から人見らに渡され、七月四日には米三〇〇〇俵も下された。

集学所の設置場所は大谷村の大正寺を借り受けたもので、九月には火災のため久能《くのう》村に移転し、さらに後には静岡市中の浅間神社北側に移転した。同校では、「漢英仏数学」の四科に武術（仏式陸軍撃剣）が教えられた。校長を意味する大長は人見がつとめ、その下には剣道教師として宮路助三郎・

梅沢孫太郎《まごたろう》（敏の誤りか）、御賄方《おまかないかた》として山高貫一郎《やまたかかんいちろう》・和田惟一《わだこれもと》（貞次郎、一八四三—一九一九）、添役《そえやく》として西沢《にしざわ》某・賀茂宮某が顔を揃えた。ほかに、教師か生徒かは不明ながら、人見の従者として箱館戦争に参加した前歴を持つ木村省太郎も在籍したらしい。後の記録では、頭取一名、教授方一名、教授方心得一名、世話掛七名、世話心得二名、俗事掛一名となっている。書籍の刊行も行い、塚本明毅校正『代数学』（明治五年四月刊）、杉山安親《すぎやまやすちか》・中川忠明《なかがわただあき》訳『画図普仏《ふふつ》戦争日誌』（明治六年二月刊）などが集学所を版元として出版された。普仏戦争を刊行書の題材に選んだのは、箱館での戦争経験者らしく、尚武の気風を宣揚する姿勢を示しているのだろう。

こうして、「文武兼備にて天下の大勢を論じ、人材登用」を目指した集学所であったが、折角集った生徒のなかには、その実態を「文武兼備ト雖とも多分ハ剣客にして、文学修行ノ地に非す」とみなし、退校する者もあった（『旗本三嶋政養日記』）。志士的・政治的な姿勢を前面に出した人見らの考えは、純粋に外国語や数学などを習得しようとした者には、期待はずれだったようだ。薩摩風の質実剛健・文武両道を理想とした人見らの意図が静岡藩内においてどれだけ共感を得、浸透したのかは疑問である。勝海舟らの理解は得られても、多くの静岡藩士たちにその感動を伝えるのは困難だった。人見らの意図は空回りに終わったといえる。後に歴史小説家になった塚原渋柿園《つかはらじゅうしえん》（靖《しずむ》）も同校に入った一人だったが、「集学所に居る人間は函館の五稜廓の討ち洩らされといふ面々だ。総勢すぐッて百四五十人ばかり。毎日軍ごッこのやうな真似ばかりして居たが、其うち世は漸次に文化に向つて、そういふ物騒な学校の立ち行かう筈もないので、其中に潰れて了つた」(「兵馬倥偬《こうそう》の人」)と回想している。その後、集学所は廃藩後もしばらく存続し、人見はE・W・クラークの静岡学問所への招聘を担当するなど、初期静岡県の教育に足跡を残したが、士風刷新という大目的は意味を失っていった。

箱館戦争降伏人が行った鹿児島遊学、集学所設立の意義は、かつての敵地に乗り込み、その「美風」に素直に感化されることを通して、敗者のこだわりをいち早く捨てた点にあったといえる。脱走諸隊の再結集の観さえあった同志的結合や、他藩士との横断的交流によって、藩という旧体制を脱していくきっかけをつくったのである。それは個々の能力を評価され、直接政府に取り込まれた洋学者たちのそれとは違うパターンであったが、超藩的交流を経験したことによって、国家意識や国民としての視野を独自に獲得したのである。その意識は、榎本武揚の北海道開拓構想に見るごとく、すでに箱館脱走時代に胚胎《はいたい》していた可能性もある。抗戦派の箱館戦争経験者だったからこそ、恭順派の静岡移住者よりも、狭い旧藩意識からいち早く脱することができたともいえる。後年、かつての仇敵の下風に立つことを厭わず、人見が茨城県令に就任し、永峰・梅沢らが薩摩出身の静岡県令の下で職を奉じた背景には、同様の意味があったように思われる。

頼って来た謀反人

ところで、集学所の生徒は、藩内各地から集ったのみならず、他藩からもやって来たといわれる。米沢《よねざわ》藩の雲井《くもい》龍雄《たつお》も集学所に遊んだ一人だった。人見が最初考えた「遊学校」という名称は、他藩士との交流に重点を置いたことを示している。人見は、遊撃隊が沼津滞陣中の慶応四年（一八六八）五月、雲井と会見する機会があり、その時から肝胆相照らした仲であった。雲井はことあるごとに時事を議論し、その説は過激に及んだため、人見は忠告した。雲井は山岡鉄舟を訪ねたが、やはり軽挙を戒められ、逆ギレして山岡を罵った。人見はさらに説諭を加えたが、雲井は不満を抱いて去ったという（「人見寧履歴書」）。

雲井龍雄は、戊辰戦争では最後まで反薩長の立場を貫いた米沢藩士であり、明治二年から三年にかけては東京芝の寺院に「帰順部曲點検所《きじゆんぶきよくてんけんじよ》」と称する施設を設け、浪士を収容する活動を行っていた。雲井は、不平不満を抱く者を新政府に帰順させるためであるとしたが、政府は疑惑の眼を向け、「徳川家恢復《かいふく》」と政権顚覆《てんぷく》の陰謀を企む者として雲井を逮捕、明治三年十二月死罪に処した。ちなみに、雲井の同志として刑に処せられた者のなかには、「静岡藩田中晋六郎」、「静岡藩士族四郎次郎弟ニテ脱走致シ候　長谷部介」、「静岡藩卒　勘兵衛伜　田村喜八郎」、「静岡藩脱走当時無籍　松前勇」、「元静岡藩士族水沢甲子太郎」ら、旧幕臣とその縁者が含まれていた。

その少し後であろうか、この頃の人見に関しては次のような逸話もある。古荘嘉門《ふるしようかもん》は、河上彦斎《かわかみげんさい》が館長をつとめる私塾、有終館の教授として文武の指導を行った熊本藩士。有終館の教育は武士道の鼓吹を目指したものであったが、やがて反政府的な傾向を強め、長州藩脱隊騒動に関与した大楽源太郎《だいらくげんたろう》をかくまったことから、明治三年七月に解散を命じられた。古荘は熊本から逃亡し、静岡藩の勝海舟・山岡鉄舟を頼り、変名して安倍川の奥の山村に潜んだ。海舟の日記によれば、潜伏先は梅ヶ島《うめがしま》温泉であり、やって来たのは四年三月のことらしい。コモをかぶった汚い姿だったが、二〇〇両を持参していたとのこと（「海舟座談」）。やがて山岡らの勧めによって明治四年自訴した。人見は駿河に潜伏中の古荘のもとへ食物を携え訪問したことがあったという。

雲井・古荘らとの交流からも、人見本人が彼らと同様の志士的気概を持つ熱血漢であったことがうかがえる。四年十月十日付で木戸孝允あてに池内四郎《いけうちしろう》が作成した、人見・梅沢・和田・関口らに対する探索報告書には、集学所は「漢洋折衷之学校」であり、生徒数は七〇人ほど、多くが「壮年血気の輩のみ」であり、勝・山岡は人見・梅沢を「至極寵愛」しているといった内容が記されている（木戸孝允関係文書研究会編『木戸孝允関係文書』第一巻、東京大学出版会、二〇〇五年）。新政府側でも、雲井・古荘ら危険人物が出入りしていたこともあり、集学所をマークしていたのである。

3　消えた敗残者

亡命者とその後

前節では帰属後の静岡藩における降伏人たちの動向を述べたが、実は榎本艦隊に乗り組んだり、箱館戦争に参戦したりした旧幕臣のなかには、戦後、あるいは途中で行方をくらました者があった。身内が朝臣になったり、帰農帰商したりしていた場合、静岡藩に所属しなかったのは当然である。しかし、そのような事情とは別に、降伏・謹慎・赦免という経過を一切経なかった者、どういうわけか捕虜にならずにすんだ者がいたということである。

まずは、二人の事例を紹介したい。一人は榎本艦隊の美加保丸に乗っていたため、銚子沖で遭難し箱館まで到達できなかった本山漸《もとやますすむ》（一八四二―一九二〇）である。彼はもともとの名を高松観次《たかまつかんじ》郎《ろう》といった。幕府の軍艦操練所勤番をつとめていた義

26――本山　漸

兄高松震太《しんた》郎《ろう》の養子となり、家を継いだ。林洞海や緒《お》方洪庵《がたこうあん》に蘭学を学んだ後、幕府海軍に奉職したらしい。美加保丸では航海長をつとめ脱走に参加したが、荒天による座礁《ざしょう》のため北行を果たせなかった。同じ遭難者のなかには、別の手段で箱館へ向かった者もいたし、江戸へ戻った上、やがて静岡へ移住した者もいた。しかし、彼は全く別の経歴をたどることとなった。新政府軍の追及を逃れるため、江戸に帰り着いた後は髪結床《かみゆいどこ》に匿われ町人姿に変装の後、さらに知人の縁により上総国菊間《きくま》藩の藩邸に逃げ込んだ。そこでは暫くの間、二階の長持のなかに潜んでいたという。そして、そのまま同藩士になってしまったのである。その際、姓名ともに改め、本山漸吉（後に漸と改名）と名乗った。菊間藩では彼を洋学者として評価し採用したらしく、明治元年十月には洋学教授に任命され、藩校明親館《めいしんかん》の洋学局を主任することになった。「お上屋敷の方の長屋を幾つもブチ貫いて学問所にし」たとされる。翌年四月には自ら校則を定め、「明親館洋学局同社の童生に授る覚」として公布した。また、教

科書として、『格物入門』（明治二年刊）、『軍用火料新書』（同年刊）を訓点・翻訳し出版した。ところが本山が菊間藩士であった期間は短かった。二年十月、新政府の海軍操練所への出仕を命じられたのである。優秀な人材であることが中央へと伝わった結果だったと思われるが、すでにその素性はバレてしまっていたのだろうか。いずれにせよ、ほかの脱走・抗戦者たちよりも早い段階で新政府の海軍創設に協力することとなった。

二人目は榎本艦隊とは無関係であるが、歩兵頭並として大鳥圭介らと北関東を転戦した長野桂次郎（立石斧次郎・米田桂次郎、一八四三―一九一七）である。彼は負傷して日光で戦線を離脱した後、会津藩や奥羽越列藩同盟に武器を売り込んでいた死の商人、ドイツ人スネルに同行し、仙台から上海《シャンハイ》へ渡った。鳥羽・伏見戦争の責任者として新政府から追及された塚原昌義（但馬守）がアメリカへ逃げたという前例があるが、長野の場合、海外亡命といってよいかどうかわからないが、渡航先でも戦争を続ける意思を持っていたようだ。幕府から派遣されフランスに留学していた徳川昭武の随員となっていた渋沢栄一は、帰国の途中、上海で長野と出会った。スネルを同道し渋沢の宿舎を訪ねた長野は、民部公子（昭武）をこのまま横浜へ向かわせるのではなく、箱館にお連れし、榎本軍の総帥になっていただければ、大いに士気が揚がり、旧幕府方は退勢を挽回できるだろうと述べ、箱館行きを熱望した。渋沢は、もっての外であると断然その誘いを断ったという（『雨夜譚』）。榎本軍が蝦夷地に上陸した数日後、明治元年十月末のことである。その後、日本に戻った長野は、明治三年夏、福沢諭吉の推薦で金沢藩の致遠館《ちえんかん》に教師として招聘され、英語を教えた（『石川県史　第参編』）。明治四年十一月には外務省七等出仕となり、岩倉使節団への随行を命じられる。

逃亡者たち

次は、四人の箱館戦争参加者について。終戦後、多くが降伏人となり、拘留された場所でおとなしく謹慎生活を送ったなかで、そもそも捕らえられる前に逃げたり、途中で脱走したりした者も存在したということである。

斎藤徳明（一八四七―一九一六）は、箱館で降伏後預けられていた秋田藩から脱走し、同行した四名とともに高知藩の兵学教師として雇われる身となった。最初は「敗軍の将、最早や兵を語らず」と拒否していたが、先に高知藩に招聘されていた元同志沼間守一の勧誘でもあり、北関東の戦闘では敵方として悩まされた板垣退助《いたがきたいすけ》・谷干城《たにたてき》からもおだてられ、説得に応じたとのこと。その際、それまでの名前のままでは都合が悪いので、中条（中城）昇太郎を斎藤徳明に改めた（『土佐藩戊辰戦争資料集成』）。沼間は東京に残ったが、斎藤らは高知まで赴き、彼らの力を借り同藩ではフランス式の兵制改革を推進した。斎藤らの招聘は明治二年（一八六九）九月のことであったとされるが、秋田藩に預けられた箱館降伏人二〇〇名余は秋田にいたはずである。預け場所が東京の藩邸だったとすれば容易であろうが、沼間はいかにして秋田へ連絡をとり、斎藤らはどのようにして同地を脱走できたのか不思議である。

箱館の戦場から忽然《こつぜん》と消えたのが田島応親（一八五一―一九三四）である。四月三十日、劣勢が明らかになると、通訳をつとめた彼がいつも近くで接していたブリューネらフランス人士官は箱館港のフランス軍艦に逃げ込んでいた。田島は、降伏前日まで外国船の船長への連絡・折衝など外交的な仕事に従事していたのであるが、自分一人ぐらいいなくなってもわからないだろうと、夜陰に乗じて密かに単身脱出、イギリス船エレン・ブラックに乗り組み、八戸《はちのへ》・東名《とうな》経由で横浜に至った。政府側では、榎本軍が外国船などと交わした文書に通訳としての田島のサインが残されていたことから、彼の存在を知り、その行方を追った。しかし、まんまと東京へ戻ることに成功した田島は、知らん顔で田安藩の藩校有造館《ゆうぞうかん》でフランス語を教えていた。明治二年末には大阪兵学寮へ出仕していたが、ついに箱館にいたという前歴が露顕し、詮議《せんぎ》の結果、一ヵ月の謹慎を申し渡された。しかし、厳しく罰せられるようなことはなく、そのまま兵学寮に勤続し、四年（一八七一）六月からは中助教として兵書の翻訳や砲兵術・フランス語の授業を担当した。そのような者を身元の確認をすることなく採用してしまったのは、政府にとっても失態になるので、不問に付されたのだという（『史談会速記録』第三〇九号）。

上野戦争から箱館戦争まで戦い続けた彰義隊の頭池田《いけだ》大隅《おおすみ》は、岡山藩主の分家であり、七〇〇〇石を領した高禄の旗本だった。二年七月二十四日付で岡山藩知事池田章政《あきまさ》に対し、以下のような達しが政府から出されている。

末家池田大隅儀、昨年来賊徒ニ与シ居、今般悔悟自訴公裁ヲ仰候段願出、就而者屹度被　仰付品

モ可有之処、出格之寛典ヲ以テ御宥免《ゆうめん》被仰付候間、其藩於テ扶助致シ候儀ハ可為勝手旨御沙汰候事（国立公文書館所蔵「太政類典」）

彼は、どういうわけか箱館でほかの降伏人たちとともに捕虜となることなく、少し遅れて自首し、処罰を仰いだのであろう。宥免され、本家岡山藩に対して扶助するかどうかが委ねられたらしい。

やはり高禄の旗本だった竹中重固《たけなかしげかた》（春山、一八二八―九一）も降伏前に板倉勝静《いたくらかつきよ》らとイギリス船で脱出し、後に東京で自訴している。降伏人の間ではロシアへ逃げたのではないかという噂もあったし（「函函始末」）、実際に竹中は箱館で会った宣教師ニコライにロシア行きの希望を伝えたが、資金不足のため断念したといういきさつもあった（中村健之介『宣教師ニコライとその時代』講談社現代新書、二〇一一年）。板倉も西洋への渡航を決意したが、金策ができずあきらめている。

III　雪冤への道

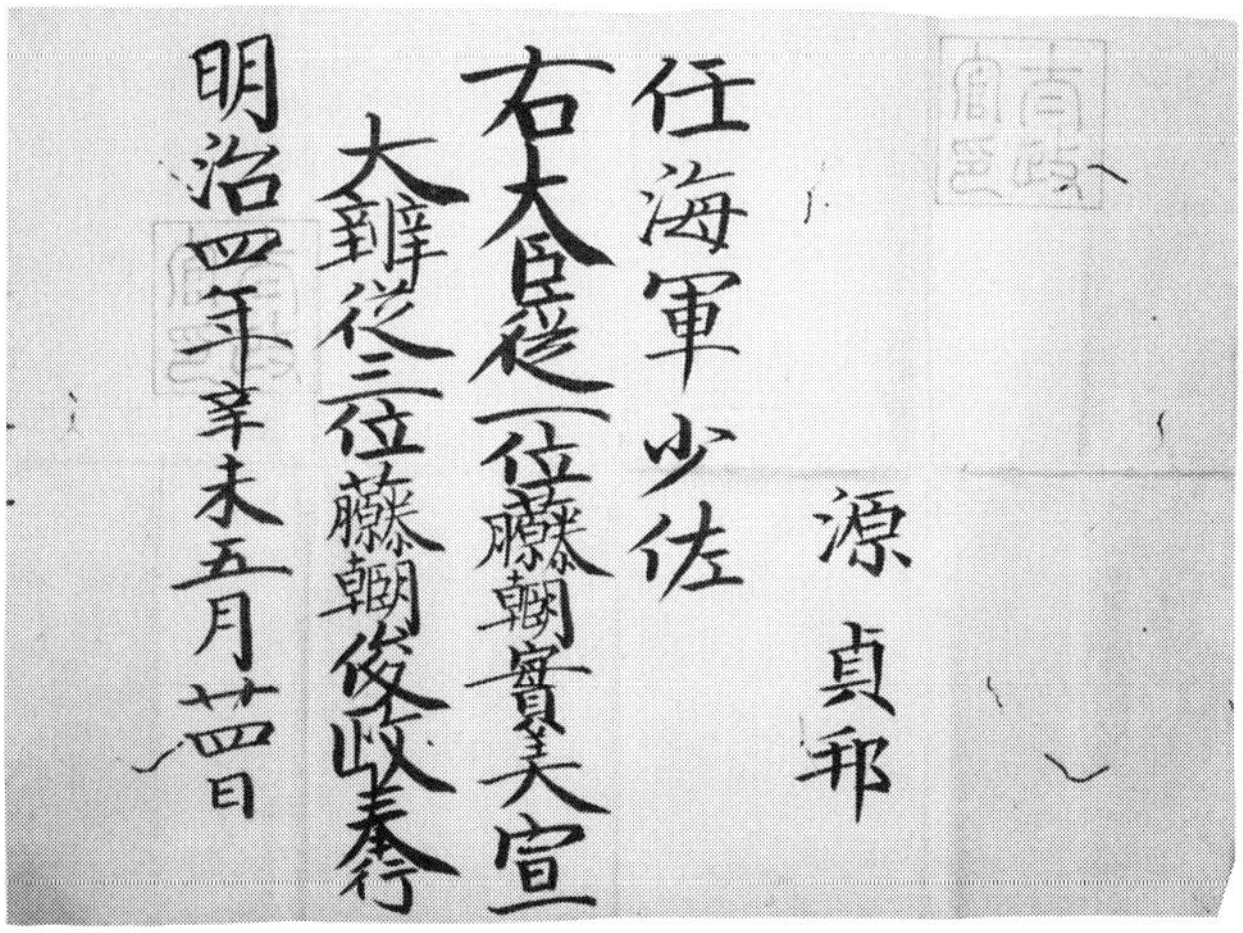
源 貞邦
任海軍少佐
右大臣從一位藤原朝臣實美宣
大辨從三位藤原朝臣俊政奉
明治四年辛未五月廿四日

27── 柴貞邦の海軍少佐辞令
明治4年（1871）5月24日付．旧幕府海軍の出身者の多くは箱館戦争で戦った後，明治政府に出仕し，帝国海軍の建設を担った．

1 明治新政府への参入

降伏人の登用建白

罰を受けることとなった箱館戦争降伏人であるが、彼らのなかに有能な人材がいることは周知の事実であった。そのため、赦免の上、いち早く政府が登用すべきであるといった意見が出てくることとなった。

明治二年（一八六九）十二月二日、岩倉・大久保参議らも参聴するなか、集議院で「海軍教場」についての下問が審議され、「人才選挙ノ事」として、「旧幕臣ノ中ニ、用スヘキ者アラン」「箱館降伏人ヲ寛典ニ処シ、之ヲ用ヒテ罪ヲ購ハシムヘシ」三二人という投票結果が出された（『改訂維新日誌』第七巻）。三年五月には、兵部省内で、海軍振興策が検討され、その具体案として人材の確保が緊急の課題に挙げられ、旧幕府の長崎海軍伝習経験者などを集めることが求められた（篠原宏『海軍創設史』リブロポート、一九八六年）。そのことは旧幕臣、ひいては箱館戦争降伏人の登用への道を開くことにつながった。

新政府軍の一員として従軍後も引き続き函館の降伏人取締局に出仕していた、駿州赤心隊の富士重本は、明治三年春、同僚とともに、「他藩は兎《と》に角《かく》旧幕府の士族は到底開拓の事業には堪ふべからざる」ものの、「種々の技能に於ては、又他藩に勝る事も有ます故、各其の長する処に因て御召使相成度」（『史談会速記録』第三五輯）との上申をなしたという。降伏人たちに身近で接していた富士らも、彼らの才能に早くから気付いていたのであろう。

鹿児島藩士市来四郎は、四年（一八七一）四月に草した建言書において、殖産興業を推進するため新政府が設置すべき「産業教授局」の教官候補として、旧幕臣を中心とする人材二七名をリストアップしているが、さらに「外ニ榎本釜次郎　大鳥圭介　沢太郎左衛門　此三名ハ、宥罪ノ上ハ教官ニ被命度」と追記しており（『鹿児島県史料　忠義公史料　第七巻』）、榎本らの赦免・登用を望んでいた。

旧斗南藩士族武田信愛は四年十一月九日付で榎本・松平・大鳥・荒井・沢・永井らの赦免・登用の嘆願書を認め、大久保利通《おおくぼとしみち》あてに差し出したと思われる（立教大学日本史研究室編『大久保利通関係文書』二、吉川弘文館、一九六六年）。武田は、会津藩主松平容保《まつだいらかたもり》に供奉《ぐぶ》し上洛、幕末の京都で山本覚馬《やまもとかくま》とともに大砲隊の教授に採用された人物。嘆願書のなかで武田は、戊辰時に榎本艦隊に投じたほか、フランス人士官ブリューネらを脱走させたのも自分であったと過去を告白する。そして、真に「朝敵之巨魁《きよかい》」だったのは旧主松平容保であり、榎本らの行動は「枝葉」にすぎないと主張し、その松平父子すら恩典によってすでに許されたのであるから、「世之英傑」として知られる榎本らが「国家之為ニ鴻益《こうえき》を為ス」べき逸材であることは間違いないので、早く宥免し、登用してほしいという。榎本らと面識がある武田は、松平太郎は「正直一偏之好人物」、大鳥圭介は「学術才能ある人」、荒井郁之助

28── 松岡盤吉

は「一毫《いちごう》も偽飾之言行なし」、永井《ながい》玄蕃《げんば》は「深沈慎密」、沢太郎左衛門は「火薬ヲ製することハ特ニ其奥妙を極む」、松岡盤吉は「気骨本幹ありて能ク衆ヲ御す」（松岡については病死したことを惜しんでもいる）などと、それぞれの人物評も付し、彼らがそろって人格・識見ともに優れていることを強調した。

宥免、そして栄達

新政府のなかには木戸孝允・山田《やまだ》顕義《あきよし》・板垣退助らの厳罰論と黒田清隆・副島《そえじま》種臣《たねおみ》らの寛典論があったというが（『保古飛呂比　佐佐木高行日記』四）、最後まで拘留されていた榎本武揚・大鳥圭介・永井尚志・松平太郎・荒井郁之助・沢太郎左衛門・渋沢喜作《きさく》ら箱館戦争の幹部たちは、結局死刑に処されるようなことはなく、明治五年（一八七二）一月六日、赦免され、出獄した。榎本だけは親類預けの処分が続いたが、三月六日には放免となった。その後、榎本・大鳥らは明治政府のなかで一躍栄達を果たす。彼らの詳細な履歴はそれぞれの伝記に譲りたい。ここでは、まず、初期の明治政府の官僚中に占めた旧幕臣の割合について、先行研究に依拠しながら押さえておきたい。

明治七年（一八七四）時点での官員録に記載された氏名を在籍府県別に集計すると、高級官僚である勅任の場合、全七四名中、鹿児島一八名、山口一四名、東京七名、佐賀七名、高知七名、静岡六名などとなる。静岡県籍の六名とは、勝海舟・大久保一翁・榎本武揚・松本順・赤松則良・神田《かんだ》孝平《たかひら》である。薩長では全体の四四・六%、薩長土肥では六三・五%を占め、静岡(旧幕臣)は八%にとどまる。勅任に次ぐ地位の奏任の場合、総数は一三二一名、その内、山口が一七・一%、鹿児島が一二%、高知は五・九%、佐賀は五・三%を占めたが、静岡・浜松・東京・長崎(=旧幕臣)は一三・二%ほどを占めるとされ、その潜在的勢力の大きさが指摘された(毛利敏彦『明治維新政治外交史研究』吉川弘文館、二〇〇二年)。明治五年(一八七二)の統計を使用した研究によれば、全官員四一四五名のなかの一二九九名(約三一%)が東京・静岡在籍者(=旧幕臣)であり、勅任官は全四六名のなかの三名(約七%)、奏任官は全四二九名のなかの九三名(約二二%)、判任官は全三六七〇名のなかの一一九六名(約三三%)が、それぞれ旧幕臣だったとされる(三野行徳「近代移行期、官僚組織編成における幕府官僚に関する統計的検討—『明治五年官員全書』を中心に—」大石学編『近世国家の権力構造—政治・支配・行政—』岩田書院、二〇〇三年)。上級・中級官僚の場合は、薩長藩閥の影響が強く、そのなかに食い込んだ旧幕臣の場合は能力が評価された結果の採用だったと考えられるが、旧来の業務をそのまま引き継いだような部門の下級官僚については、旧幕府の官吏が継続雇用された傾向が強かったのである。参考までに、明治十三年(一八八〇)の官員録に氏名が載った、箱館戦争・榎本脱走艦隊参加の前歴を持つ旧幕臣の一覧を表3として掲げておく。

榎本や大鳥らは、能力を買われ一躍新政府の高官に抜擢された典型である。投獄のブランクもあま

表3――明治13年（1880）の官員録に載った箱館戦争・脱走艦隊参加旧幕臣

官庁名	氏　　名（役　職）
外務省	松平太郎（ウラジオストク在勤・七等出仕）　安藤太郎（香港領事）　大塚賀久治（元山津領事館・御用掛）
内務省	伊庭顕蔵（勧農局・十等属）　小笠原賢蔵（駅逓局・御用掛准奏）　小杉雅三（駅逓局・三等属）　佐々倉義道（駅逓局・十等属）　上原七郎（駅逓局・御用掛准判）　近藤義徳（駅逓局・御用掛准判）　荒井郁之助（地理局・御用掛准奏）　小林一知（地理局・御用掛准奏）　三浦省吾（地理局・四等属）　伊藤鉞五郎（地理局・六等属）　岩橋教章（地理局・御用掛准判）　宮永荘正（地理局・御用掛准判）
大蔵省	町野五八（銀行局・一等属）　丸毛利恒（関税局・七等属）
陸軍省	畠山義質（人員局・歩兵大尉）　関迪教（砲兵第一方面本署提理・砲兵大佐）　小菅智淵（士官学校・工兵少佐）　関定暉（士官学校・工兵大尉）　永倉秀明（騎兵第一大隊・騎兵中尉）　遠山春平（大阪鎮台病院・軍医補）　松島玄景（歩兵第九連隊・軍医副）　斎藤徳明（第九師管後備軍司令官・歩兵大尉）　小宮山昌寿（参謀本部・工兵大尉）　筒井義信（軍用電信隊副提理・工兵少佐）　田島応親（フランス公使館附・砲兵少佐）　飯島順之（監軍本部伝令使・歩兵大尉）　早乙女為房（十二等出仕）　山口知重（十三等出仕）　梅沢有久（十四等出仕）
海軍省	榎本武揚（海軍卿・海軍中将）　沢太郎左衛門（五等出仕）　細谷安太郎（一等属）　大岩啓（一等属）　榎本武與（二等属）　永井久次郎（四等属）　和田春造（六等属）　桜井當道（七等属）　横田長之助（十六等出仕）　渡辺忻三（大匠司）　西川真三（一等師）　朝夷惟一（一等師）　古川庄八（五等師）　石川政太郎（五等工長）　本山漸（中佐）　浅羽幸勝（少佐）　三浦功（少佐）　尾形惟善（少佐）　伴正利（大尉）　原田元信（大尉）　五藤國幹（大尉）　大沢正心（大尉）　永田嘉之（中尉）　小倉鋲一郎（少尉補）　横井時庸（中機関士）　蘆田常徳（中機関士）　喰代和三郎（中機関士）　田所平左衛門（中主計）
工部省	林董（書記局長・大書記官）　大鳥圭介（工作局長・大書記官）　大沢正業（灯台局・七等技手）
司法省	永井岩之丞（水戸裁判所・判事）　杉浦赤城（五等属）
開拓使	山内堤雲（大書記官）　蛯子末次郎（御用掛准判任）　岩藤敬明（一等属）　雑賀重村（茅部山起郡長）
府　県	人見寧（茨城県令）　袖山正志（茨城県八等警部）　永峰弥吉（静岡県一等属）　山本正至（静岡県八等属）

『改正官員録』（明治13年9月2日発行，博公書院）より作成．太政官，元老院，文部省，宮内省はゼロ．

り関係なく、順調に立身していったといえる。長い目で見れば、幕府時代の昇進と明治政府でのそれとは、断絶することなく継続していたといえよう。むしろ、間に挟まれた箱館戦争は、彼らの存在や能力を新政府側にアピールすることとなったわけであり、マイナスではなくプラスに作用したのかもしれない。

榎本・大鳥以外にも、薩長側から評価され、新政府に取り込まれた箱館戦争経験者は少なくない。地方官に任命された者を例にしてみれば、以下のような人々である。

中野梧一は、最初大蔵省に出仕し、大蔵大輔井上馨と知り合ったのがきっかけで、抜擢され、明治四年十一月に山口県参事に就任、翌年には権令、七年八月には県令に進み、八年に辞すまで山口県のトップの地位に据えられた。かつての敵地だった長州で、地租改正の推進、佐賀の乱への対応などに手腕を発揮した。

静岡から上京後、内務省で勧業分野の仕事に従事していた人見寧は、内務少輔品川弥二郎《しながわやじろう》に初めて会った際、品川が箱館の戦場で拾って長年所持していたという指揮旗を返却されるという奇遇に接した。「長州人ニハ稀ナル高義ノ士」であると感激したという。この一件は世間にも広まり、「昔年の仇ハ今日の朋となりこの奇遇ありしは実に近事の奇談」と新聞記事で報じられている。また、十年一月、西南戦争が勃発する直前に東京で鹿児島県権令大山綱良に会った際には、遊学以来同県の事情に詳しい人見を自分の後任として内務卿に推薦した旨を告げられたという（「人見寧履歴書」）。このように人

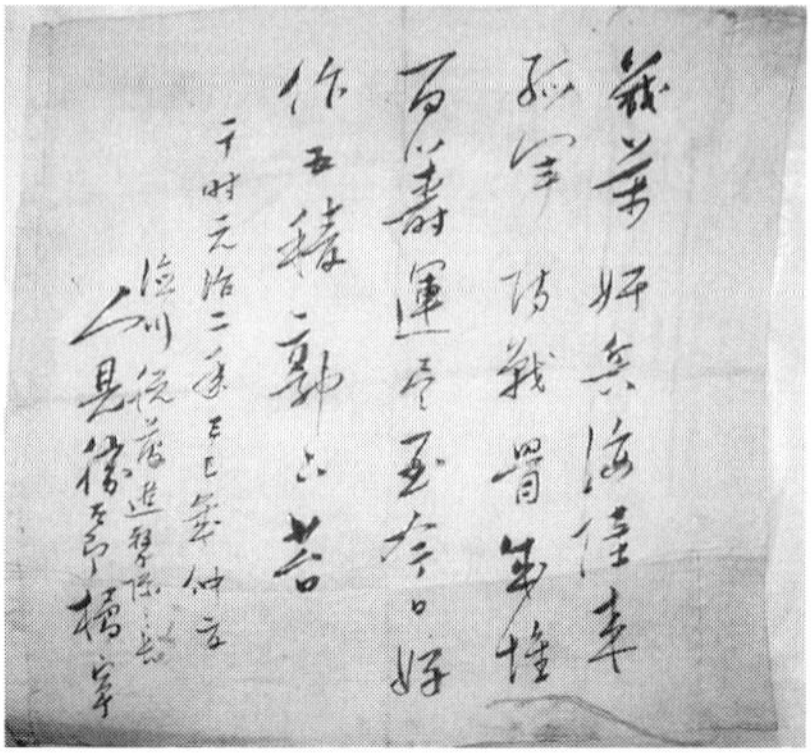

29── 人見寧の戦旗

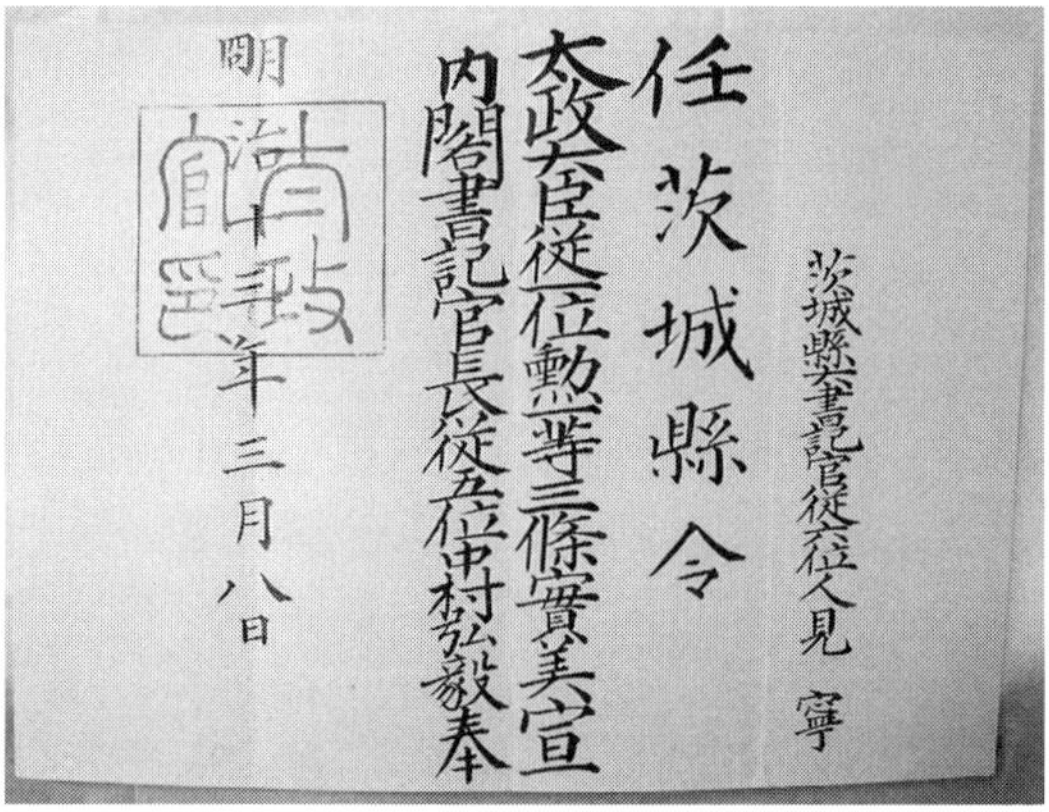

30── 人見寧の茨城県令辞令

見は、薩摩系にも長州系にも顔が効き、彼らとの間で一定の信頼関係を築いていたようだ。十三年（一八八〇）、彼は茨城県令に抜擢された。

永峰弥吉（一八三九―九五）は、軍艦役根津勢吉の実弟であり、兄弟ともに榎本軍に参加した。明治十年代に静岡県少書記官、同大書記官をつとめ、民政官として「腕も相応に振」った。薩摩藩士出身の県令大迫貞清《おおさこさだきよ》は、永峰を重用し、「県政は挙げて」委《ゆだ》ね、大迫自身は「たゞ盲判を押すのみ」だったという。それは、大迫が赴任する際、旧幕臣が盤踞《ばんきょ》し薩長政府にとっては一敵国の観があった当時の静岡県では、「激昂せる人心の緩和が肝心」だと政府首脳から指示されていたからだという。実務は旧幕臣である永峰にすべてを任せたほうが得策と考えたということだ。大迫の次の県令、やはり薩摩藩士出身の奈良原繁《ならはらしげる》も同様に永峰を遇した（『東海三州の人物』）。永峰は、県庁に就職したまだ若い山路愛山へ、「男児文明の世に生る、須らく天下の公利を図るべし」「願くは気魄《きはく》を大にせよ」と助言・激励したことからもわかるように、意気軒昂で気骨ある人物だったようだ。その後、内務少書記官、大阪府書記官、福島県書記官などを経て、宮崎県知事（明治二十四―二十五年）、佐賀県知事（明治二十五―二十七年）をつとめた。

山内堤雲は、開拓大書記官、農商務省大書記官、逓信省会計局長などを歴任した後、二十三年（一八九〇）から二十五年（一八九二）にかけ鹿児島県知事をつとめた。二十九年（一八九六）、榎本が農商務大臣の時に準備を調え、帝国議会で設置が可決された官営八幡《やわた》製鉄所の初代長官に任命されているのも、箱館戦争以来の人脈が働いたといえるだろう。

箱館戦争降伏人の一部が、赦免後に明治政府から優遇されたようすは、早い時期に外遊する機会を与えられていることからもよくわかる。榎本軍では陸軍奉行添役だった吉田次郎《よしだじろう》は、大蔵省出仕になり、明治三年十月財政制度の視察のため渡航した伊藤博文《いとうひろぶみ》に随行し、アメリカへ渡った。林董・安藤太郎の二人は岩倉使節団に加わった。林は二等書記官・外務省七等出仕として、幕末には幕府派遣のイギリス留学生だったことがあったので、二回目の渡欧であった。安藤は四等書記官・外務大録という立場であった。また、明治五年（一八七二）から七年にかけ、大鳥圭介も大蔵少丞という立場で、彰義隊の発起人だった本多晋《ほんだすすむ》らとともに外債発行調査のため、大蔵少輔吉田清成《よしだきよなり》に随行して渡米した。洋学者・兵学者として長い経歴を持つ大鳥にとっても初めての外遊は得るところが多かったはずである。益田克徳は、やはり五年から六年にかけ、沼間守一らとともに司法少丞河野敏鎌《こうのとがま》に随行し、司法省派遣の欧州視察団に参加した。渋沢喜作は従弟渋沢栄一の勧めで、大蔵省七等出仕に登用され、やはり五年（一八七二）蚕糸業の視察のためイタリアに派遣されている。工部省に出仕した古川正雄は、

31──林　董

32──渡欧中の左から大鳥圭介・安藤太郎・田辺太一

六年（一八七三）ウィーン万国博覧会に事務官として派遣された。海軍兵学寮大教授となっていた沢太郎左衛門は、七年（一八七四）九月にアメリカへ派遣され、翌年六月帰朝している。小花万次は、個人的なつてによったものか、華族秋月《あきづき》氏（高鍋藩の秋月種樹《たねたつ》か）に随行し、七年（一八七四）に帰朝するまでイギリスに赴いたという（『明治人名辞典』）。釈放後間もない彼らが、誰もがうらやむ洋行の機会に早くも恵まれたのは、大変な厚遇だったといえる。

一転して新政府に仕えることにした降伏人たちが、どのような心境だったのか一概にはいえないだろう。「徳川氏の倒るるや、幕臣は薩長両藩を以て君家の仇讎《きゆうしゆう》と見做《みな》したれども、廃藩置県に至ては自他平等恨むべき処もなく、従って官途に就くも心に疚《やま》しき処無くなりたり」（『後は昔の記他』）という林董の言葉は一面の真理かもしれない。

開拓使

トップだった榎本武揚以下、箱館戦争を戦った旧幕府軍の幹部たちの多くは、赦免後一度は開拓使に出仕することとなった。「降将団」（井黒弥太郎『黒田清隆』吉川弘文館、一九七七年）とも称される、大鳥圭介・永井尚志・荒井郁之助・沢太郎左衛門・松平太郎・榎本道章・松岡譲・川村久直らである。このことは、朝廷の意向に逆らうものだったにもかかわらず、北海道開拓に先鞭をつけようとした彼らの行動が、新政府にとっても一目置くべきものとして映っていたからであろう。とりわけ、戦争時の新政府軍参謀であり、榎本らの助命に奔走した、開拓次官黒田清隆は、彼らを高く評価していたようだ。

実際、彼らは黒田の期待に応え働いた。榎本は明治五年から翌年にかけてのわずかな期間であったが、鉱物資源調査のため北海道各地を歩き、炭鉱に関する報告書をまとめたほか、気象観測所の設置なども手掛けた。その性格からして榎本は、明治政府による北海道開拓政策の展開を素直に喜び、協力したのであろう（しまね・きよし「幕臣榎本武揚の転向」）。荒井郁之助（一八三六―一九〇九）は、東京芝増上寺内に置かれた開拓使仮学校と女学校の校長を兼ね、『英和対訳辞書』を開拓使蔵版として出版するなど、まずは人材の育成に取り組んだ。その後、札幌に赴任し、御雇い外国人ワッソン、デイらとともに三角測量に従事した。荒井たちの測量隊は、「日本に於て之れまで編成された最初の規則正しい」ものであったとケプロンからも称賛された。荒井はデイから「頼ミノ大綱」と称揚されたほど、優れた測量技術を有しており、当時の日本人が科学技術の分野で西洋人に頼るだけの存在ではなかったことを証明した。地図作製や天体観測を行うなど、開発の基礎となるデータの収集・整理にあたり、多くの実績を残しながら、明治九年（一八七六）、荒井は開拓使を去った。

そのほか、たとえ一時的にせよ開拓使に奉職した履歴を持つ箱館戦争参加者は、山内堤雲（五等出仕から大書記官）、岩藤敬明（一八四三―一九〇七、権大主典から御用掛准奏任）、寺沢正明（五年開拓使仮学校十五等出仕・画学方）、越智一朔（一連隊差図役並、五年四月開拓使等外一等附属・生徒取締）、榎本敬直（五年開拓使仮学校英学助教・舎監）、内田荘次（十三年開拓使御用掛）、雑賀《さいか》重村《しげむら》（孫六郎、一八三六―八〇、開拓大主典）等々、数え出したらキリがない。黒田の意向が働いたものか、榎本らが芋づる式に元の仲間たちを導き寄せた結果なのか、それとも個々人が北海道に対する思い入れを持っていたことによるものかは判別できないが、それは明確な事実であった。開拓の大動脈の役割を果たした幌内鉄道の敷設に携わった山内のように、それなりの業績を残してもいる。明治八年十二月、江華島《こうかとう》事件の処理にあたることとなった特命全権弁理大臣黒田清隆に随行し朝鮮へ派遣された開拓使八等出仕松岡譲、同十四等出仕甘利後知のように、思わぬ形で外遊した例もあった。

大鳥圭介・荒井郁之助・川村久直・室田秀雄・榎本道章・榎本武與・古川克巳・根津勢吉・寺沢正明など箱館戦争参加者には、父兄や身元引受人として子女や知人を開拓使仮学校に入学させた者も少なくなかった（北海道大学編『北大百年史　札幌農学校史料（一）』ぎょうせい、一九八一年）。それは政府の強要ではなく、彼らが北方開拓が国家にとって重要な課題であることを早くに認識していたからかもしれない。

ところで近年、箱館奉行所、そして開拓使（前身の箱館裁判所・箱館府を含む）を研究対象に、江戸幕府から明治政府への移行の実態を行政史の観点から分析した手堅い研究がなされ、奉行所勤務の下級幕吏が、新政権でどのように継続雇用されたのかが明らかにされている（門松秀樹『開拓使と幕臣―幕末・維新期の行政的連続性―』慶応義塾大学出版会、二〇〇九年）。しかし、開拓使の旧幕臣採用策を見る場合、混乱期・移行期特有の、旧政権の職員を引き継いだままの暫定的人員配置を見直したこと、つまり主として同心・足軽など軽輩出身者から成っていた旧箱館奉行所吏員を減らし、北方開拓に必要な欧米の知識・技術を習得した人材を確保すべく、同じ旧幕臣であっても全く別の前歴を持った者たちを増加させた点にこそ注目しなければならない。新たに採用されるようになった人材というのは、英語・数学・測量などを組織的にトレーニングした、先進教育機関たる静岡藩・沼津兵学校の出身者たちを代表とする。そして、時期をほぼ同じくして参入してきた、箱館戦争降伏人なのである。榎本らは決して長い期間にわたり開拓使に在職したわけではなく、すぐに別の官庁に散っていってしまったが、その後も勤続した荒井たちが沼津兵学校出身者と協業することで、旧幕府の人材は北海道開拓のある分野において、より大きな集団的影響力を発揮したといえる。

しかし、箱館戦争経験者が北海道に残した足跡は官吏としてのものだけではない。

竹中重固（春山・丹後守）は、旧幕時代には陸軍奉行・若年寄並であり、鳥羽・伏見戦争の責任を新政府から問われた立場であった。脱走して奥羽で転戦、箱館政権では海陸軍裁判所頭取となっていた。五稜郭開城前に脱出したが、二年五月二十八日自訴、福岡藩預けとなり、三年三月十五日には親類竹中黄山預けとなった。その後、函館に帰農、五年（一八七二）正月には特命によって「御預」を免ぜられた。そして、同年十一月集議院あてに北海道の移民・開墾に関する建白書を提出したのである（『明治建白書集成』第二巻）。その内容は、華士族を廃止した上、東京貫属の半分、もしくは三分の一を札幌へ移住させる、全国の石高割りで一〇〇〇石につき二戸の移住を命じる、移民には練兵をほどこし国防の任にもあたらせる、全国の寺院・戸主からは開拓のための税を徴収するといった少々現実離れしたものであったが、箱館戦争に参加したことで膨らんだのであろう彼の北方に対する強い思い入れが感じられる。

榎本も北海道に対し個人的な思い入れを持ち続けた。北辰社《ほくしんしゃ》は、榎本武揚・松平太郎・北垣國道《きたがきくにみち》が経営した、小樽《おたる》の稲穂《いなほ》町を開発する結社である。北海道開発のためには、官吏が率先して土地を買い、開拓に従事すべきだという方針にもとづき、払い下げを受けた土地二〇万坪を対象としたものだった。その土地は、後年の市街地整備に寄与し、小樽が都市として発展する基礎を築いた。友成安良（一八二〇―九二）が現地へ移住し、その事務を担当した。大塚賀久治（一八四三―一九〇五）は明治二十七年炭鉱鉄道会社に入り、また友成の後をうけ北辰社の差配も担当した。榎本の開拓への情熱は、友成、大塚ら箱館戦争以来の友人たちとも共有化されたのであった。榎本が購入した土地は、対雁《ついしかり》（現江別町）にも一〇万坪あり、大正期に小作人に譲渡されるまで農場経営が存続した。

博物と絵画

地質学・鉱物学・化学に造詣が深かった榎本武揚が、北海道開拓事業のスタート段階で物産調査などに足跡を残したことと対応するかのように、開拓使に出仕したそのほかの箱館戦争参加者にも博物学・測量・地図作製・印刷などといった、開発に必要とされたさまざまな技術系の仕事に携わった者が少なくない。

甘利後知（徳太郎）は、箱館戦争時の榎本軍では箱館奉行支配調役だった人物。戦後静岡藩に籍を置いた後、五年四月に開拓使仮学校の生徒取締に任命され、五月には画学方、六年六月には十五等出仕となり、榎本武揚の北海道鉱物資源調査に随行した。以後、明治十年（一八七七）に辞職するまで、札幌本庁で測量・図面作成などに携わった。十二年創刊の『江東新誌』の編輯長をつとめたこともあった。その後、陸軍に入ったようで、明治十三年時点では参謀本部測量課に文官として在職していた。

牧野数江《まきのかずえ》（主計・成貫・錦池、一八三一—八三）は、草風隊の参謀として関東・奥羽で戦った後、蝦夷地の榎本軍では陸軍奉行添役になった人物であるが、明治七年（一八七四）五月に開拓使東京出張所物産課に画工として雇われ、以後十五年（一八八二）までの間、東京や札幌に在勤し、動植物の写生図や缶詰ラベルのデザイン作成などに携わった。内国勧業博覧会に動物画を出品したりもしている。

草風隊が出てきたついでに、箱館に行く前に会津で戦線離脱した隊長織田賢司（信愛・謙次郎・対馬守、一八一四—九一）についても紹介しておきたい。彼は四年十一月頃にやはり開拓使に出仕したほか、内務省博覧会掛として各地で指導にあった。高家《こうけ》や陸海軍奉行並をつとめた高禄の旗本だった彼は、もともと博物学に関心を持っていたらしく、「鳥獣虫魚の類を丸むきにして乾した」もの（剝製のことか）を製作するのに長じ、アルコール漬の技術も得意とした（『国際人事典　幕末・維新』）。旧幕臣水品梅處《みずしなばいしょ》（楽太郎）が訳した『薔薇《ばら》培養法』（明治八年刊）の校閲を担当した織田樗堂《おだちょどう》とは、彼のことではないかと思われる。孫の記すところによれば、「自然に親み、専ら隠遁的閑居生活を求めた心の裡には、何か社会人心に対する反感が蔵されてゐたのかも知れない」（織田一磨「祖父織田信愛の事跡」『新旧時代』第二巻第五号、一九二六年）という。なお、織田の実弟津田時之助《つだときのすけ》も蕃書調所・開成所の精煉方や器械方に出仕した人であり、単なる「殿様」ではなく、兄弟そろっての学究肌だったらしい。

寺沢正明（儭太郎）は、岡田十内《おかだじゅうない》門下で剣術を学び、彰義隊八番隊長として上野戦争を戦い、江戸市中に潜伏した後、榎本艦隊に乗り組み五稜郭に拠ったという人。蝦夷地ではやはり旧同志を率い彰義隊頭取であった。降伏・赦免後は静岡藩に帰属し、やがて明治政府に出仕、開拓使・内務省・太政官・逓信省・宮内省などの官吏を歴任した。絵画の素養があったのかどうかわからないが、五年開拓使仮学校に奉職した際には画学方に任命されている。「厄介弟」に幕府開成所の画学局につとめた洋画・写真術の先駆者である島霞谷《しまかこく》（旧名寺沢二三郎）がいたことと関係があるのかもしれない。開拓使では北海道の測量にも従事した。

33――内田万次郎

奥州・箱館での戦争には父荘次や兄量太郎（箱館で戦死）とともに参加、衝鋒隊に所属した前歴を有す内田万次郎《うちだまんじろう》（一八五四―一九二五）は、明治五年、島田三郎・田口卯吉《たぐちうきち》らとともに大蔵省翻訳局の生徒となり英学を学び、七年には同省紙幣寮に出仕、以後彫刻課長・刷版課長・印刷局技師・印刷部長を歴任し、長く大蔵省の印刷部門に貢献した。

ちなみに、技術者であると同時に画家でもあった岩橋教章を筆頭に、箱館戦争参加者からは洋画関係の技量を身に付けた者を何人か見いだすことができる。明治七年（一八七四）高橋由一《たかはしゆいち》の画塾に入門し、明治十年第一回内国勧業博覧会に「筑波艦油画」を出品したほか、雑誌『旧幕府』に自らが描いた「品海にて回天より薩艦を砲撃する図」「函館戦争の時朝陽艦を撃ち沈めし図」などの絵を提供した横井時庸《よこいときやす》（海軍機関大尉、?—一九二五）もそうである。子孫宅には海軍を辞める際に描いた軍服姿の自画像もあったというが、残念ながら破損がひどく失われてしまった。高橋由一の門人中には、同名異人でなければ、ほかに松岡春造（松岡盤吉の弟、一八四九—?）、古川阪次郎《ふるかわさかじろう》（古川克巳の子）ら、箱館戦争参加者とその縁者の名前を見出すことができる。

さらにいえば、大鳥圭介は明治九年（一八七六）日本で初めて設立された官立の美術学校である工部美術学校の校長に就任し、娘を同校で学ばせている。実技を学んだのか、管理職だったのか、職業としたのか、単なる趣味であったのかなど、さまざまな違いはあるものの、不思議に彼らには共通する指向性があったように思える。

海軍への人材供給

勝海舟は、優れた海軍士官たちが静岡ですることもなく埋もれてしまうのを憂いた。彼は明治二年（一八六九）十一月二十八日付で大久保利通に送った手紙のなかで、「海軍士等説諭御奉公ニも差出させ度、旁帰駿之事奉願度存候拝啓仕候」と書いており、静岡にいる旧海軍士官らを説諭し、新政府へ出仕させるよう働きかけたいと述べている。海軍の知識・技能が新政府でこそ最も役立つものであることを海舟は痛感していたのである。一方、同じ手紙の「佐賀藩佐野栄寿左衛門殿一両日前来訪老練之人海軍江御遣相成候ハ、我か輩之及候所ニ無之と奉存候」という文面からは、新政府の海軍から誘いを受けた自分自身については、ほかに優れた人材がいるので出る幕はないと遠慮していることがわかる。

静岡藩時代の「海舟日記」からは、旧幕府海軍出身者や新政府の海軍に関わるものとして以下のような記事を拾い出すことができる。

明治2年2月5日「香山道太郎へ阿部杉迄の書翰認め遣わす」 8月16日「大久保殿へ参上。副島二郎殿へ面会。海軍塾取立の事然るべしと承る。近々教授召し集めるべく、屋敷撰むべしと」8月24日「大久保殿へ参上。海軍存寄書差し出す」 10月26日「佐竹藩士、航海の事、学び度き旨にて来訪」 11月1日「荒井の家内、難渋申し聞け候につき、五十両助力す」 11月7日「久保田藩・肥田へ紹介認め直す」 11月10日「浅海真蔵、海軍局へ御召し故に来ると云う」

明治3年2月23日「柴誠一所置の事、相談」 6月25日「駿府より桜井貞蔵、高足丸便にて届物、米国の書状到来」 6月26日「佐野栄寿左衛門、海軍の事相談」 6月27日「岩田平作、製鉄局山尾へ頼み名札遣わす」 7月晦日「赤松大三郎、昨、民部権少丞仰せつけられ候所、素意にこれなき問、御免願い云々話」 8月7日「柴誠一、佐野氏へ大体不服の旨承る」 9月16日「近藤熊吉、難義の旨申し聞る」 10月20日「岩田平作、土木出仕、武蔵艦乗組み、明後清水港へ行くと云う」 12月23日「福岡久、ブラントポムプの事談ず。近日出火、日々についてなり」

明治4年9月19日「服部へ松岡盤吉家内扶持の事、塚原の事等談ず」

帰参した海軍出身者の動向や、彼らの身の振り方を考え新政府への出仕の仲立ちになったこと、投獄されている者の家族の家計を心配したことなどがうかがえる。荒井郁之助や松岡盤吉の家内というのがそれである。

海舟は新政府との間の窓口になっただけでなく、他藩との間で、御貸人の斡旋、留学生の受け入れの紹介も行った。右の日記抜粋では、佐竹藩（久保田藩・秋田藩）から航海術を学びたいという依頼があり、肥田浜五郎へ紹介状を書いたというのが一例である。海軍学校が存在しない静岡藩では、海軍に関する留学依頼は受け付けられないため、すでに新政府に出仕していた肥田に相談するようにしたのであろう。

留学生受け入れは無理であったが、御貸人の派遣は可能であった。藩内では余った人材を他藩で活用してもらうという意味で、海軍出身者はその対象となったようである。次に掲げるのがその一例である（読点筆者）。

静岡藩
谷本輝吉
小林平三郎

右之者、為航海術教授借受申度、同藩庁へ及掛合候処、故障之無候ニ付借受申候、此段御届申上

候、以上

辛未五月　　　　岡山藩

弁官御中

これは、岡山藩が航海術の教授として谷本輝吉・小林平三郎という二名の静岡藩士を招聘したことを明治四年（一八七一）新政府に届けた文書である。小林は脱走艦隊には参加しなかったが、旧幕府では軍艦役見習一等だった人物であり、新政府軍に拿捕された咸臨丸艦長小林一知（文次郎）の弟。四年十月には、同じ岡山藩に雇われていた幕府オランダ留学生山下岩吉《やましたいわきち》とともに新政府海軍の造船局に徴された。

四年二月、新政府の海軍兵学寮では、「海軍諸学術之内壱科専門ニ塾達」しながら、「仕官之道ナク歎願致居候者共」、つまり海軍へ出仕することを希望している諸藩士二〇名の氏名と専門を書き上げ、兵部省に対しその採用を上申した（防衛省防衛研究所所蔵「公文類纂　明治四年　巻三十八　本省公文学術部」）。二〇名のうち一五名を静岡藩士が占めたが、さらにそのなかの八名（宮永荘正《みやながむねまさ》・永田嘉之・高島新平・横井時庸・小杉雅三《こすぎまさぞう》・永井久次郎・矢田堀恒太郎・江守悦太郎《えもりえつたろう》）が榎本艦隊での脱走者だった。得意分野は、宮永は「測量漢学蘭学船具運用トモ出来申候」、永田嘉之（一八三六―九九）は「船具運用」、高島・横井・小杉は「蒸気器械実地出来」、永井・矢田堀・江守は「砲術」とされていた。ただし、彼らが全員採用されたかどうかは不明である。

出仕年月日	新政府での最初の出仕先	後の主要な履歴
明治2年10月15日	海軍操練所出仕	海軍少将
明治3年2月22日	海軍操練所出仕	太政官正院
明治3年2月	海軍操練所出仕	郵便蒸汽船会社船長
明治3年3月	海軍操練所出仕	海軍大佐
明治3年4月3日	海軍操練所出仕	海軍大機関士
明治3年4月	海軍二等士官	海軍大機関士
明治3年5月以前	民部省土木司准十四等出仕	実業家
明治3年6月5日	海軍操練所出仕	修史館御用掛・地理局事務取扱
明治3年6月7日	兵部省帆前運輸船船長	海軍少佐
明治3年6月24日	樺太船乗組二等士官	海軍少佐
明治3年6月	民部省土木司出仕	海軍機関少将
明治3年7月23日	民部省土木司出仕	横須賀造船所一等師
明治3年閏10月10日	海軍操練所出仕	海軍大尉
明治3年閏10月10日	海軍操練所出仕	海軍中尉
明治3年閏10月19日	海軍操練所出仕	海軍大尉か
明治3年閏10月20日	民部省土木司出仕	海軍一等技手
明治3年11月29日	千代田形艦修覆御雇	横須賀造船所詰造船大手・日本郵船会社勤務
明治3年11月29日	兵学寮出仕・海軍掛	
明治3年11月	大学大得業生	内務省御用掛
明治3年12月26日	工部省製鉄所出仕	海軍四等工長
明治3年12月18日	春日艦乗組士官	海軍少佐
明治3年	民部省土木司大佑	内務省地理局御用掛
明治4年1月29日	行速丸二等格士官	海軍四等技手
明治4年2月20日	海軍兵学寮十五等出仕	海軍大尉
明治4年4月7日	海軍兵学寮出仕	海軍少佐
明治4年7月17日	海軍兵学寮中得業生	海軍少佐

表4──榎本脱走艦隊に参加した旧幕府海軍関係者の明治新政府出仕

氏名(旧名)	幕府時代役職	降伏時・静岡藩時代
本山漸(高松観次郎)	軍艦役見習一等	美加保丸遭難→菊間藩洋学教授
古川正雄(節蔵)	軍艦役見習一等	宮古湾海戦降伏人→広島藩引き取り
小笠原賢蔵	軍艦役	宮古湾海戦降伏人→斗南藩御貸人
浅羽幸勝(甲次郎)	軍艦役並	箱館戦争降伏人
田所平左衛門(佐々木鹿三郎)	軍艦蒸気役三等	箱館戦争降伏人
蘆田常徳(乙吉・退蔵)	軍艦蒸気役三等	箱館戦争降伏人
山田昌邦(清五郎)	軍艦役見習三等	美加保丸遭難→沼津兵学校教授方手伝
岩橋教章(新吾)	軍艦役並見習三等	箱館戦争降伏人→静岡学校附属絵図方
柴貞邦(弘吉・誠一)	軍艦頭	第二長崎丸遭難・降伏→横須賀三等勤番組
伴正利(繁三郎)	軍艦役見習三等	箱館戦争降伏人→新居三等勤番組
渡辺忻三	軍艦役見習三等	箱館戦争降伏人
朝夷惟一(捷次郎)	軍艦役並	箱館戦争降伏人
根津勢吉(欽次郎)	軍艦役	箱館戦争降伏人
近藤光英(熊吉)	軍艦役並	箱館戦争降伏人
小林録蔵(翅か)	軍艦役見習二等	箱館戦争降伏人
上田寅吉	船大工	箱館戦争降伏人
加藤械車(多宮・源太郎)	軍艦蒸気役一等	箱館戦争降伏人
鈴木忠朝(中村，清三郎)	軍艦役見習一等	箱館戦争降伏人
上原七郎	軍艦役並	箱館戦争降伏人
石川政太郎	帆仕立方役	箱館戦争降伏人
五藤国幹(勇)	蒸気一等	箱館戦争降伏人
小林一知(文次郎)	軍艦役並	咸臨丸清水港降伏→新居三等勤番組
永井久次郎	軍艦役見習二等	箱館戦争降伏人
永田嘉之(義次郎)	軍艦役見習二等	箱館戦争降伏人
大沢正心(亀之助)	軍艦役見習二等	箱館戦争降伏人
原田元信(彦右衛門・彦三)	軍艦役見習二等	箱館戦争降伏人

明治4年7月以前	海軍兵学寮少得業生	海軍機関大尉
明治4年8月12日	海軍兵学寮十六等出仕	海軍少将
明治4年8月17日	海軍兵学寮出仕	
明治4年8月	横須賀造船所詰造船少師	海軍大機関士
明治4年10月	開拓使御用掛	海軍技師
明治4年12月9日	兵部省十四等出仕・造船局分課艦船製造掛	海軍省七等属
明治4年12月時点	横須賀造船所詰造船上師	海軍造船少監
明治4年12月時点	横須賀造船所詰造船中師	海軍大機関士
明治4年	海軍兵学寮出仕	海軍中将
明治4年	横須賀造船所少師	
明治4年	外務大録	外務省通商局長
明治4年	民部省土木司少令史	内務省地理寮二等中技手
明治5年1月12日	開拓使御用掛	海軍兵学校教務副総理
明治5年1月	開拓使御用掛	船舶司検所司検官・地方海員審判所長・逓信技師
明治5年2月23日	開拓使五等出仕	中央気象台長
明治5年3月	開拓使四等出仕	海軍中将・子爵
明治5年4月	開拓使十五等出仕	
明治5年8月4日	海軍兵学寮十三等出仕	海軍教授
明治5年	開拓一等属	海軍大主計
明治5年	司法省八等出仕	実業家
明治5年	大蔵省土木寮中属	高知県土木課長
明治5年	大蔵省土木寮史生	内務省地理寮三等中技手
明治7年8月10日	駅逓寮十等出仕	大阪商船会社監督部長
明治9年時点	海軍兵学校十三等出仕	内務省駅逓局十等属
?		海軍大主計
?		※郵便蒸汽船会社
?		※郵便蒸汽船会社

横井時庸(貫三郎)	軍艦蒸気役三等	箱館戦争降伏人
尾形惟善(幸次郎)	軍艦役見習二等	箱館戦争降伏人
春日井重次郎(鬼一・鍒次郎)	軍艦役見習三等	箱館戦争降伏人
高橋栄司	軍艦役並	箱館戦争降伏人
古川克巳(庄八)	水夫頭	箱館戦争降伏人
松岡(和田)春造	イギリス海軍伝習生・稽古人	箱館戦争降伏人
西川真三(飯田心平)	軍艦役見習三等	宮古湾海戦降伏人
喰代和三郎	軍艦蒸気役一等	箱館戦争降伏人
三浦功(文次郎)	蒸気役三等	箱館戦争降伏人→新居三等勤番組
近藤庫三郎	軍艦蒸気役二等	箱館戦争降伏人
安藤太郎	軍艦役見習二等	箱館戦争降伏人
伊藤鉞五郎	軍艦取調役	箱館戦争降伏人→掛川聚学所教授
沢太郎左衛門	軍艦頭	箱館戦争降伏人→東京で禁獄
蛯子末次郎	海軍伝習通弁御用御雇	咸臨丸清水港降伏
荒井郁之助	軍艦奉行	箱館戦争降伏人→東京で禁獄
榎本武揚(釜次郎・和泉守)	海軍副総裁	箱館戦争降伏人→東京で禁獄
榎本敬直(玄卿)	イギリス海軍伝習生	箱館戦争降伏人
桜井當道(捨吉)	軍艦役見習三等	箱館戦争降伏人→静岡学校数学教師
川村久直(録四郎)	海軍付勘定役	箱館戦争降伏人
益田克徳(名村一郎・荘作)	稽古人	宮古湾海戦降伏人
宮永荘正(扇三)	軍艦組	美加保丸遭難
大塚長泰(朝五郎)	軍艦役見習二等	箱館戦争降伏人→新居二等勤番組
小杉雅三(雅之進)	軍艦役並	箱館戦争降伏人
佐々倉義道(松太郎)	稽古人	箱館戦争降伏人→水利路程掛権大属順席次席見習
近藤義徳(彦吉)	稽古人	箱館戦争降伏人
徳田幾雄(祥太郎)	軍艦役見習二等	箱館戦争降伏人
石渡栄治郎	軍艦役並	脱走途中脱落

34――三浦 功

35――尾形惟善

榎本脱走艦隊に加わり、箱館戦争に参加した旧幕府海軍の所属者のうち、明治新政府へ出仕した者を一覧にしたものが表4である。多くが、赦免後に続々と明治政府でも海軍に入ったことがわかる。そのほか、横須賀造船所などのエンジニアとして勤務した者が目に付く。本人が自分の専門を活かせる進路を選んだともいえるし、人材を要した側の希望でもあった。まだ獄中にあった榎本にも、かつての同志たちが新政府に出仕したというニュースが伝わったようであり、「同盟諸子多くは沼津其の外各処転移或は当表にて就職候者もこれある由安心」(三年十月十六日)、「根津其外諸子夫々職務に相就き候は却て小生始め喜ぶところにて不本意抔思はれ候は然るべからざる事に御座候」(三年暮れ)などと書簡に記し、その動向を喜んでいた。

最終的な履歴を見ると、武官では、中将となった榎本以下、将官は五名輩出している(榎本のほかは三浦功・尾形惟善・渡辺忻三・本山漸)。幕府海軍に所属したかどうか不明な者一名(小倉鋲一郎)を

36―小倉鋲一郎

加えれば六名となる。「長の陸軍、薩の海軍」といわれたように、明治の陸海軍の上層部は薩長藩閥によって牛耳られたのであるが、中堅クラスでは幕末期から実務・技術を身に付けていた旧幕臣が大きな比重を占め、なかには将官レベルにまで食い込んだ者もいたのである。

表4には含まれないさらに若い世代の旧幕臣・静岡藩士の子弟からは、海軍大将になった者（加藤定吉・井出謙治ら）、中将になった者（向山慎吉《むこうやましんきち》・西紳六郎《にししんろくろう》・新井有貫・小倉鋲一郎・尾本知道・諸岡頼之《もろおかよりゆき》・山本安次郎ら）、少将になった者（安原金次・滝川具和・木村浩吉《きむらこうきち》・谷木義為・横山正恭・小花三吾《おばなさんご》ら）が出ている。加藤・向山・西は沼津兵学校とその附属小学校の出身者であり、もともと幕府海軍士官から沼津兵学校教授となった赤松則良・塚本明毅・伴鉄太郎・山田昌邦・山本淑儀らに育てられた彼らが、上京後の進路として海軍兵学寮（海軍兵学校）を選んだ結果といえる。海軍学校がつくられなかった静岡藩では、沼津兵学校がその予備的な役割を果したともいえる。

旧幕臣は、薩長土肥に対抗するような藩閥的勢力を誇示したわけではないが、明治の海軍で少なくない数を占め、各分野で大きな役割を果たした。

海軍文官の輩出

なお、同じ海軍に進んだ者であっても、武官ではなく文官として足跡を残した者もいる。

沢太郎左衛門は、赦免後は開拓使からすぐに兵部省へ転じ、海軍兵学寮に出仕した。彼が幕末にオランダ留学中、発注し、幕府に購入させた火薬製造機とその付属品は、慶応三年（一八六七）日本に到着し、滝野川《たきのがわ》（現東京都北区）で設置工事を行ったものの、幕府倒壊により新政府に接収された。ただし、敵に奪われることを避け、工場は破壊、機械は脱走時に分解して開陽丸と美加保丸に積み込んだともいわれる。銅製機械の部分は、沢の指導のもと滝野川での据え付けを担当していた貝塚道次郎《かいづかみちじろう》が美加保丸に積み込んだものの、同船の沈没によって海の藻屑と消えた（『旧幕府』第八号）。開成所の化学方では「特別の勉強家」でもあり（『宇都宮氏経歴談』）、その機械の専門家であったはずの貝塚も箱館では器械掛頭取として戦い、戦死してしまった。

赦免後、明治海軍に入った沢は、造兵司での職務を兼任し、幕府時代には半端に終わってしまった仕事に再チャレンジすることとなり、陸軍の板橋火薬製造所の建設に協力した。留学中に習得した硝石《しょうせき》の精製、硫黄蒸留、製炭、配合、粉末、混和、圧搾、造粒、乾燥などの諸方法を洩れなく伝習し、明治九年（一八七六）に同製造所は稼働するに至った（『海軍七十年史談』）。なお、貝塚らとともに滝野川工場の設置に従事した幕府鉄砲師国友松造《くにともまつぞう》は、箱館戦争には器械下役として従軍していたが生還し、五年（一八七二）、「鍛冶鋳物業前巧者」として海軍省主船寮十三等出仕に採用され、鍛冶場掛を任され、沢による火薬製造機械の雛形づくりに協力した。このように榎本ら幕府留学生のヨーロッパ土産が上手く明治政府へ引き継がれた例もあったが、箱館戦争によって失われてしまったものも少なくなかった。もちろん最大の喪失は軍艦開陽丸であったが。

桜井當道は、明治海軍の教師として一筋の道を歩んだ。築地の海軍兵学寮から江田島の海軍兵学校に至るまで、出仕した五年から退職した二十四年（一八九一）まで算術測量掛、水泳掛、書籍掛などを歴任し、主に数学担当として教鞭をとったのである。

小花万次も、イギリスから帰国後、一時工部省鉱山局に勤務した後、十二年（一八七九）からは海軍兵学校教官となり、三十一年（一八九八）海軍大学校教授となり、三十八年（一九〇五）に退官するまで長く教育に従事した。

開陽丸乗組の三等士官をつとめ、榎本政権では開拓方調役となった田所平左衛門《たどころへいざえもん》（一八三五—一九〇二）は、明治海軍に出仕してからは、三年（一八七〇）海軍操練所出仕、四年兵学少得業生・海軍少尉、五年海軍造船局分課・諸工水火夫掛、七年海軍中主計、十四年（一八八一）海軍大機関士とい

37—沢太郎左衛門

38—小花万次

39――西川真三

40――上田寅吉

った具合にさまざまな分野を渡り歩いた。特に主計から機関科へ異動させられた際には、沢太郎左衛門の息子鑑之丞《かんのじょう》とは年が離れていても親しく交際していたことから、「この次は必ず海軍軍医少監になるだらう」などと冗談をいい合ったという（『海軍七十年史談』）。専門一筋という人物ばかりでなく、さまざまな部門で便利に使い回しされる旧幕臣の人材もいたわけである。

武揚の兄榎本武與（一八三二―一九〇〇）は、幕末には大御番格歩兵差図役勤方だったので海軍とは無関係であるが、明治五年（一八七二）五月三十日海軍省十一等出仕に任命され、横須賀造船所に勤務、後に海軍一等属となった。

ほかにも横須賀造船所の技師や機関科の将校となった、箱館戦争を体験した旧幕府海軍出身のエンジニアとして、高橋栄司（?―一八八五）、西川真三（?―一九一七）、喰代和三郎（一八三〇―九八）、朝夷惟一（?―一八八一）、永井久次郎（一八二七―?）、上田《うえだ》寅吉《とらきち》（一八二三―九〇）、石川《いしかわ》政太郎《まさたろう》（一八三三―?・)、蘆田常徳（一八四〇―?・)、加藤械車、近藤庫三郎らをあげることができる。

軍人ではない海の男たち

幕府海軍時代に身に付けられた技術は、明治海軍には奉職しなかった者にとっても大切な財産となった。民間の船乗り、海事関係の仕事に携わった一群の存在である。

室蘭で降伏を知った福井光利は、東京へ送致され尼崎《あまがさき》藩に預けられた。赦免後かつての同僚・同志たちが続々と新政府、特に海軍に奉職していくのに対し、「独リ巍《ぎ》然《ぜん》持スル所アリ」、「軍艦を操縦するのみが国家の為めに非ず」と、小笠原賢蔵・徳田幾雄・石渡栄治《いしわたえいじ》郎《ろう》（?―一八七五）・新井保之助・古川克巳（庄八、一八三六―一九一二）とともに、あえて民間の商船事業に身を投じ、郵便蒸気船会社時代から三菱会社・共同運輸会社・郵船会社にいたるまで長く船長をつとめた。

小笠原賢蔵は、御鉄砲玉薬奉行をつとめ物産学に造詣が深かった小林省三（祐三）を父に持ち、兄は開成所句読教授出役をつとめた小林弥三郎、弟は彼と同じく箱館戦争に参加した横井時庸（貫三郎、

41――福井光利

42――古川克己

後海軍大機関士）という洋学一家に生まれた。弥三郎も箱館榎本軍に参加、室蘭の開拓方に所属した人だった。小笠原は、内務省駅逓寮七等出仕などをつとめた後、農商務省管船局において最初の海員審問主任となり、海難審判をつかさどった。『船舶蒸汽機関問答』（明治十二年刊）、『船乗の心得』（十三年刊）などの編著がある。実弟の横井時庸も海軍を退役した後は、逓信省船舶司検所司検官をつとめ、また民間の汽船会社に勤務している。

小杉雅三（一八四三―一九〇九）は、赦免された後、沼津に移住していた兄のもとに身を寄せるが、四年には上京し汽船運転の業務に従事したというので民間会社に入ったらしい。七年（一八七四）には内務省駅逓寮に出仕し、以後二十九年（一八九六）に退官するまで農商務省・逓信省に勤続、船舶司検所司検官・管船局船舶課長などとして後年の海技試験官・海難審判官・船舶検査官に相当する仕事に携わり、小笠原賢蔵と同様の経歴をたどった。編著『訓蒙国史略』（明治七年刊）には永井介堂（尚志）の序文が付されており、箱館戦争以来続いていたであろう交遊関係がうかがえる。

蛯子《えびこ》末次郎《すえじろう》（一八四二―一九一二）は、幕末には箱館奉行支配御雇に採用され、長崎海軍伝習所や諸術調所に学び、海軍伝習通弁御用御雇を経て、戊辰時は脱走艦隊に加わった。しかし、清水港での咸臨丸拿捕により箱館戦争前に捕虜となった。明治五年に御用掛として出仕した開拓使では、星のマークをデザインしたことで知られる。その後、農商務省へ転じ、船舶司検所司検官・地方海員審判所長、逓信技師などをつとめ、やはり海に関わる仕事を続けた。

明治十三年（一八八〇）に結成された海員掖済会《えきさいかい》は、近代的な海運業を支える船員の福利厚生を目的に、その教育・訓練、医療、遭難者遺族の救護などを行った団体である。その設立発起人全五四名のなかには、荒井郁之助、沢太郎左衛門、小笠原賢蔵、福井光利、古川克巳、徳田幾雄、五藤国幹、本山漸ら、榎本艦隊脱走・箱館戦争参加者が加わっていた。またその後同会では、沢、益田克徳、蛯子末次郎が理事、小笠原、古川、荒井、本山、徳田、福井、渡辺忻三、小杉雅三が常議員をつとめている。箱館戦争の参加者には当然ながら幕府海軍出身者が多く、またそのなかからは維新後には海軍ばかりでなく海運会社に職を奉じた者がいたため、彼らが海員の福祉に率先して取り組んだことは自然のなりゆきだった。官ではなく民間の立場からするその事業は、幕末以来、戊辰戦争をはさみ長く水夫たちと労苦をともにした彼らだったからこそ実現されたものであったといえよう。

陸軍への進出

箱館では陸軍のトップだった大鳥圭介であるが、赦免後榎本が海軍の軍職に就いたように、陸軍の軍人にもどることはなかった。わずかな期間、陸軍省四等出仕になったことはあったが、武官になることは、「敗軍の将兵を語らず」と、きっぱりと誘いを断ったという（『大鳥圭介伝』）。しかし明治陸軍に食い込んだ箱館戦争参加者はいた。海軍の場合のように一覧表では示さない代わりに、主要な人物の履歴について紹介してみよう。

田島応親がほかの箱館降伏人たちとは違い、単身密かに東京に戻り、明治二年早くも新政府の陸軍に出仕したことは先述した。幕府の横浜語学所でフランス語を習得した彼は、榎本軍においてもフランス人士官の通訳をつとめていたが、明治陸軍に入ってからも語学力を活かし続けた。こともあろうに、ブーフェ、マルラン、ホルタンという、榎本軍に加わっていた「前科」を持つ三名のフランス人下士官を大阪兵学寮に教師として採用することを申請し、しぶる太政官を兵部省が説得した結果、明治三年（一八七〇）十一月雇用契約が結ばれたのである。五年（一八七二）、明治政府が正式に招聘したフランス陸軍教師団が来日した際には、フランス語に通じた旧幕臣仲間二十数名を集め、通訳として陸軍に出仕させたりもした。十三年（一八八〇）にフランスに日本公使館が置かれた際には、公使館付武官として赴任した。専門の兵科のほうでも、ドイツ・イタリアでの研究にもとづき二八サンチ砲を製造するなど砲兵部門の功績も少なくなく、陸軍砲兵大佐に進んだ。

砲兵科では、和歌山藩の御貸人となった関迪教である。明治政府の陸軍に入ってからも一貫して砲兵畑を歩み、陸軍省第三局次長、砲兵第一方面本署長、砲兵会議議員、東京砲兵工廠提理、士官学校学科部提理、砲兵第三連隊長などを歴任し、陸軍砲兵大佐に昇った。

工兵科については、陸地測量部で足跡を残した者の存在が顕著であるが、それについては後述する。それ以外では、幕府陸軍の工兵士官からそのまま明治陸軍の工兵科に進み、軍用電信隊副提理をつとめた筒井義信（一八四六—一九〇〇）が挙げられよう。彼は、明治十年（一八七七）、熊本鎮台に属した工兵第六小隊（翌年中隊編制となる）の初代隊長となり、西南戦争では熊本城籠城に加わり、地雷の敷設や地下坑道・塹壕《ざんごう》・堡塁《ほうるい》の築造など、防禦工事にあたった（吉原矩『工兵の歩み』工兵会、一九八一年)。従来の伝令・手旗・ラッパなどに加え、軍用の有線通信が威力を発揮したのは西南戦争が嚆矢であり、その結果、十三年(一八八〇)一月、陸軍では参謀本部の下に軍用電信隊が設置されるに至ったが、筒井はその責任者となった。その後、軍用電信隊は二十年(一八八七)に廃止され、全国の工兵隊が通信教育を担当することとなった。筒井は、鍬兵操典取調委員、工兵会議議員、工兵第一方面副提理などを歴任し、工兵中佐で終わった。

そのほかの歩兵科、騎兵科などでは以下の人々がいる。本多《ほんだ》忠直《ただなお》は沼津兵学校が静岡藩から兵部省に移管された時、新政府の将校に横滑りして明治四年十二月陸軍少尉に任じられた。しかし、五年五月の沼津出張兵学寮(沼津兵学校が新政府の陸軍兵学寮の分校として位置づけられたもの)が廃止される際、一時失職した。再び陸軍中尉として採用されたのは七年(一八七四)七月のことだった。兵学寮附、外山学校教官、小銃試験委員などをつとめたほか、中隊長クラスの隊付勤務となり、陸軍歩兵大尉に進んだ。

43―関 迪教

伝習士官隊を率い箱館で戦った滝川具綏《たきがわともやす》(充太郎)は、明治五年三月、少尉から中尉に昇級しているので、それ以前に明治政府の陸軍に入ったらしい。西南戦争で戦死することとなる。箱館では伝習歩兵隊を指揮した大川矩文(正次郎)は、滝川とともに少尉から中尉に進み、歩兵第七連隊に配属され、西南戦争にも出征した。大尉の時病死している。斎藤徳明は、滝川・大川と同時に少尉試補から中尉となった一人であるが、ほかの二人のように短命ではなく、後年は歩兵第十二連隊長、後備歩兵第十四旅団長などを歴任し、陸軍少将に昇った。

飯島順之（黒沢正助）は、陸軍省十一等出仕から陸軍中尉（七年）、大尉（十年）と進んだ。西南戦争時には和歌山県へ出張し壮兵の募集を担当、後に陸軍省人員局や戸山学校に勤務した歩兵大尉足利義質（畠山五郎七郎、一八四二—九三）は、蕃書調所蘭学句読教授出役をつとめた畠山義従（主税・邦之助・與）の子で、戊辰時には会津藩に招かれフランス式調練を指導し、箱館榎本軍では歩兵頭並・「一周間掛り」をつとめた。戊辰時の履歴からも、兵隊の訓練・教育を専門としていたことがわかる。

また、箱館で騎兵隊頭取をつとめた奥田賢英は、静岡藩帰属を経て、四年六月二日に陸軍大尉に任命され教導団に勤務、後に陸軍騎兵大尉となっている。榎本軍の器械・騎兵方のトップの地位にあっ

44——飯島順之

45——足利義質

た宮重文信（一之助）も、七年一月に十等出仕となり、最後は陸軍騎兵大尉となっている。四年六月奥田と同時に陸軍大尉に採用され、教導団騎兵科教官を命じられた「静岡藩　宮重鴨三」とは彼のことかもしれない。

特殊技術は新政府の陸軍でも重宝された。明治五年以降、教導団の喇叭教官を長くつとめたのは、赦免後沼津兵学校で教えていた梅沢有久である。初期の喇叭手募集にあたっては彼に一任されたようであり、六年（一八七三）、静岡県の田中城下（現藤枝《ふじえだ》市）に移住していた旧幕臣の子弟から、志願者一五名ほどを東京へ連れて行ったという（山口常光『陸軍軍楽隊史』三青社出版部、一九六八年、一九七三年改訂）。

文官では、士官学校での教育に携わった人材が輩出している。沼津兵学校に在職していた山口知重は本多忠直と同じ足取りをたどった。陸軍少尉を一度失職した後、七年七月に今度は陸軍兵学寮十二等出仕として就職し、以後、三十二年（一八九九）に退官するまで、主に士官学校や幼年学校で教鞭をとった。幕末に貝塚道次郎に師事して以来、専門は化学であり、六年（一八七三）、フランス軍事顧問団が陸軍士官学校で使用した教科書『化学教程講本』の翻訳を担当している。

木村宗三（一八三一―？）は、幕末には京都で洋学塾を開いていたが、徳川昭武の渡仏に随行し、帰国後箱館戦争に参加した人である。明治四年九月兵部省七等出仕に任命され、八年五月まで陸軍に奉職した。その後、東京の私学、暁星中学校で教鞭をとった。フランス語からの訳書として『子供らの読むべき理学の問答』（明治九年刊）、『婚姻新論　初篇』（明治十一年刊）がある。

陸軍に入って語学を生かしたのは、田島応親とともに箱館でブリューネらの通訳をつとめた飯高平五郎（吉正）も同様である。彼は明治五年頃文部省から陸軍省へ転じ、七等出仕や九等出仕など文官として勤務している。

陸軍の造兵部門では、先の山口知重も東京砲兵工廠や砲兵会議に勤務するなどの足跡を残しているが、旧幕の玉薬奉行以来その道のプロであった友成安良が、赦免後、五年七月から陸軍造兵権中令史に任命され、山口県小銃製造所に在勤している。

軍医となったのは、以下の二名であろうか。松島玄景（一八五三―一九一〇、幕府イギリス海軍伝習生となった浅井千次郎と同一人物か）は、沼津兵学校教授から陸軍歩兵大佐となった浅井道博の実弟であり、箱館降伏から静岡藩に帰参した後、沼津病院医師松島玄雄の養子となった。軍医寮学舎（陸軍

46―木村宗三

47―友成安良

軍医学校）へ進み、生徒時代には論文「急性僂麻質斯《りゅうまちす》ニ石炭酸注入偉効アル治験」を『陸軍医事雑誌』第四号（明治九年刊）に投稿している。日清戦争時には東京陸軍予備病院長や第八師団軍医部長などの任にあり、陸軍一等軍医正に昇った。遠山春平は、遠州の庶民出身者であったが、旧幕府海軍軍医として箱館戦争に参加した人。明治十二年時点では陸軍軍医補として大阪鎮台病院に勤務している。

測量と地図

箱館戦争参加の旧幕臣で、明治の陸軍に入った者のなかでも、とりわけ測量や地図作製に従事した人々の存在は注意を引く。同じ箱館参戦者でも幕府海軍から明治海軍へ横滑りした者には、機関や造船といった分野に進んだ例が顕著であったが、それと並び立つ技術系のグループといえるだろう。

48—小菅智淵

その筆頭は何といっても陸地測量部の初代部長となった小菅智淵である。箱館戦争降伏人から静岡藩へ帰参、そして和歌山藩への御貸人になったことは前述した。新政府に出仕したのは四年（一八七一）、教導団や陸軍兵学寮に勤務した。十二年（一八七九）十一月、工兵少佐・士官学校教官になっていた彼は、参謀本部測量課長を兼ねた。なかなか進捗しない内務省地理寮による全国測量に代わるプランとして上申した「全国測量速成意見」が認可され、その推進のため同課には多くの文武官が集められることとなった。その時に同課に配属されたのは工兵大尉関定暉・小宮山昌寿らであるが、関は小菅の実弟であり、関・小宮山ともに旧幕府軍の工兵に属し、箱館戦争でともに戦った前歴を持っていた。幕府陸軍の工兵は明治陸軍の工兵へと見事に接ぎ木されたのである。

関定暉は、最初は早乙女為房とともに文部省に出仕していたが、五年（一八七二）陸軍省十一等出仕に転じた。七年（一八七四）第四局（築造局）所属・中尉の時、参議大久保利通が台湾問題交渉のため清国へ派遣された際に随行し、渤海《ぼっかい》から北京間を目測したという。また、第二次フランス軍事顧問団の一員で、九年から十一年まで陸軍士官学校で築城学・地形学を教えたクレットマン工兵大尉の編になる『地理図学教程　巻之二第一部』（明治二十年刊）の校正を担当したりもしている。

小宮山昌寿（金蔵、一八四二―九五）は、工兵大尉・教導団教官の時代、明治八年（一八七五）の習志野原大演習の一環として実施された測量実習の成果、「習志野原及周回邨落《そんらく》図」（翌年刊）の作製にあたっては中心的役割を果たした。つまり、測量課に着任する以前から測量・地図作製について実績を有していたのである。小宮山は官吏としての顔とは別に、六年（一八七三）以来、東京小石川の自宅に新氏義塾という私塾を開業し、自身のほか、息子弘道以下六名の教師を擁し英学・数学を教えてもいた。彼は幕末には開成所で学び、箱館降伏後は神田孝平に師事した学歴を有した（『東京教育史資料大系』第一巻）。

測量課に集められた文官にも、早乙女為房（清太郎、一八四〇―一九一〇）、甘利後知（徳太郎、一八四八―?）ら二人の箱館戦争参加旧幕臣がいた。早乙女も榎本軍で工兵差図役だった人であり、大学南校少得業生・文部省十三等出仕などを経て、五年（一八七二）陸軍省に入った。九年（一八七六）三月、陸軍省参謀局測量課（第六課）が、同省第四局（築造局）の測量事業を引き継いだ際に同局から同課へ十一等出仕として異動し、その後も測量課に在籍していた。甘利は、開拓使から転じたらしい。さらに付け加えれば、地図課には、松平太郎の従者として箱館戦争に参加、全権公使榎本武揚のロシア出張に随行し同地で技術を学んだ大岡金太郎が在籍した。大岡はロシアで身に付けた写真電気製版法を地図製版に導入するという役割を果たした。

小菅は、十六年（一八八三）三月には地図課長を兼務し、測量・地図の二課の一体化が進んだ。十七年（一八八四）六月には内務省地理局が行ってきた大三角測量事業が参謀本部に移管され、全国測量が陸軍へ一本化された。そして、同年九月には測量課・地図課が統合され、参謀本部測量局が成立した。局長は小菅（工兵中佐）、その下に置かれた三課のうち、地形測量課長は関（工兵少佐）であった。地図課の課僚には早乙女が製図班員として在籍した。早乙女は、日本地理辞書編輯質問委員（二十一年）、シカゴ閣龍《コロンブス》世界博

49―小宮山昌寿

覧会出品委員（二十五年）をつとめるなどの足跡を残し、三十三年（一九〇〇）退職した。

小菅は二十一年（一八八八）、業半ばにして死去したが、その報に接した部員たちは「皆黯然《あんぜん》聲ヲ飲」んだという（『陸地測量部沿革誌』）。彼の功績は「伊能氏の統を継」ぎ、国家のため、後世のために恵みをもたらした偉業であると讃えられ（早川省義「故小菅知淵君小伝」）、三十二年（一八九九）には芝公園に銅像が建設されるに至った。明治十一年（一八七八）離日することになったフランス陸軍教師団の一人、ジョルダン工兵大尉の送別会において、皆が笑い転げるほど滑稽な踊りを見せたというので（辻由美『若き祖父と老いた孫の物語』新評論、二〇〇二年）、小菅はそのような愉快な一面も持った人だったのだろう。

兄小菅の死から一〇年後、三十一年（一八九八）には、地形科長・工兵大佐神谷（旧姓関）定暉が後備役に編入された。彼が遺した「地形測図法式草案」は以後長くその分野の典範となったとされる。四十一年（一九〇八）作成の叙位裁可書（国立公文書館所蔵）には、「本邦工兵科ノ創業ニ貢献シタルコト多ク」「我国地形測量ニ尽瘁《じんすい》シ且二十七八年戦役後ニ於テ万難ヲ排シ満韓地方ニ於ケル地形測量ヲ担任シ著々之ヲ進捗セシメ該地図ニ依リ遂ニ三十七八年戦役ニ偉大ナル効果ヲ与ヘタル等其功績顕著」であると記された。関は、いわゆる外邦図と呼ばれる軍事用のアジアの地図作製に大きく貢献したのである。

測量・地図作製の分野に貢献したのは、陸軍の文武官だけではない。同じ箱館に参戦した旧幕臣でありながら、別の官庁に所属し同様の仕事に携わった者も少なくなかった。先に紹介した、開拓使で測量事業を推進した荒井郁之助を代表とする人々がそれである。彼らは、やがて内務省、農商務省などへも活動範囲を広げた。

三浦省吾という人物については詳しい履歴はわからないが、軍艦役見習三等として榎本艦隊に参加、箱館では箱館奉行支配組頭・沖ノ口掛リをつとめ、赦免後静岡藩に帰属し、戦死した甲賀源吾の家名相続を支援した一人であった。上京し、工部省測量司（後内務省地理寮）に勤務した。六年二月には伊能忠敬作製の日本大図を借用すべく下総佐原《さわら》へ派遣されている。

三浦は一測量技師として、担当する仕事に対する強い責任感と役所の現状に対する大きな不満を吐露する、ある建言書を残した（沼津市明治史料館所蔵・大川通久関係文書）。明治八年（一八七五）九月、地理三等大技手の時、上司である地理頭杉浦譲にあてたもので、学術知識に欠ける現在の量地課長は、師長に任じた「御傭英人マクビーン氏」にすべてを委任してしまっているが、外国人である彼には「皇国愛護ノ念」が乏しい上、「浅学短才」であり、我々日本人技術者にとっては全く信頼を置くに足らない人物である、そのため業務は停滞し、国家の大きな損失を招いている、よろしく処置を仰ぐといったものである。課長（広島藩士出身の村田《むらた》文夫《ふみお》のこと）や測量師長であるイギリス人マクビーンに対する排斥は、すでに前年から続いていたようであり、三浦だけでなく、同僚の小林一知（榎本脱走艦隊の咸臨丸艦長）らが連署した同様の意見書草稿も残されている。旧幕臣杉浦譲をトップに戴く地理寮には、三浦以外にも、六等出仕室田秀雄、七等出仕小林一知、十四等出仕伊庭顕蔵、二等少技師岩橋教章、三等中技師宮永荘正《みやながむねまさ》（一八三二―九九）、二等中技手伊藤鉞五郎、一等中技生赤井親善ら、榎本脱走艦隊・箱館戦争参加者がおり（明治九年時点の官員録による）、沼津兵学校出身者なども加えれば旧幕臣が集中する部局だった。

この時期、お雇い外国人と日本人との間の軋轢《あつれき》はほかの官庁でもよく見られたことであったが、三浦らの行動は、西洋人というだけで実力をともなわない偽りの権威には絶対に屈しないという、自らの知識・技能に対する強い自信に裏付けられたものだった。その自信とは、彼らが幕府海軍時代からつかみ取ってきた能力に発するものだったといえるのではないか。

なお、海の測量・地図（海図）作製に貢献した海軍軍人としては、箱館戦争では長鯨艦乗組士官だった五藤国幹（勇、一八四三―一九二〇）がいる。彼は、四年（一八七一）九月、兵部省の水路掛に任命され、以後、海軍省水路寮（後水路局）で製図編製掛・量地掛兼測量教授掛をつとめるなど、柳楢《やなぎなら》悦《よし》らとともに同部門の草創期に尽くした（『日本水路史』）。四年八月、イギリス船から借用した器械を使って春日艦が行った沿岸測量の成果は、日本海軍作製の海図第一号「陸中国釜石港之図」として刊行されたが、測量に従事した乗組員の一人、五藤少尉の名も同図に記された（日本科学史学会編『日本科学技術史大系　第14巻　地球宇宙科学』第一法規出版株式会社、一九六五年）。

測量技術とは切っても切れない関係がある数学の世界でも、箱館戦争関係の旧幕臣は一定の勢力を占めた。明治十年（一八七七）に設立された、日本初の数学の学会、東京数学会社の社員（会員）としては、小宮山昌寿、荒井郁之助、沢太郎左衛門、小林一知らが加わっている。そもそも同社には、整備された学校教育のなかで洋算をいち早く身に付けた幕府海軍系（長崎海軍伝習所系）、沼津兵学校系の旧幕臣が多かったわけだが、小宮山を除けば彼らも幕府海軍系の人々に含まれることになる。

2 民間で築かれた足場

実業の世界へ

前節では中央政府の役人になった人々を紹介したが、明治の旧幕臣が残した足跡はそれ以外の世界へも広がっていた点に注目しなければならない。ただし、官と民とは対立する場面があり、そのような側面を重視したい場合もあるが、すべてがそうだったわけではない。先に紹介した官界の人物にも、後に民間へ移った者もあった。官僚として民間の事業をサポートした例もあるし、逆のケースもあった。これから述べる、主として「民」で足跡を残した人々についても、上記のような前提を設けておきたい。

まずは、実業界での活動である。士族にとって農業、商工業などに従事することは、官吏になるのとは違い、すべてにおいて大きな変化を強いる転業であった。それでも、あえてそのような決断をした人々がいた。箱館戦争経験者として、第一に紹介したいのは、明治四年（一八七一）東京初の牛乳

50──辻村義久

店として登場した、浅草左衛門町河岸の榎本道章、徒士町一丁目の辻村義久《つじむらよしひさ》、四谷《よつや》右京町の阪川当晴らのことである。彼らはいずれも旧幕臣であり、なかでも榎本、辻村の二人は箱館帰りであった。

　辻村義久（佐太郎、一八三二—？）は、北辰一刀流《ほくしんいっとうりゅう》の剣客であり、彰義隊の十八番隊組頭として上野戦争を戦った。その後は榎本艦隊に乗り組み、箱館戦争を戦った。預けられた佐賀藩から赦免後東京に戻り、築地《つきじ》に設置されていた民部省の牛馬会社での牛乳生産を見て、「此業を拡張せハ大ハ以て邦家の裨益《ひえき》を興し小ハ以て一身を潤ほすに足らん」との考えを抱いた。たまたま、榎本軍の幹部だった榎本道章（対馬）が神田川に牛乳搾取所を開いていたので、自分の志を告げ、榎本邸に住み込み牛の糞尿にまみれる労働を厭わず技術を習得、四年（一八七一）九月には独立し、牛乳販売を開業するに至った。やがて埼玉県浦和《うらわ》に牧場を設けたり、東京煉乳《れんにゅう》会社頭取に就任するなど、事業を拡大するとともに業界でも指導的地位を築いていった（金田耕平『日本牧牛家実伝』第一巻、丸屋善七、一八八六年）。

　榎本道章（亨造・対馬守、一八三三—八二）は、四年十二月二日付で開拓使七等出仕から開拓権判官に進んでいるので、まだ野にあったわけではないが、すでに牧牛に取り組んでいたらしいことは、「榎本亨造といへる人のかひし洋牛六頭を一千七百金して買取り」（明治四年十一月一日）云々という依田学海の日記の記載からも裏付けられよう。依田が勤務する佐倉県（後に印旛県・千葉県）では、産業振興のため牧畜を始めるべく、榎本から洋牛を購入することにしたらしい。勝海舟の日記にも、明治四年九月十四日一〇〇両、十月四日三〇〇両、六年八月二十五日二〇〇両、十月十四日二〇〇両といった金額を宮路助三郎、榎本道章らへ用立てたことが記されているが、これは牧牛関連の私的な費用だった可能性がある。

榎本道章については、以下のような人物評がある。「榎本対馬守といふのが榎本武揚に一枚拍車を加へた暴れ者だ、どの官省へ出仕してもすぐに上役と喧嘩をして辞表を叩きつけて了ふ男で、武揚がどんどん出世するに引かへこの対州などは反対にどんどん下つて来る」（『蘭学全盛時代と蘭疇の生涯』）。彼は一時政府の官僚になったこともあったが、役人には不向きだったらしい。「天下の豪傑、世のすね者、畸人《きじん》」たちの梁山泊《りょうざんぱく》と化していた松本順の屋敷に集まった者の一人だったというのである。

51── 松平太郎

牛乳業に関しては、榎本武揚自身が明治四年東京飯田橋《いいだばし》に北辰社を設立し、十三年（一八八〇）に社主が変わるまで取り組んだともいう（『明治事物起原』）。

榎本軍のナンバーツーだった松平太郎も、三潴《みづま》県権参事や外務省官吏を辞めた後は、鉱山・書肆《しょし》・料理店・牛乳・印刷・漁業、はては日露戦争時に旅順《りょじゅん》で沈んだ汽船の引揚げなど、実に

52——宮路助三郎

さまざまな事業に取り組んだことで知られる。

榎本武與は、弟武揚がまだ釈放前、その獄中からの手紙による指示にもとづき、明治四年頃から鶏卵孵化事業などを手掛けたことがあった。その後、官吏となった時期もあったが、明治八年（一八七五）には東京で江水舎という石鹼製造会社を始めた。武揚がロシアから持ち帰った機械を使用した。箱館戦争参加の前歴を持ち、かつ武揚のロシア出張に同行した大岡金太郎がその製法を学んできた。大岡はもともと松太郎の従者であったといい、松平も江水舎の経営に参加したとされる（鈴木明『追跡』）。

開拓使の官吏になっていた松岡譲（一八三六—一九〇一）は、明治十三年（一八八〇）一月に開設された三井物産函館支店の支配人に起用された。その支店は函館で回漕業を営んでいた宮路助三郎の店に間借りをして発足した。北海道運輸会社の創立に参加するなど、松岡と宮路は協力して仕事を進め、薩摩系・長州系の人脈にも依存しながら、三菱に対抗する形で北海道の商権を争った。旧幕臣出身の三井物産社長益田孝は、実弟に榎本艦隊に参加した益田克徳がいた。社長益田は人事政策上、旧幕臣のネットワークを活用したことが指摘されており、函館の松岡・宮路もその典型例であった（木山実『近代日本と三井物産』ミネルヴァ書房、二〇〇九年）。宮路は箱館戦争には加わらなかったが、庄内で降伏した遊撃隊士であり、そもそも函館での商売は、戊辰時には撒兵隊士として戦った前歴を持つ旧幕臣佐久間貞一との共同起業がきっかけだった（『佐久間貞一小伝』）。

益田克徳は、日本における保険業の先駆である、明治十二年（一八七九）設立の東京海上保険会社の支配人をつとめたほか、東京帽子株式会社、王子製紙株式会社、明治生命保険株式会社、東京海上保険株式会社、東京石川島造船所など多くの会社の重役となっている。

内田荘次（旧名荘司、一八二九―一九〇三）は、六年（一八七三）から岡田商社（社長岡田平蔵）の依頼により院内銀山鉱業の経営にあたり、翌年には三菱汽船会社の事務担当となった。その後、開拓使、北海道庁での勤務を経て、二十四年（一八九一）からは関西鉄道会社で調度・倉庫等の業務を担当、二十六年（一八九三）氷妻硫黄合資会社を創設して社長となり、硫黄の採掘・精練事業の経営を行った（『明治戊辰梁田戦蹟史』）。

渋沢喜作（一八三八―一九一二）は、欧州から帰朝後退官し、東京で廻米委託販売業、横浜で生糸売込業を始め、深川で正米市場を創設し頭取に就任したほか、東京株式取引所理事長、北海道製麻会社社長、東京商品取引所理事長、東京人造肥料会社取締役、田中鉄工所会長、十勝《とかち》開墾会社事務担当社員など、多くの団体・会社の経営に携わり、実業界で活躍した。

町野五八は、明治商業銀行専務取締役などをつとめた。

中野梧一は山口県令から一転して実業界に身を投じ、西南戦争やコレラ流行に乗じて一攫《いっかく》千金を成し遂げた。五代友厚らと組み、大阪商法会議所を設立し、さまざまな会社を起こすなど華々しい活躍を見せた一方、藤田組の贋札《にせさつ》事件で逮捕され、また開拓使官有物払い下げ事件で批判の的となるなど、「頗《すこぶ》る敏捷にて奇智に富める人」（『後は昔の記他』）だったと評され、毀誉《きよ》褒貶《ほうへん》の多い人物であった。

小柳津要人は、丸善株式会社専務取締役をつとめたほか、大日本図書株式会社、東京書籍株式会社の役員を兼ねるなど、出版業界において経営者としての腕を振るった。

荒井郁之助は、明治二十五年（一八九二）、浦賀《うらが》に中島三郎助の招魂碑が建設された際、榎本とともに参列したが、浦賀にドックを建設したいと述べ、榎本も賛成したことから、浦賀船渠《せんきよ》株式会社が設立された（『海将荒井郁之助』）。荒井は自ら測量を行うなど、熱心にドック建設に取り組み、監査役になった。渡辺忻三（一八四〇―一九一三）と細谷安太郎（一八五一―一九二一）は、旧幕臣の海軍中将赤松則良が社長をつとめる、二十六年（一八九三）設立の日本鋳鉄株式会社に、取締役として名前を連ねた。ただし、荒井・渡辺らは、生粋の技術者であり、バリバリの経営者に転じたというわけではないだろう。

変わり種は、箱館戦争では工兵隊差図役をつとめていた近松松次郎（松三郎とも、？―一八九五）という人物である。たぶんその後も工兵としての知識・技能を活かしたのであろう、近松組という土木請負業を営み、現在の信越本線や中央線の鉄道工事に携わった（小島和「近松学校（二）―近松松次郎氏について―」『足立史談』第一三〇号、一九七八年）。

右に紹介したのは実業界での成功者ばかりであるが、その一方には当然ながら成功を収められなかった者もいる。旧幕府陸軍士官として北関東で戦った小花和重太郎・長野桂次郎兄弟の弟であり、自身は箱館榎本軍の騎兵方頭取だったという前歴のある、後備陸軍騎兵大尉奥田賢英（長蔵）は、「北海道産馬改良及繁殖意見書」を明治二十五年十月十八日付で北海道庁農商務課あてに提出し（北海道大学北方資料室所蔵）、産馬についての独自な意見を提案した。彼は明治十年代頃には、愛知県北設楽《きたしたら》郡段戸《だんど》山《さん》で産馬講習所を創設・経営したが、士族の商法で好調ではなかったという（小花和達男『小花和太郎久良子小伝』私家版、一九八九年）。

移民事業

北海道開拓を徳川家臣団に委任してもらいたいという希望が、箱館戦争の発端となったことからもわかるように、榎本武揚には殖民への強い意志が当初から存在した。明治二十年代、内国殖民論から海外殖民論へと殖民思想の転換があり、日本人の海外進出への関心が高まったが、それは榎本が外務大臣に就任し（二十四年）、殖民協会の会長に就いたことなどと大いに関係した。

53── 安藤太郎

榎本は、明治二十六年（一八九三）設立の殖民協会の会長に就任している。会長を支えた幹事二名のうち一人は安藤太郎であり、評議員も兼ねた。また、会計監督を引き受けたのは川村久直（録四郎、?──

一九〇〇）だった。会員名簿には大鳥圭介、甘利後知ら箱館戦争の戦友の名前も見出せる。荒井郁之助の子第二郎《だいじろう》も会員だった。評議員には島田三郎、田口卯吉、会員には江原素六、須藤時一郎《すどうときいちろう》ら、そのほかの旧幕臣も名を連ねていた（『殖民協会報告』）。

榎本が取り組んだ殖民事業として有名なのは、メキシコへの移民事業である。発端は榎本の外相在任中、アメリカ駐在の外務省書記生藤田敏郎《ふじたとしろう》がもちこんだ話だった。藤田は箱館の榎本軍に加わった元盛岡藩士だった。榎本自身が多額の出資を行い、移民会社も設立された。榎本の甥（武揚の兄武與の次男）龍吉が派遣されるなど、事前の調査も行われ、実際に殖民団がメキシコへ渡航したのは三十年（一八九七）三月のことだった。翌年一月、川村久直は、榎本の依頼で現地視察に赴き、五月に帰国している。甘利後知の次男造次は、二十七年（一八九四）外務省の留学生としてメキシコに渡り、後に公使館に勤務しているが（外務省外交史料館所蔵文書）、やはり移民事業との関わりを想像させる。

殖民協会の会員でもあった旧幕臣出身の実業家佐久間貞一は、明治二十四年（一八九一）日本吉佐移民合名会社を設立、ニューカレドニアへの移民事業を手掛けた。「吉佐」とは、会社の代表になった二人、佐久間と吉川泰次郎《よしかわたいじろう》日本郵船会社副社長の頭文字をとったものである。バックには、外務大臣榎本武揚、外務省移民課長安藤太郎の強力な後押しがあった。二十五年に熊本県から送り出された第一回移民約六〇〇名は、総監督として小野弥一、通訳として荒井第二郎らが引率した。小野は幕末に横浜語学所でフランス語を学んだ旧幕臣、荒井は荒井郁之助の子であった。ほかに田島応親も、陸軍を退役した後、吉佐移民会社の嘱託を受け、二十六年十一月から二年半ほど妻とともにニューカレドニアへ行き、移民総監督の仕事に従事した。その後、事業は三十年（一八九七）設立の東洋移民合資会社に移譲されたが、佐久間は中山譲治《なかやまじょうじ》・須藤時一郎らの旧幕臣仲間とともに同社設立にも関わっている。

ハワイ移民に関しては、十九年（一八八六）から二十二年（一八八九）までハワイ総領事をつとめた安藤太郎が、移民の実態調査と待遇改善、政府間の条約見直しなど制度改革に取り組んだことが知られる。箱館戦争の同志だった乙骨兼三《けんぞう》（一八五二―一九二三）は、明治六年から八年にかけてロンドン大学に留学、鉱山学を学んだという恵まれた学歴を有したが、十九年（一八八六）、安藤による第三回官約移民九二六名のハワイ派遣に加わり、監督官・通訳として、妻とともに渡航した（永井菊枝『小伝乙骨家の歴史』フィリア、二〇〇六年）。ハワイといえば、そもそも戊辰時において、艦隊を率い脱走した榎本が仙台に滞在中、横浜在留のハワイ領事がやって来て、しきりにハワイへの渡航を勧めたことがあったといい、また当時はほかにも外国へ遁走するのではないかという風説があったとする（『同方会誌』第三〇号）。横浜のオランダ商人ウェンリートが仙台までやって来て、榎本にハワイを軍事占領することを勧めたという説もある（『海将荒井郁之助』）。

54―乙骨兼三

殖民協会の評議員でもあった田口卯吉は、『東京経済雑誌』を主宰したエコノミストで、自由貿易論者として知られるが、明治二十三年（一八九〇）、東京府知事の依頼と榎本武揚の慫慂《しょうよう》を受け、東京府士族授産金をもとにした南島商会を設立、その頭取・事務総長に就任し、南洋諸島での貿易事業に手を付けた。榎本は、旧幕臣の後輩たる田口に、「現今日本の人心皆な螺《にな》の中に蟄息するが如し、嘗《かつ》て外洋の利を見るなし、今卿らの之に任ずるは余の望むところなり」（竹下源之介『太平洋探検家鈴木経勲』大日本海洋図書出版社、一九四三年）と激励したという。五月から十二月にかけ、田口は自らスクーナー天佑丸《てんゆうまる》に乗り組み、グアム、ヤップ、パラオ、ポナペなどへ巡航し、視察を行った。しかし、帰国後、士族総代会では南島商会の存続を認めず、田口の目論見は不発に終わった。天佑丸で田口と同行した鈴木《すずき》経勲《つねのり》は、それ以前から航海を繰り返し、『南洋探検実記』『南島巡航記』『南洋風物誌』などの著作を世に送り出した、南洋探検家、「南進」論者として知られた。鈴木は、少年時代、彰義隊の上野戦争に参加した経歴を持ち、移住先の静岡ではいち早くカトリックに入信し、県官や区戸長らから迫害を受けたこともあった。また、兄二人は大鳥圭介率いる脱走軍に加わり北関東で戦った旧幕府陸軍士官であった。

日本からの移民・殖民、あるいは領土獲得欲が向かう、北（陸）と南（海）という方向性の違いは、本流とされた朝鮮・中国への関心と、傍系とされた南洋への関心とに対応するものである。雄藩出身者や明治政府関係者の多くが「北進」論に位置したのに反し、「南進」論者には、その哀しい出自からする、反官・反中央の信念、在野の意識、民間の思想、不遇なロマンチストたちの理想といった背景があったと指摘される（矢野暢『日本の南洋史観』中央公論社、一九七九年）。まさに、移民事業に関わりを持った旧幕臣、すなわち先述の佐久間、須藤、田口、鈴木らはいずれもその範疇《はんちゅう》におさまる。榎本や安藤の場合は、政府のなかで政策を推進した立場であり、北海道からロシアへと延びた榎本の関心は北へも向いていたので、少しニュアンスが異なる。榎本は、後に東亜同文会《とうあどうぶんかい》に合流することになった興亜会《こうあかい》（明治十三年設立）の会長をつとめるなど、アジア主義との関係も浅くなかった。しかし、旧幕臣という出自は共通するものであり、彼らは総体として、日本の海外移民事業において独自な役割を演じたといえるのではないか。いずも成功したとはいい難い結果に終わっているが、軍事的な進出とは違う意味で、日本人の目を海外へと向けさせた点にはそれなりの意義があったのである。

学　会

官界、産業界とも密接に関わり合いながら成立したのが明治草創期の学会である。とりわけ、自然科学系の諸学問は、学術研究と官庁・民間企業の仕事をつなぐような役割を期待され、殖産興業、富国強兵を支える基盤とみなされた。もともと「技術屋」としての本質を持っていた榎本武揚は、明治二十五年（一八九二）から四十一年（一九〇八）まで電気学会の会長、三十一年（一八九八）から没年まで工業化学会の会長、二十五年十二月から大日本気象学会の会頭などをつとめており、明治の産官学共同を象徴するような存在となった。

明治十二年（一八七九）四月に創立された東京地学協会は、イギリスの「ローヤル・ヂオグラフィカル・ソサィエチー」を模倣し、「大官貴顕紳士」が中心となり設立されたものであり、純粋な学会とは違い、国内での知識交換はもとより欧米人との社交に重きを置いた、鹿鳴館《ろくめいかん》のような機能を持った存在だった。とはいえ、会誌『地学協会報告』を発行するなど、人文地理学・自然地理学の分野で啓蒙的な役割を果たしたことも間違いない。社長には北白川宮能久親王が推戴され、鍋島直大《なべしまなおひろ》・松平《まつだいら》慶永《よしなが》・伊藤博文・福沢諭吉・副島種臣・桂太郎《かつらたろう》等々、錚々たる顔ぶれが会に参加した。榎本は創立の際の首唱者の一人であり、副社長に就任し、後には会長・評議員をつとめた。会員中には大鳥圭介(後に幹事・評議員・名誉評議員)・荒井郁之助(後に監事)・山内堤雲・林董らが加わっており、会誌には榎本・大島・荒井のほか田島応親らの講演・論考も掲載された。会長在職中に没した榎本に対しては、機関誌『地学雑誌』第二〇年第二三九号に遺影とともに弔文が掲載され、「約三十年の久しき副社長及会長として本会を指導啓発せられたる」功績が讃えられた。

電気学会は二十一年(一八八八)五月の創立である。その会長をつとめた榎本には以下のような逸話がある。同じ年、同会例会の席上、会員が古道具屋から手に入れたフランス・ディニェ社製のモールス印字電信機を見せたところ、それはオランダ留学中に榎本が愛用し、江戸・横浜間の通信に使おうと開陽丸で持ち帰り、さらに箱館まで持っていったものの敗戦の混乱下で失われたと思っていたものだった。観戦武官としてプロシア・デンマーク戦争に従軍した際、電信隊の活躍に注目し、ロッテルダムの商会でその電信機を購入したのだという。榎本は獄中からの書簡でも、「テレガラーフ機械」を箱入りにして箱館のフランス人ファーブルの倉庫に預けておいたはずなので、紛失しないようにしてほしいなどと知人に頼んだりしており、「この品甚だ以て天下の為に相成り候道具に御座候」と、その行方をとても気にしていた。榎本が感激の再会を果たしたその現物は、現在、逓信総合博物館に所蔵されている。榎本没後は林董が、明治四十二年から四十三年にかけ電気学会の会長をつとめた。林は後に逓信大臣をつとめているが、すでに榎本逓信大臣時代、その下で内信局長をつとめた前歴があったからであろう。

明治十五年（一八八二）創立の東京気象学会は、その分野では日本初の学会である。会誌として『気象集誌』を発行した。十六年一月に荒井郁之助が会長に、同年九月に小林一知が幹事長に就任した。二十一年（一八八八）五月、東京気象学会は改組し、大日本気象学会が成立した。会頭山田顕義の下で幹事長をつとめたのは荒井、幹事会計主務をつとめたのは小林であり、会員約二五〇名を擁した。

55―荒井郁之助

学会設立の前提には、官庁による気象観測体制の整備があったことはいうまでもない。内務省地理局が東京気象台を設置したのは明治八年（一八七五）、荒井が同省御用掛となり地理局量地課（後測量課）長に就任したのは十年のことであった。同課は、測量とともに「編暦観天」をも所管していた。

荒井とともに小林は編暦、天気予報の必要性や測候所の設置などについて建議し、同課での事業を推進した。十六年（一八八三）に至り、東京気象台で初めて天気図というものが作成されたが、お雇いドイツ人技師が書いた英文による天気概況の原稿を翻訳したのは保田久成《やすだひさなり》・上原七郎《うえはらしちろう》らであった。保田は昌平黌素読吟味を荒井と一緒に受けたこともある旧幕臣・静岡藩士の漢学者、上原は旧幕府海軍の軍艦役並として箱館戦争に参加した、「数学者で英学者でもあつた」人である。十八年（一八八五）、測量課は内務省地理局第四部となり、荒井は引き続き部長として気象観測業務を管轄した。二十年（一八八七）、東京気象台は中央気象台と改称し、内務大臣直轄となった。翌年三月、台長荒井が非職となり、小林一知に代わった。二十三年（一八九〇）には中央気象台官制が施行され、荒井が再び台長に就任した（『日本科学技術史大系　第14巻　地球宇宙科学』）。以上、日本における気象観測体制は、荒井・小林コンビが主導し成立したものだったといえよう。榎本艦隊脱走の際、暴風雨のため箱館に行き着くことができず、清水港で新政府軍に降伏した経験を持つ元咸臨丸艦長小林は、当時気象観測の重要性を痛いほど思い知らされていたのだろう、それが生涯の仕事となったのである。

自由民権運動をめぐる人間模様

明治九年（一八七六）六月二十七日、警視庁の川路利良《かわじとしよし》大警視は大久保利通にあて、東京浅草で開催が計画されている新聞社による「新聞供養」の危険性について上申した（前掲『大久保利通関係文書』二）。川路の見解によれば、当節の新聞記者の多くは「旧幕党ノ一部分ノ者」であり、「新聞供養」には政府の言論弾圧を批判する意図が含まれており、看過できないとする。そして、それはあたかも、滝野川の近藤勇墓碑や上野彰義隊の「戦亡塚」をつくることで、無知な庶民たちの人気を得て、「戊辰ノ賊魁《ぞっかい》」を崇めさせる計略と同様のものであると決めつける。官憲にとって民権運動の高揚は、ジャーナリズムの担い手に成島柳北《なるしまりゅうほく》・栗本鋤雲《くりもとじょううん》・福地源一郎ら旧幕臣の影がチラついていたことから、徳川の復権、戊辰の逆襲に思えたのだろう。戊辰時の佐幕派ジャーナリズムについては先述したが、民権期の新聞にも戊辰時の亡霊を見たのである。なお、新聞供養大施餓鬼《せがき》会は、『朝野《ちょうや》新聞』『東京日日新聞』『郵便報知新聞』が施主となり、成島・福地らが大幹事をつとめ、新聞に「死」をもたらした新聞紙条例・讒謗律《ざんぼうりつ》という二法が出されて一年目、すなわち一周忌にあたる九年六月二十八日、多数の僧侶・参列者を動員し浅草寺《せんそうじ》で開催された。その日、有力新聞は一斉休刊し、ストライキを打った。

箱館戦争に参加した旧幕臣で、実際に自由民権運動の担い手となった者たちには以下のような人々がいる。

名村一郎《なむらいちろう》の名で宮古湾海戦に参加した前歴を持つ益田克徳は、三井物産社長益田孝の弟であり、実業界で活躍した人でもあったが、民権期には沼間守一らとともに嚶鳴社《おうめいしゃ》を結成し、盛んに政談演説会を開いた。伊庭八郎に剣術を学び、箱館降伏時には中野梧一とともに室蘭の沢太郎左衛門のもとへ使いした吉田次郎（一八四二—一九〇五）も、大蔵省七等出仕や『郵便報知新聞』・『朝野新聞』の社員を経て、十一年（一八七八）二月、嚶鳴社に加盟した。同年十月に制定された「嚶鳴社々則」は、島田三郎が起草したものを吉田らが校正したものだった。明治十二年（一八七九）十月の『嚶鳴雑誌』創刊から、十四年（一八八一）までその編輯人をつとめたことがわかっている。ほかに一般の社員として嚶鳴社に加わった人物としては、三浦省吾（内務省地理局兼山林局四等属）を挙げておきたい。三浦は先に登場した通り、無能な御雇い外国人をやっつけた硬骨漢である。もちろん旧幕臣だけが社員になっていたわけではないが、沼間守一・高梨哲四郎《たかなしてつしろう》兄弟を筆頭に、益田・吉田らを加えると、嚶鳴社の中核部分には戊辰の反逆者たちが再結集した感があった。

一方、民権運動を弾圧する側、民権派が批判する側、すなわち政府・官憲の側にも旧幕臣、箱館戦争参加者はいた。すでに巨大な権力の一端に加わっていた彼らにとって、明治政府は「彼らのもの」（薩長政府）ではなく、「我らのもの」でもあった。加波山《かばさん》事件の責任をとって茨城県令を失職した人見寧であるが、果たして彼は自由民権運動に対してどのような見解を持っていたのだろうか。

旧幕臣第二の故郷、静岡県の民権運動においても、箱館戦争参加者はさまざまな立場を見せている。榛原郡《はいばらぐん》に土着し農村での生活を送っていた今井信郎は、同地で三養社《さんようしゃ》という演説結社を結成し、その社長に就任したことが知られる。明治十四年（一八八一）十月には、民権派の新聞『東海暁鐘新報』が創刊され、その発行元である攪眠社《かくみんしゃ》が設立されたことを祝うため静岡に赴き、同地で開催された嚶鳴社の演説会・懇親会にも参加した。帰村後は国会開設請願書への捺印を村民総会の場で求めた。同じ月、舌禍事件により投獄されてしまった攪眠社の前島豊太郎《まえじまとよたろう》のために見舞金を支出している。今井は地域の豪農層と一体化し、民権派としての立場を鮮明にしていた。

浜松に居住していた中島登は、十五年（一八八二）、同地で東海立憲帝政党《とうかいりっけんていせいとう》が結成された際、それに参加、幹事の一人に選出された。同年には京都で開催された立憲帝政党の大懇親会に参加した。ともに箱館戦争を経験した見廻組と新選組の元隊士である。なぜか、一方は民権派に属し、一方は国権派に与した。とはいえ、そもそも民権と国権とを分離できないように、二人の間にも根本的な違いはなかったのかもしれない。浜松は国学の伝統から立憲帝政党の勢力が強かった土地柄であり、たまたま中島はそこに住んでいたというだけなのかもしれない。その違いに着目するよりも、民権派であれ国権派であれ、維新から十数年を経過し、用心深く政治とは距離を置いていたはずの旧幕臣たちが堂々と政治運動に携わるようになったことにこそ注意を払うべきであろう。

今井も中島もプロの政治家へと変貌をとげることはなかったが、そのほかの静岡在住旧幕臣へも視野を広げてみれば、東征軍の甲府入城を前に脱走した経験を持つ元甲府勤番磯部物外は静岡県会の初代議長となったほか、実弟平山陳平《ちんぺい》（平山省斎の養子）とともに新聞『函右日報』の創刊や静岡県改進党の結党にも中心的な役割を果たした。撒兵隊を率い下総で新政府軍と戦った前歴を持つ江原素六は県会議員を経て自由党系の衆議院議員になっており、地域で政治活動を積み重ね、やがて国政の場へと駆け上がって行った。彼らは旧幕臣だったからといって、鹿児島出身の県令と議会の場で徹底的に対立するようなことはなかったが、底流においては薩長が独占する政治・行政の現状に対して不満があったことは疑いようのないところだろう。十四年（一八八一）、江原素六は、地元民のある請願を仲介すべく農商務卿への面会を希望したが、県令大迫貞清が農商務卿西郷従道《つぐみち》あてに書いてくれた紹介状の文面に、「当時流行之国会論者之如キ不都合之者ニ者無御座候」と記されていたことに対し、後にその内容を知り、心外に思ったという。民権論を蛇蝎《だかつ》のように嫌う「お上」の態度に、旧幕臣出身の穏健な民権家が違和感を抱いたというこの構図からも、やはり藩閥専制に反発する意識の一端が垣間見れよう。

時期的には少し後のものであるが、明治二十年（一八八七）十月一日、静岡で発行されていた『絵入東海新聞』に「静岡県人士に一言す」という社説が掲載された。それは、「維新失敗の恥辱を雪ぎ国家の前途為めに身命を尽すべきは誠に今日静岡県人士の義務なるへしと」、「戊辰の惨憺《さんたん》を記憶し薩長内閣の顕栄を羨望せば此際宜しく国家の為めに大に力を尽くすべきなり」という、静岡県士族へ向け薩長藩閥への対抗意識を煽り自由民権運動（大同団結運動）への参加を促す主旨となっていた。

伊庭八郎と湊省太郎

旧幕府の遊撃隊を率い箱根で戦い、片腕を失う重傷を負いながらも、死に場所を求めるかのように箱館の榎本軍に合流し、本望ともいうべき戦場での死（戦傷悪化による服毒死とも）を遂げた剣豪伊庭八郎。彼をめぐる人間関係からは、旧幕臣の自由民権運動への関与のし方について、ひとつの類型が見える。

伊庭家は、心形刀流という流派を代々伝える宗家であり、剣をもって幕府に仕えた。八郎の父伊庭軍兵衛秀業《ひでなり》は、実は旗本三橋藤右衛門成方《みつはしとうえもんなりみち》（飛騨守）の子であったが、師の家に養子に入り八代目となった。秀業の時代、伊庭道場は隆盛を迎え、千葉周作《ちばしゅうさく》（北辰一刀流）・斎藤弥九郎《さいとうやくろう》（神道無念流）・桃《ももの》井春蔵《いしゅんぞう》（直心影流）とともに江戸の四大道場と称された。

三橋成方は、寛政から文化期にかけ勘定吟味役・日光奉行・京都町奉行などをつとめたが、勘定吟味役在任中の寛政十年（一七九八）蝦夷地の調査を行い、対ロシアの海防を目的に蝦夷地の幕府直轄地化を準備する役割を果たした。司馬遼太郎の小説『菜の花の沖』には、さわやかな良吏として登場する。

56―湊省太郎

三橋成方の孫たちも剣をもって身を立てた。すなわち、三橋虎蔵は、講武所剣術師範役、遊撃隊頭取などをつとめ、維新後静岡藩では大番組頭取や静岡捕亡方取締に就いた。他家の養子となった虎蔵の弟、湊信八郎任信は、兄と同様、幕府時代には講武所剣術師範役並や遊撃隊頭取を歴任、静岡では大番組頭取、静岡捕亡方取締をつとめた。虎蔵・信八郎兄弟にとって伊庭秀業は叔父にあたり、その子である伊庭八郎とは従兄弟の間柄となる。

信八郎の長男として生まれた湊省太郎《みなとしょうたろう》（一八六二―九六）は、幼くして移住した静岡で成長するが、明治六、七年頃には「明治政府ヲ怨望スルノ心」を芽生えさせ、「旧怨ヲ復サントノ意」を定めた。小学校教師や県官吏をつとめた後、岳南自由党に加盟、折からの自由民権運動に身を投じる。討論家としても巧みであり、その演説は聴衆を泣かせるほど上手かったという。十五年（一八八二）正月に上京し、「某公」（勝海舟もしくは榎本武揚だろうか？）に旧幕臣が奮起して政府改革の先駆となることを建言するが、容れられなかった。明治十七年（一八八四）頃からは実力による政府転覆を企図するようになり、資金獲得のため仲間とともに静岡県内で強盗を繰り返した。やがて挙兵から大臣暗殺へと計画を変更するに至ったが、十九年（一八八六）六月、東京で拘引され、翌年七月、有期徒刑一五年の判決を受けた。これが静岡事件である。省太郎は北海道に送られ、二十九年（一八九六）釧路《くしろ》集治監において三五歳の若さで病死した。ちなみに、この静岡事件で検束されたなかには、彰義隊から榎本脱走艦隊に加わった前歴を持つ幇間《ほうかん》荻江露八《おぎえろはち》こと土肥庄次郎《どいしょうじろう》（松廼家露八）もいた。

なぜ湊省太郎が幼くして政府への反感をつのらせたのか、そして過激な政治行動に走らせた背景には何があったのかを考えたとき、本人は何も語っていないものの、明治新政府軍と戦い箱館で死んだ父の従弟伊庭八郎の存在がなかったとはいい切れないだろう。

なお、省太郎が裁かれた東京重罪裁判所での裁判では、陪席評定官に永井岩之丞《ながいいわのじょう》（一八四五―一九〇七）が加わっていた。父永井尚志とともに箱館戦争に参加した前歴を持つ旧幕臣である。互いにそのようなことに気付いていていただろうか。

同じ静岡の小学校で教師と生徒という関係を持った山路愛山は、省太郎のことを「優秀なる青年教師」として仰ぎ見ていたし、民権家としても『壮士に見るが如き騒狂の体なく、寧ろ沈着にして静か考ふるの人」であったと尊敬していた。湊以外にも顔見知りの旧幕臣が関与した静岡事件であるが、大きなショックを受けた愛山は、彼らが時勢を読み誤ったことを指摘しながらも、良き誘導者に恵まれなかったこと、「社会の継児」として世間から冷遇されたことが原因になっているとし、同情を寄せる。考えてみれば、愛山の父一郎も箱館戦争の敗残者であった。旧幕府に対する哀惜、箱館戦争を戦った者たちへの共感、維新後の不遇な環境などは湊とほぼ同じだったであろう。とはいえ、少し年少でもあった愛山にはそれをそのまま現時点での政治行動へ直結させるような思考回路はなかった。

キリスト教

少なくない数の旧幕臣が明治キリスト教の受容者となり、教会内で活躍する有力者を輩出した事実はよく知られる。箱館戦争参加者にもそのような存在が目に付く。

古川正雄は、明治八年(一八七五)東京神田で開いた私塾に英語教師として雇った宣教師ソーパーから影響を受け、翌年妻とともに洗礼を受けた。また、津田仙《つだせん》・中村正直《なかむらまさなお》ら旧幕臣仲間のクリスチャンとともに楽善会を設立、福祉活動にも力を注ぎ、後の東京訓盲院の基礎を築いた。

今井信郎は、十五年(一八八二)に洗礼を受けた。静岡のカナダ・メソジスト教会牧師平岩愃保《ひらいわよしやす》の話に感動しての入信であり(日本基督教会牧師稲垣信とも)、以後熱心な信徒として伝道にも従事した。

大御番同心の子に生まれた小林健次は、箱館で降伏、静岡藩に引き渡され、母・妹とともに遠州山《やま》名郡《なぐん》弥太井原（現袋井市）に移住した人。沼津の藩校（たぶん沼津兵学校附属小学校）で学び、廃藩後は神奈川県師範学校に進み、八王子《はちおうじ》などで教鞭をとった。しかし、飲酒放蕩《ほうとう》のため、頻繁に転任を命じられる有様だった。十六年（一八八三）横浜山手聖経女学校に勤務したことから、キリスト教に入信、過去の罪悪を悔い、やがて伝道者へと転身するに至った。東京・大阪・茨城などのバプテスト教会に赴任した（『信仰三十年基督者列伝』）。

安藤太郎（一八四六―一九二四）は、ハワイ総領事として赴任中、アメリカ・メソジスト監督教会の牧師から洗礼を受け、その後日本禁酒同盟会長となって禁酒運動に取り組む契機となった。日本では銀座教会に属したほか、日本基督教青年会会長をつとめるなど、キリスト教界の名士として活躍した。没後、自邸は安藤記念教会となった。

函館代言組合会長、函館弁護士会会長をつとめ、『函館毎日新聞』を発行するなどの活動も行った弁護士馬場民則（一八五四―一九〇八）は、六年（一八七三）函館で洗礼を受けアントニイの聖名を有したロシア正教徒であった。もともと江戸の生まれだったが、八王子千人同心として箱館に赴任する父武則（八百八）とともに幼くして北海道に渡り、箱館戦争では父や兄とともに榎本軍に身を投じた。当初、ロシア語研究の目的で上京し、ニコライ神父の下で教会の翻訳部員となったが、後に弁護士を志し、その後は一信徒として教会を支えた。平素はあまり教会に顔を見せなかったが、「信仰常に一糸の如く連綿として奥底に伏在」していたという（『正教新報』第六五五号、第六五七号）。同じくロシア正教に入信した者として、彰義隊・振武軍を経て箱館戦争に参加した北条隆八郎（槐園、?—一八八九）がいる。マルクの聖名で東京女子神学校の漢文教師をつとめた（『宣教師ニコライの全日記』第3巻）。

ただし、彼らの入信の動機に箱館での戦争体験があったとか、戦場の無情から信仰心が芽生え、キリスト教に接近したなどといった、絵に描いたようなストーリーをあてはめることは妥当ではないかもしれない。全く無関係だとは断定できないが、信仰を獲得するまでには、人それぞれの、もう少し複雑な過程があったというべきであろう。箱館戦争関係者から輩出したクリスチャンは、個々バラバラの存在であり、当然ながら、静岡学問所の英学教育に端を発し、静岡で誕生したプロテスタントのグループ「静岡バンド」のような地縁・宗派による集団性もない。

地域に尽くす

石川直中（勝之助、一八三六—九〇）は、箱館では工兵差図役頭取勤方として戦ったが、先に述べたように、同じ工兵隊に属した小菅智淵・筒井義信・小宮山昌寿らが明治陸軍においても工兵分野で貢献を続けたのに対し、なぜか彼一人そのルートからは外れた後半生を送った。それは地域の教育者としての生きざまである。

石川は、赦免された後、明治三年（一八七〇）三月、東京から遠からぬ下戸田村《しもとだ》（現埼玉県戸田市）と蕨宿《わらび》（現蕨市）で郷学校を開いた。弘前藩や函館弁天岬台場で謹慎生活を送ったというので、釈放は四月、東京への帰着は五月だったはずであるが、なぜか彼の履歴書ではそれよりも早く戻ったこと

57――石川直中の墓碑（蕨市・三学院）

になっている。実は彼には前任者がおり、その山本多左《やまもとたざ》衛門《えもん》なる人物も戊辰の戦友だったが、糸のように痩せて函館から戻り、英書の翻訳などをして遊んでいた石川を、自分の後任に指名したのだという。二ヵ所の郷学校には近隣から二〇〇名を超える生徒が集まった。

石川の存在は県令の目にも止まり、翌四年（一八七二）二月には浦和県出仕を命じられ、公的な立場から浦和郷学校の設立に携わることとなった。翌年の学制施行にともない、彼が関わった郷学校は公立小学校として生まれ変わり、現在まで続く小学校へとつながった。そのため、蕨市立北小学校、戸田市立戸田第一小学校、さいたま市立高砂小学校では、いずれも石川は初代校長として仰がれている。

その後、石川は一時東京へ戻った時期もあったが、十一年（一八七八）には再び蕨の夜学校に招聘され、十五年（一八八二）から十九年（一八八六）までは同地の公立小学、顕神学校の校長をつとめた。ちなみに、顕神学校で石川を補佐した次席教師であり、後に校長職を継ぐことになった野田正輝は、静岡学問所の生徒だった旧幕臣であり、アメリカ人教師クラークに数学を学んだ履歴を持っていた。クラーク—人見寧という連想から、二人の間で箱館戦争をめぐる昔話が交わされたこともあったかもしれない。蕨の寺院に立てられた石川の墓碑には、野田の撰文による履歴が彫られているが、「戊辰之変與榎本武揚松平太郎等率兵戦於奥羽箱館之間」云々という一節がある。

さて、工兵士官であったことから、洋学を身に付けた人物だったような印象もあるが、若い頃から昌平黌やその儒官たちに学んだというのが石川の基本的な学歴である。将軍家茂が出座した席で書経の講義を行い、褒美を授与されたこともあったし、そもそも慶応二年（一八六六）に陸軍に配属される前までは学問所世話心得・奥向教授といった漢学者の職務に就いていた。そのため、明治八年（一八七五）、ほかの教師を雇い皇学・漢学・英学・洋算を教える私塾を東京で開いたが、石川自身の受持は皇漢学だった。明治の学校教育草創期には、洋算・理科・英語など西洋から入った教科を習得した教師が重宝されたのは事実であるし、それなしには近代的な教育は成り立たなかったのであるが、その半面、旧知識によって人間形成した老儒ともいうべき教師が大きな重石となっていたことも少なくなかった。石川はそのような存在であったといえる。

遁　世

以上、民間の立場から新分野を切り開いたともいえる人材を紹介してきたが、明治の旧幕臣には官でも民でもなく、まったくの世捨て人となってしまった者もあった。詩文に親しむだけの半生を送った向山黄村がその代表である。箱館戦争参加者でいえば、箱館奉行支配組頭をつとめ、後に静岡在の農村で私塾を営んだ矢口謙斎（浩一郎）は、先の石川直中のように地域に貢献した教育者であったとも評せるが、田園に沈潜した厭世家《えんせい》だったともいえよう。赦免後、新政府に仕えた永井尚志も、明治九年(一八七六)に退官してからは向島に隠棲し静かな余生を送った。

　榎本脱走艦隊の大江丸蒸気二等や開拓方並をつとめた近藤庫三郎(?―一八九八)は、「頭脳明晰数理に長じた人」だったというが、「明治以降は自宅で蟄居して、二君にまみえず、晩年を完うされた」とされる(石川清編『近藤銕次翁追想録』電気化学工業株式会社、一九五二年)。ただし、実際には近藤は明治四年頃には横須賀造船所少師になっていたことがわかっており、子孫による右の記述は正確ではない。とはいえ、やはり明治政府に仕えることを潔しとしない感情は小さくなく、それがデフォルメされた形で、いかにも遁世したかのように子孫に伝わったものと考えられる。

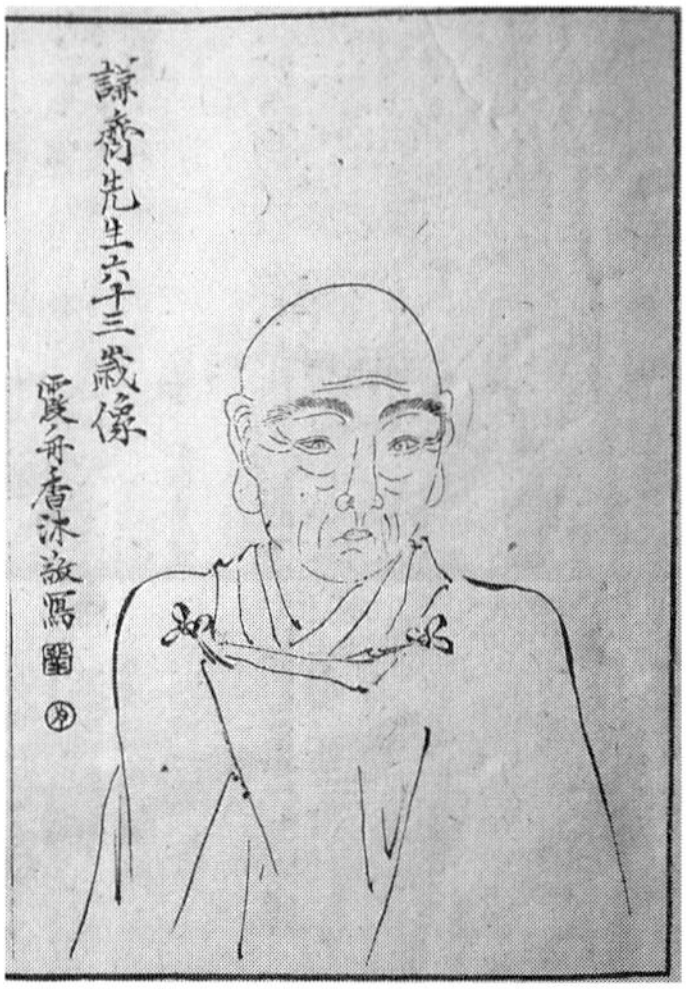
58――矢口謙斎

　世に出ることなく終わったという意味では、自覚にもとづく遁世、隠棲《いんせい》などとは違う後半生もあった。愛山の父山路一郎は、降伏後預けられていた津山から静岡にもどった後、勧工場《かんこうば》(士族のための授産施設)で働いたものの、酒浸りの荒れた生活を送った。家庭内の不和という固有の事情も大きかったが、そのような形でしか抱え込んだ憤懣《ふんまん》を発散できなかったのであろう。常々、「勝海舟と云ふ人物は心得ぬ奴なり」と、一戦もすることなく江戸城を明け渡した海舟を罵倒していたという。一郎が身を持ち崩したきっかけに箱館戦争があったことは確かである。

3　徳川家の名誉回復

静岡の慶喜

旧幕臣の復権と歩調を合わせるように、徳川家の名誉回復も進んでいく。箱館戦争が終結した四ヵ月後、明治二年九月、静岡で謹慎生活を送っていた徳川慶喜の処分が解かれた。それまで暮らしていた宝台院から紺屋町の元代官屋敷に移転し、東京で別居していた夫人を迎えた。朝敵となった際に官位を剥奪され、無位無官となっていたが、五年（一八七二）正月には従四位に叙せられた。榎本ら箱館戦争幹部連の赦免とほぼ同じタイミングであった。十三年（一八八〇）五月には正二位に叙せられ、将軍だった時の位階に復すことができた。

五年（一八七二）四月、静岡学問所の御雇い教師クラークが、横浜から視察に来県したアメリカ領事とのディナーに慶喜を招待しようと打診したが、世をはばかる身の上から全く応じてもらえなかった。仲介の労をとった人見寧はそれをとても悔しがったという（刀根直樹訳・今野喜和人監修「E. W. クラークの New-York Evangelist 投稿記事（その2）」『翻訳の文化／文化の翻訳』第六号、静岡大学人文学部翻訳文化研究会、二〇一一年）。

十一年（一八七八）五月十八日には、静岡の慶喜邸を永井尚志（一八一六—九一）が訪問した。しかし、慶喜は、永井に同行した渋沢栄一には会ったものの、永井本人との面談は断った。箱館では榎本軍の幹部におさまった永井であるが、もとは将軍慶喜の腹心であり、大政奉還の真意を理解した数少ない「同志」だった。一〇年ぶりの再会に懐かしさを感じないというのは、いささか薄情であるが、同時期、慶喜は永井以外にも旧幕時代の有力者には一切会わないという方針を堅持していたらしい。

また、永井来訪の数日前に大久保利通暗殺事件が起きていた。とにかく、この頃の慶喜は、明治政府から嫌疑を受けるような言動は徹底的に避けていたのではないかとされる（家近良樹『その後の慶喜──大正まで生きた将軍──』講談社、二〇〇五年）。十五年（一八八二）、慶喜の四男厚が徳川宗家から分家を認められ、華族《かぞく》となった。十七年（一八八四）には華族令によって男爵を授けられた。慶喜は厚へ家督を譲ったことになる。

二十一年（一八八八）六月、慶喜本人は従一位に進んだ。

多彩な趣味にあけくれた慶喜の静岡での生活は近年よく知られるようになった。文部大臣に就任していた榎本武揚は、明治二十二年（一八八九）九月八日、静岡の邸宅を訪れ、慶喜との対面を果たした。また、弟昭武からの紹介によるものか、箱館戦争に参加した高松凌雲が、夫人の乳癌《にゅうがん》手術を手掛けるなど、医師として慶喜とその家族の健康を支えたことも付記しておきたい。

59──永井尚志

静岡藩主だった徳川家達は、廃藩後は東京に移り住んだ。まだ九歳であり、勉学を続ける必要があった。明治十年（一八七七）八月、イギリスへ留学し、十五年（一八八二）十月に帰国するまでエジンバラで個人教授を受け、後にイートン校を卒業した。

家達の成長

左に引用するのは、家達の帰朝歓迎会の案内状である（東京都立中央図書館所蔵・渡辺刀水旧蔵諸家書簡）。その発起人たちは、まるでオールスター・キャストといった顔ぶれであるが、四二名のうち一〇名が箱館戦争参加者である。ただし、実際の帰朝と月が合わないので、準備段階のものなのだろうか。

徳川家達公英国御游学之処、不日御帰朝被為成候趣、依而拙者共打寄祝賀之為御招待可仕存候ニ付、御同意之御方御臨席ニ候ハヽ、幸甚之儀と存候、尤モ御参会之諸君ハ二月五日限り新小川町二丁目十番地松平太郎方へ御通知被下度候

林紀　外山正一　沼間守一　大鳥圭介　大築尚志　乙骨太郎乙　渡辺忻三　塚本明毅
中村正直　永井介堂　成島柳北　向山黄邨　栗本鋤雲　矢田堀鴻　保田久成　前島密
松本順　福地源一郎　古賀沙蟲　榎本武揚　荏原素六　荒井郁之助　赤松則良
阿部潜　宮本小一郎　島田三郎　渋沢栄一　渋沢喜作　平山省斎　関口隆吉　杉浦誠
須藤時一郎
接待委員

松平太郎　木平譲　沢太郎左衛門　近松松二郎　宮路助三郎　山田昌邦　田口卯吉
町埜五八郎　河田烋　佐久間貞一

帰国後、家達は、十七年（一八八四）七月、華族令によって公爵に列せられた。二十年（一八八七）十月三十一日、明治天皇が千駄ヶ谷《せんだがや》の邸宅に行幸、翌日には皇太后と皇后が行啓した。徳川家にとっては、後水尾《ごみずのお》天皇が二条城に行幸して以来、二六一年ぶりの光栄であった。皇族や徳川一門はもとより、勝海舟・大久保一翁・山岡鉄舟らも陪席し、明治政府と徳川家の歴史的和解を象徴するがごときイベントとなった。首相伊藤博文以下の閣僚たちも招待されており、そのなかには逓信大臣榎本武揚もいた。明治初年に遠州牧之原に移住した旧幕臣大草高重ら十数名が流鏑馬《やぶさめ》の騎射を行い、天覧に供している。

家達は三十六年（一九〇三）十二月、貴族院議長に就任、以後三〇年の長きにわたりその職にあった。そのほか、華族会館長、東京慈恵会会長、恩賜財団済生会会長、日本赤十字社社長、斯文会《しぶんかい》会長などの名誉職を多数つとめた。大正三年（一九一四）には内閣組閣の大命降下があったが、辞退している。貴族院議長と首相とでは、政治に関わる点に違いはないものの、その生々しさには雲泥の差があったのであり、万が一徳川家の歴史に疵を付けることを恐れたのかもしれない。同十年（一九二一）から翌年にかけ、全権委員としてワシントン会議に派遣されたことは、親英米派の国際人としての彼の真骨頂であった。

慶喜の授爵

明治三十年（一八九七）十一月十六日、慶喜は長年住み慣れた静岡を去り、東京へ転居した。この転居が実現するまでには、対明治政府という大前提があったことは当然であるが、慶喜とそのお目付役としての勝海舟、宗家当主である徳川家達との間にも微妙なバランス関係があったことはつとに指摘されている通りである。勝は老いを迎えた慶喜に対し、東京への帰還をそろそろ許してもよいのではないかと考慮していた。その一方、慶喜のことを徳川家存亡の危機を招いた張本人視している家達の態度をも危ぶみつつ、慶喜に対しても謙虚な姿勢を取り続けることを要求していた。ただし、二十七年（一八九四）七月、東京で美賀子《みかこ》夫人が死去した際、上京した慶喜が妻の葬儀に参列することなくそそくさと静岡へ帰った事実に、家達と慶喜との間に流れる冷たい空気が関係したのではないかとする解釈があるが（前掲『その後の慶喜』）、それは少々考えすぎであろう。武家には、近親者は会葬せず、使者を立てて送るという、古い慣習があったからであり、慶喜はそれに従ったまでのことと思われる。

さて、上京の翌年、明治三十一年（一八九八）三月二日、慶喜は参内し、明治天皇との会見を果たす。三十三年（一九〇〇）六月には麝香間祗候《じゃこうのましこう》に任じられ、参内を定例的に行うようにもなった。そして、三十五年（一九〇二）六月三日には公爵の爵位を授けられたのである。

慶喜の授爵に際しては、六月十五日、旧幕臣の親睦団体である同方会がいち早く祝賀会を催し、旧主の名誉回復を祝った。そして、十二月七日には偕行社《かいこうしゃ》を会場に、慶喜はもちろん、家達をはじめとする徳川一門も列席しての大々的な授爵祝賀会が開会された。陸軍中将矢吹秀一《やぶきひでかず》・佐野延勝《さののぶかつ》らが発起者となり、旧交会・同方会・静岡育英会の会員をはじめ、旧幕臣に広く参加を求めた結果、四七七名が賛同、榎本武揚が祝賀会長をつとめた。発起人のなかには、大鳥圭介、荒井郁之助、細谷安太郎、田島応親、渡辺忻三、永井岩之丞、町野五八、福井光利ら、その昔慶喜の意に逆らい箱館で戦争をした者たちも名を連ねた。

当日、会場では手品、太神楽、謡曲、軍楽隊の演奏などの余興が賑やかに行われたが、慶喜が参列者一同に挨拶を行った際には、「一種の感に打たれて、誰一人仰き視やうとも」しないほどの空気が流れ、「昔を偲ひ落涙してゐた輩」も少なくなかったという。目撃者によれば、接待役の祝賀会長榎本の立ち居振る舞いも、「如何にも君に仕ふる昔の様は斯くもあつたらうかと思はれ、謹厚厳粛の風に感じた」という。別の参列者は、「維新前公ノ御苦辛苦忠申スモ賢シ、後ノ御謹慎惨状、嘸《さぞ》カシト御察シ申上グ」、「余ガ如キ幕臣トシテハ歓喜勇躍、此レ然シナガラ在上　聖天子ノ偉大、恩徳トイフベキナリ」とその感激を記している（「荒川重平回想録抜粋」）。慶喜の苦労を察しつつ、今回の光栄が天皇の恩徳によるものであるとまとめている点に、すでに「帝国臣民」となった旧幕臣の率直な感覚が読み取れる。翌年九月発行の『同方会誌』第二四号は「祝賀の巻」とされ、巻頭に同方会長としての榎本が呈した賀表と爵服姿の慶喜の写真が付され、慶喜についての随想やその授爵を祝う詩文、祝賀会のようすを伝える記事などで誌面が埋められた。

長年苦しめられてきた「逆賊」の汚名を返上することができ、天皇との和解が成ったことで、慶喜は自らに課してきた制約からも解き放たれた。明治三十二年（一八九九）に勝海舟が死去したことも大きかった。過去を語ることを拒み、口を閉ざしてきた慶喜も、渋沢栄一らが勧めた伝記編纂に協力するようになり、四十年（一九〇七）頃からは幕末維新期についてようやく語るようになったのである。

公爵徳川慶喜家を支えた人々のなかにも箱館戦争に参加した過去を持つ旧幕臣がいた。遊撃隊士官だった間宮魁《まみやかい》（旧名和田幸之進、一八五二―一九二二）は、二十六年六月、徳川慶喜家の家丁《かてい》に採用され、翌年からは家従《かじゅう》をつとめた。林董は、四十三年（一九一〇）の御家範制定にあたって顧問を委嘱され、家政運営や相続に関してアドバイスする立場になっている。

幕末葛藤の大団円

明治四十二年（一九〇九）十一月十五日、徳川家達の子家正《いえまさ》と島津忠義の娘正子《なおこ》との婚礼が行われた。維新の敗者・勝者として仇敵の間柄であった両家の間で和解が成り、長年にわたるわだかまりが解消したかのような感覚をもって受け取られた。婚約発表を受け、七月二十日、旧幕臣の有志は上野で発起人会を開き、奉祝の準備を始めた。発起人五二名のうち、箱館戦争参加者は大鳥圭介、細谷安太郎、斎藤徳明、三浦功、渡辺忻三の五名、箱館に達しなかった榎本脱走艦隊参加者にまで広げれば、山田昌邦を加えた六名だった。旧交会・同方会・葵会《あおいかい》・碧血会《へっけつかい》・静岡育英会・沼津旧友会・札幌葵友会・京都十七日会などの名簿をもとに約一九〇〇名に対し、醵金《きょきん》の勧誘状が発送された。締め切り日の十月三十一日までに、六七七名と四団体から二八〇七円が集まった。拠金者のなかに、発起人以外では一七名ほどの箱館戦争参加者（田島応親ら）、七名ほどのその遺族（古屋庚次郎ら）の名前を拾い出すことができる。十一月六日、発起人総代として矢吹秀一・斎藤徳明が千駄ヶ谷の徳川邸に参上し、集まった寄付金で作製した銀製花瓶・蒔絵《まきえ》硯箱などを献上した。わずかな残金六円三銭は、戊辰東軍戦死者追悼紀念碑祭典基金（基金管理者福田重固・細谷安太郎）に組み込まれた（『表慶記事』）。

この婚礼についての感想を、同方会の若き会員「何某」が『同方会誌』第三四号（明治四十三年刊）に寄せている。題して「幕末葛藤の大団円」。叔父吉沢才五郎《よしざわさいごろう》が榎本脱走艦隊に乗り組み、北行の途中、東名浜《とうなはま》（現宮城県東松島市）で病死した人だったこともあり、彼は「日清戦争前、僕等の幼い頭脳に、薩長土は猶且僕が祖先の敵であるといふ感があつた」、「僕等は徳川幕府滅亡に際して悲憤惜《お》く能はず、身命を賭して徳川家に殉ぜんとした父祖の哀情に連想しては、幕臣当時の苦衷《くちゅう》を泣かざるを得ない」と記す。しかし、日清戦争が「日本の統一を自覚せしむる警鐘」となったこと、そして今回の徳川・島津両家の婚礼は、「幕末の葛藤」という演劇が「大団円」を迎え、めでたく幕が降ろされたのであるとする。「『時の力』はあらゆる物事を歴史とする」という言葉は、幕末を知らない新世代の彼にとって、旧怨がすでに意味のないものとなったことを示している。彼、すなわち、吉沢才五郎の甥にあたる「何某」とは、文中のほかの手掛かりからしても、海軍中将・男爵赤松則良の息子で、同方会幹事赤松範一の弟たち（何盛三・色部庸男・赤松小寅）のうちの誰かではないかと思われる。

箱館戦争とは無関係だが、日光まで脱走・抗戦した前歴を持つ旧幕臣で、海軍兵学校で長く数学教官をつとめた荒川重平《あらかわしげひら》という人物がいた。彼は仕事柄、旧薩摩藩系の人々との関係も深く、日常的な交流の中で鹿児島県人を仇敵視するようなことはいち早く薄らいでいったようだ。明治の後期になると、自宅を寄宿舎にして鹿児島県出身学生を受け入れ、海軍兵学校の受験を指導したりしていた。明治四十年（一九〇七）五月に島津家での園遊会に招かれた際には、「我ガ徳川公ニモ斯ノ如キ情緒濃厚ノ会合アリタシ」と感想を記しており、徳川家と旧幕臣のそれと比較し薩摩の旧君臣関係を好ましく感じたようだった。静岡育英会の幹事をつとめていたことから、大正初年、同会の寄宿舎明徳寮建設にあたっては、鹿児島の奨学団体、造士会の沿革・定款・報告書などを参考にしたという（樋口雄彦「荒川重平回想録抜粋―旧幕臣としての交友関係を中心に―」『国立歴史民俗博物館研究報告』第一三八集、二〇〇七年）。「幕末葛藤の大団円」は、さらなる裾の広がりをもって進んでいったのだろう。

Ⅳ 戦友の再結集

60── 榎本武揚（右），高松凌雲（中央），荒井郁之助（左）の追弔碑
箱館戦争経験者たちによる碧血会が中心となり，円通寺に榎本らの追弔碑が建てられた．ほかに永井尚志，永井岩之丞，大鳥圭介らの追弔碑もある（東京都荒川区）．

1　碧血会とその周辺

碧血会

アジア太平洋戦争を経験した戦友会の元兵士たちを例に出すまでもなく、戦争という極限下で起居をともにした者同士は、後々までも強い絆を持ち続けた。箱館戦争を戦った旧幕臣たちも同様であり、彼らは碧血会という戦友会をつくり、大正期に至るまで親睦を続けた。会名は、明治八年（一八七五）旧幕府方戦死者慰霊のため函館に建てられた碧血碑と同様、義に殉じた忠臣の血は三年たつと碧と化すという中国の故事に拠るものである。

碧血会の結成時期は不明であるが、後述する江戸開市三百年祭に際し函館から運んだ氷を接待するなどの活動を行っているので（『江戸開市三百年祭記事』）、明治二十二年（一八八九）頃にはすでに存在していた。明治末から大正期にかけては旧幕臣一般の親睦団体である同方会と連合で春秋年二回の大会を開いている。その活動の一端は、同方会の機関誌『同方会誌』からうかがい知ることができる。そこに記録された会員の名を列挙すれば、以下の通りである。榎本武揚、大鳥圭介、安藤太郎、人見寧、西川真三、小花万次、町野五八、本多晋、丸毛利恒、寺沢正明、間宮魁、細谷安太郎、高松凌雲、斎藤徳明、大須芳之助、内田万次郎、蓮沼智三、大沢常正、大沢正業、小林定業、並河一、司馬止郎、山野繁輝、栗原勘次郎《くりはらかんじろう》、和田惟一、小柳津要人、中島鍋次郎、古屋庚次郎、松平正次、山田昌邦、本山漸、中山譲治。ほかに現存する記念の集合写真などから、荒井郁之助、林董、山内堤雲、小林一知らも会員だったと推測される。これらの顔ぶれからは、旧幕臣ではない他藩出身の者（岡崎藩士だった小柳津）、箱館まではたどり着けなかった者（美加保丸や咸臨丸の乗組員だった本山・山田・小林一知）、戦死者の遺族（古屋）、そのほかの旧幕臣（本多・和田・中山）なども加わっていたことがわかる。上野戦争や榎本脱走艦隊に加わった前歴を持つ幕臣出身の幇間松廼家露八（土肥庄次郎、一八三三―一九〇三）は、碧血会の席で榎本から太鼓持ちを引退し仏道に入ることを勧められたという逸話があるので、彼も会員だったのだろう。

碧血会の会長は当然ながら榎本がつとめた。ただし、彼の没後は誰が引き継いだのか、解散時期などについては不明である。

61――榎本武揚からもらった狸の面を持つ松廼家露八

明治末年、旧幕臣たちの慰霊の聖地となった東京三ノ輪《みのわ》（現東京都荒川区）の円通寺《えんつうじ》には、碧血会が中心となり、榎本、荒井、大鳥らの追弔碑が建立された。以前からあった彰義隊関係者の碑とともに、同寺には現在もそれらは林立している。

明治四十三年（一九一〇）七月、碧血会は、同方

会の有志とともに生活に窮していた旧薩摩藩士・海軍大佐池田貞賢に寄付金を贈呈したという美談も残した。池田は箱館戦争の際に病院にいた負傷者を保護するとともに、高松凌雲を通して五稜郭の首脳部への講和談判を勧めた人物であり、箱館降伏者にとってはいわば恩人だったからである（『高松凌雲翁経歴談・函館戦争史料』）。

戦死者遺族の救済

碧血会の結束ぶりをうかがい知ることができる逸話として、箱館戦争戦死者の遺族に関連する以下のような事実を紹介しておきたい。

明治十七年（一八八四）二月六日、沢太郎左衛門と荒井郁之助あてに一通の手紙が送られた。その内容は、宮古湾海戦で戦死した大塚波二郎《おおつかなみじろう》の老母は今年で七九歳になり、現在は孫や姪のもとを転々として生活しているが、いずれも生活は苦しく余生を安穏に過ごすことができないでいる、そこで波二郎と竹馬の友であった自分たちが相談し、波二郎と面識のあった旧幕府海軍出身の皆さんに助成を依頼することにしたので、是非とも協力してもらいたいというものであった。差出人は、竹村正路・乙骨太郎乙・山田昌邦という三名の旧幕臣である。偶然というべきか、乙骨・山田は沼津兵学校の元教授、竹村は同校の元生徒であった。なかでも山田は、幕府海軍の士官として榎本脱走艦隊に加わり、美加保丸で銚子沖において遭難したという前歴もあった。沢・荒井は榎本軍の幹部であり、真っ先に相談すべき相手であるとみなされたわけだ。この結果、有志によって養老金が集められ大塚老母へ贈呈されたようである。

しかし、それから六年後の二十三年（一八九〇）五月十四日、再び同様の手紙が発せられた。残されているのは、乙骨太郎乙が渡辺忻三にあてたものである。十七年の寄付金により大塚老母は今日まで無事生活を続け、今年で八五歳になったのであるが、身を寄せている、深川元加賀町で人力車夫を営む姪の夫が病気のため、近頃ますます生活に困窮し、筆紙に尽くしがたいひどい状態になっている、実地に見てきたところを沢太郎左衛門君と伴正利君には口頭で説明しておいたところであるが、是非ともまた義援金の助成をお願いしたいというものであった。「先ツ数名之同意者を拵《こしら》へ各々其出銀額を姓名簿中ニ列記し広く諸子ニ謀ルの基礎を立てたる後碧血会の幹事ニ依頼して之を該会ノ会員ニ廻示スル様ニ致サハ事を纏《まと》ムルニ便ナラム」というのが、相談した沢の意向であった（以上、東京都立中央図書館所蔵・渡辺刀水旧蔵諸家書簡）。

二度目の義援金募集活動がどうなったのかはわからないが、たぶん碧血会の会員たちが協力したのではないかと思われる。

保晃会と酬恩義会

碧血会は、戦争というひとつの経験をともにした者たちによる戦友会であり、少し特殊な背景を持っているが、旧幕臣一般を対象とした親睦団体は明治中期以降、続々と誕生するようになった。それらの動きは、東京で生活する同郷者たちによって出身府県や旧藩を単位とした郷友会が簇生《そうせい》する動きと重なっていたといえる。ただし、旧幕臣の場合は、ホームベースが東京（江戸）と静岡という二ヵ所に分かれていたこと、そして東京に関しては「郷土」

「故郷」としての性格が希薄だったことがほかの郷友会とは大きな違いである。

しかし、首都としての江戸・東京は、旧幕臣にとっては自らを生んだ土地であり、結集の場として再認識されるべき存在であった。決して旧幕臣だけが担い手となったものではないが、彼らのそのような感情をも含み込むような、あるイベントが開催される。

明治二十二年(一八八九)八月二十六日、東京開府三百年祭が開催され、東京上野の会場には三〇〇〇人が参集した。このイベントを最初に企画したのは、江戸会という団体であった。同会は『江戸会誌』(最初は『江戸会雑誌』)という雑誌を刊行した団体であり、会員には旧幕臣も少なくなかった。東京市参事会や東京市会も開催に賛成し、実行組織として三百年祭会が設立され、その会長には榎本武揚が就任した。大鳥圭介・川村久直・乙葉林八・小林一知ら、戊辰時の同志たちも会員として賛助している。当日は皇太子(後の大正天皇)や東京府知事・大蔵大臣・宮内大臣らも参列したが、榎本が読み上げた答辞は、徳川家康《いえやす》や江戸幕府の治世を讃えるものであった。無知な民衆のなかには、「権現様の憲法をお出しなさる」と誤解した者もあったという。大日本帝国憲法の発布は、その年の二月のことだった。

親睦・懇親を目的とした旧幕臣の結集は、彼らが精神的支柱とすべき具体的な「モノ」に対する取り組みにも及んだ。日光東照宮《とうしょうぐう》の保存運動のことである。廃仏毀釈《はいぶつきしゃく》による打撃もあり、幕府という巨大な庇護者を失った日光東照宮では、建造物の劣化が進み、崩壊の危機に瀕していた。県会議員などをつとめた栃木県の素封家安生順四郎《あんじようじゆんしろう》らが声をあげ、その保存を訴える運動が始まったのは明治八年（一八七五）のことだった。そのための組織として、十二年（一八七九）には保晃会《ほこうかい》が設立された。翌年には初代会長に東照宮宮司となっていた元会津藩主松平容保が推戴され、その運動は全国規模に拡大された。東京・静岡には出張所が置かれ、精力的に募金が進められた。当然ながら東京・静岡は旧幕臣の二大拠点だったからである。賛成員の中心には榎本武揚がおり、また勝海舟も協力した。榎本は後に会長にもなった。成果はすぐには出なかったが、長年にわたる粘り強い活動の結果、社会の安定とともに文化財・観光資源としての価値が広く認められるようになり、明治三十二年（一八九九）には修繕のための国庫補助一〇万円支出が決定されるに至った。同じ年には財団法人となり、大正五年（一九一六）に解散するまで、建築の修繕以外にも道路改修や植林などの事業に取り組んだ。

ちなみに、明治十五年（一八八二）一月時点での『保晃会々員并賛成者姓名概表』には、一八九一名におよぶ全賛成員のうち、箱館戦争参加者として、東京府に榎本武揚、大鳥圭介、沢太郎左衛門、荒井郁之介（助）、高松凌雲、榎本道章、松平太郎、関迪教、茨城県に人見寧、北海道に松岡譲、山内堤雲、岩藤敬明、小林弥三郎《やさぶろう》、川村久直、内田荘次（司）、静岡県に永峰（峯）弥吉らの名前を見出すことができる。

保晃会に誘発され、明治十九年（一八八六）には、上野寛永寺《かんえいじ》・芝増上寺の「徳川歴世将軍ノ廟塋ヲ永遠ニ保存スル」目的で、酬恩義会が設立された。会長は勝海舟、発起人は松井康英《まついやすひで》、補助は酒井《さかい》忠惇《ただとし》・板倉松叟（勝静）であった。会員を集め、寄付金を募り、それを保存・修復の資金にあてた。創立の翌年七月には宮内省から一万五〇〇〇円が下賜されている。その後、旧御三家・譜代大名家や一般市民からも約五万円の寄付金が集まり、徳川宗家でも三万円を拠出したという（「海舟別記」）。

静岡での動き

静岡や東京に在住する旧幕臣の間で、親睦を目的とした団体が大々的に組織されるようになるのは、明治十年代も後半になってからである。その背景としては、維新以来の生活難が一段落し、安定的な状態がもたらされたこと、維新からある程度時間が経過し、明治政府の政権基盤がそれなりに固まった結果、旧幕臣であることだけで政府から敵視される理由がなくなったこと、東京で生きる旧幕臣のなかには、身を立てることに成功した者が現れていたこと、維新時にはまだ幼かった者も年齢的な成長を遂げていたこと、などの諸点が挙げられる。

明治十六年（一八八三）には静岡県内で二つの団体が相次いで誕生した。まず、静岡県士族沼津生産談話会は、十月に結成され、「親睦ヲ主トシ専ラ智識ヲ交換シ就産ノ目的ヲ立ツルヲ以談話スルニ止リ政談ニ渉ルヲ許サス」とあるように、あくまで、「興産起業」、「教育」、「品行」、「節倹」、「士族輩ノ利害ニ関スル件」について談話することが目的であり、あえて政治に関する談話はしないこととしていた。当時燃え上がっていた自由民権運動とは一線を画し、政治結社ではないことを表明せざるをえなかった点は、旧幕臣としての遠慮ともとれるが、むしろ対官憲を意識した当時の結社一般にみられる態度であったと考えるべきかもしれない。この団体は、前掲のような個別テーマを課題にしながらも、決して経済活動そのものや教育活動そのものを行う団体ではなく、あくまで多目的で総合的な士族の親睦団体であったといえる。「生産」をうたいながらも、明治ヒトケタ代の士族授産事業のための結社とはその性質に違いがあるのである。生産よりも親睦に重点が置かれた団体だった。

沼津のような狭い地域にとどまらず、静岡県内全域を対象とする団体として設立されたのが、十六年十一月に結成された静岡県士族同胞会である。「皇室ノ藩屛《はんぺい》トナリ国家の干城トナリ以テ祖先ノ功徳ヲ空フセス士族ノ実ヲシテ平民ノ上ニ在ラシメンコト」を最終目標に掲げ、日常の相互扶助のための諸事業を展開した。会長梅沢敏、監督笹間洗耳を戴き、本部（静岡）の下に、第一支部（志太郡《しだぐん》藤枝宿）、第二支部（庵原郡清見寺町《せいけんじ》）、第三支部（佐野郡《さやぐん》掛川宿）、第四支部（敷知郡《ふちぐん》浜松宿）、第五支部（駿東郡沼津宿）という配置になっていた。会員数は六五〇名を数えた。この会がいつまで続いたのかは不明であるが、掛川支部の場合は、会員相互の慶弔、日用品の廉価販売店の経営などの活動を行ったものの、本部の瓦解が波及し、短い間に解散してしまったという。また、静岡市のほうでは、士族同胞会が勧工場の土地・建物を交付されたものの、経営に失敗、二十八年（一八九五）頃には解散したとされる。三十一年（一八九八）には士族同胞会の共有財産処分をめぐる紛議が起き、裁判沙汰になっているという新聞報道もある。安倍郡《あべぐん》東部五ヶ町村・庵原郡旧徳川藩士族同胞会なる名称の団体は、大正四年（一九一五）まで存続、同年には解散記念として清水駅前に久能山《くのうざん》東照宮までの距離を表示した里程塔《りていとう》を建設したという事実がある。静岡県士族同胞会は、支部ごとに違う経過をたどったのかもしれない。

旧交会

静岡からは僅かに遅れ、明治十七年（一八八四）、東京でも旧交会という旧幕臣の親睦団体が生まれた。その年二月、有志四十余名が集まり、親睦会を開いたのが結成のきっかけだった。後に規約も定められ、会費を徴収して積み立て、死亡者には弔意金、類焼者には見舞金を支出すること、千駄ヶ谷の徳川家達邸に年賀に訪れることなどが会の活動とされた。春と秋には総会が開かれた。十八年（一八八五）には会員数が二〇〇名を超え、二十二年（一八八九）には四〇〇名以上、その翌年には六〇〇名以上、三十一年（一八九八）時点では一〇〇〇名余に達していた。

この会は昭和期まで続き、全国規模の旧幕臣団体としては最も長い歴史を有する老舗的存在となった。会長は、山岡鉄舟（一八八五―八八年）、関口隆吉（一八八八―八九年）、榎本武揚（一八九〇年―？）が代々つとめたが、榎本以降については不明であり、会自体もいつまで存続したのかわからない。会長を補佐した幹事長は、鈴木義広、平山陳平、田口乾三らが歴任した。昭和十九年（一九四四）時点では秋山常介が幹事長をつとめていたことが判明しており、会も続いていたようだ。明治二十八年（一八九五）三月時点での会員名簿によれば、会長榎本の下、名誉会員九名（大鳥圭介ら）、終身特別会員四名、特別会員四三名（荒井郁之助・渡辺忻三・沢太郎左衛門・関迪教ら）、賛成員五八名（川村久直・人見寧ら）、通常会員八一七名という構成になっている。（ ）内には箱館戦争参加者の氏名を示してみたが、通常会員をも含めた箱館戦争参加者の一覧については、表5をご覧いただきたい。

同じ頃、狭い意味での旧幕臣、すなわち徳川宗家・将軍家の旧家臣、旧静岡藩士とは別に、御三卿の旧家臣だった者たちも同様の親睦団体をつくっている。一橋《ひとつばし》徳川家、田安《たやす》徳川家の旧家臣たちも本来は広義の幕臣だったわけであるが、維新後、一橋藩・田安藩として宗家からは全く独立した形となったため、狭義の旧幕臣団からは切り離された者たちである。

一橋徳川家の旧臣たちは、明治十七年（一八八四）七月、一橋旧藩懇親会を組織し、全一七条からなる会則を定めた。会員は二七四名に達した（『新稿一橋徳川家記』）。発起人七名のなかには、戊辰時に江戸を脱走し会津で戦った林欽次《はやしきんじ》（正十郎）がいた。彼は宗家から一橋藩に「貰切《もらいき》り」となり、所属替えをした人である。一橋旧藩懇親会は、別に存在した報徳会という親睦団体と二十一年（一八八八）九月に合併、一橋旧藩士懇親会となり、新たな会則全三八条を制定した。ちなみに、明治二十年代の同会の出席者の記録からは、高松凌雲や本多晋ら、箱館戦争・上野戦争の関係者を拾い出すことができる。日露戦争の際には、会員中の出征軍人・軍属三七名の凱旋《がいせん》歓迎慰労会を開くなど、ほかの旧幕臣団体と同様の

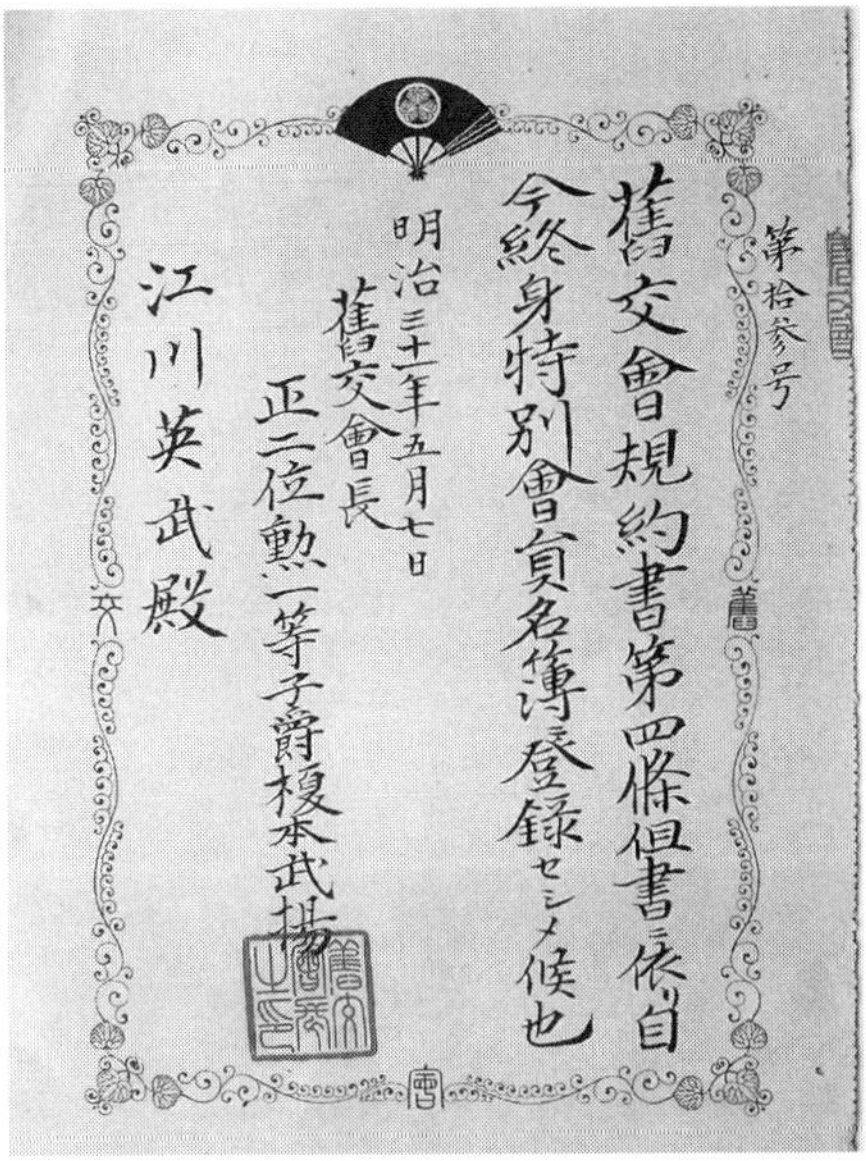
第拾參号
舊交會規約書第四條但書ニ依リ自今終身特別會員名簿ニ登録セシメ候也
明治三十一年五月七日
舊交會長
正二位勲一等子爵榎本武揚
江川英武殿

62―旧交会終身特別会員証

表 5 ── 旧幕臣諸団体の会員になった箱館戦争参加者

静岡育英会 明治 23 年	旧交会 明治 28〜31 年	同方会 明治 29〜昭和 14 年	葵会 大正 2〜9 年
足利義質	荒井郁之助	荒井郁之助	安藤太郎
荒井郁之助	榎本武揚	安藤太郎	大沢正業
榎本武揚	榎本武與	榎本武揚	尾形惟善
榎本武與	大岡金太郎	大塚賀久治	小倉鋲一郎
大塚賀久治	大塚賀久治	大鳥圭介	小花万次
小倉鋲一郎	大鳥圭介	乙葉林八	小柳津要人
小花万次	小笠原長生	川村久直	斎藤徳明
小林一知	川村久直	斎藤徳明	高松凌雲
小宮山昌寿	小杉雅三	沢太郎左衛門	田島応親
近藤光英	小林一知	田島応親	豊島住作
桜井當道	沢太郎左衛門	豊島住作	西川真三
笹間洗耳	関迪教	永井岩之丞	伴正利
沢太郎左衛門	鷹羽玄道	中島鍋次郎	人見寧
吹田鯛六	土肥庄次郎	林董	細谷安太郎
関定暉	中島鍋次郎	福井光利	町野五八
関迪教	西川真三	細谷安太郎	三浦功
高松凌雲	林董	益田克徳	本山漸
豊島住作	人見寧	町野五八	山田昌邦
永井岩之丞	松平定敬	間宮魁	横井時庸
永峰弥吉	丸毛利恒	丸毛利恒	渡辺忻三
伴正利	本山漸	三浦功	
細谷安太郎	渡辺忻三	本山漸	(伊庭秀栄)
松岡譲	大沢常正？	山内堤雲	(榎本淳)
宮永荘正		渡辺忻三	(榎本武憲)
本山漸	(中島與曽八)		(甲賀宜政)
山内堤雲	(沢鑑之丞)	(今井健彦)	(小杉辰三)
横井時庸		(榎本淳)	(小菅如淵)
渡辺忻三	(三河幸三郎)	(尾形幸男)	(早乙女清房)
		(甲賀宜政)	(沢鑑之丞)
(浅羽金三郎)		(中島與曽八)	(中島與曽八)
(小杉辰三)		(春山知安)	(古川阪次郎)
(中島與曽八)		(古川阪次郎)	(山路愛山)
		(古屋庚次郎)	
(柳川熊吉)		(山路愛山)	
		(乙部呑海)	

各会の会員名簿より作成. 箱館に到達しなかった榎本艦隊乗組者も含む. (　) 内は子孫・関係者.

活動を行ったことがわかっている（茨城県立歴史館所蔵・一橋徳川家文書）。

田安徳川家のほうでは、旧田安藩懇親会が組織され、明治三十年（一八九七）時点では、会長に鈴木重嶺を戴き、会員一九〇名ほどを擁していた（「旧田安藩懇親会員表」）。

なお、大正五年（一九一六）頃になると、一橋会、田安旧誼会《きゅうぎかい》といった名称の団体が登場するので、一橋旧藩士懇親会、旧田安藩懇親会がそれぞれ改名したのかもしれない。田安徳川家については、「お家大切に殿様を真剣に護り立てる忠実な家来がなく、ただの使用人である執事に経済を任せきりにしていたのも没落を早めた」（徳川元子『遠いうた　徳川伯爵夫人の七十五年』文藝春秋、二〇〇五年）とされるが、旧家臣が結集していた明治・大正期には必ずしもそうではなかったように思われる。

同方会

同方会は、明治二十八年（一八九五）六月に設立された、旧幕臣の親睦団体であり、会自身が使用した言葉でいえば「社交倶楽部」である。それより一〇年以上も早く、十七年（一八八四）に設立されていた旧交会の、青年部ともいうべき旧交青年会が独立したものであった。

会則や補則によれば、年齢一六歳以上の旧幕臣の子孫をもって組織し、智徳を研磨し、友誼の親密をはかり、風気を発揚することが目的にうたわれたほか、二月、六月、十二月に小集会（小会）、四月、十月に大会を開くこと、月七銭の会費（後に一〇銭に増額、東京府外は四銭、後五銭）を徴集すること、会長一名、幹事五名を置くことなどが定められた。もちろん会が存続した長期間には、小集会がなくなり、臨時会に変えられるなどの規則変更も行われている。

同方会の発起者は、榎本武憲《たけのり》（金八）、小山庸太郎、大村恕三郎、中沢金一郎《なかざわきんいちろう》、永井直好、石川道正の六名である。いずれも二十代から三十代の青年たちだった。

63――赤松範一

会の発足後、その運営を担ったのは幹事である。二十八年十月六日、最初の幹事に就任したのは、発起者のうち、小山を除いた五名だった。大学生の榎本武憲は武揚の長男であり、翌年、大村に代わって幹事に加わった赤松範一《はんいち》は、海軍中将・男爵赤松則良の子だった。榎本・赤松とも、その父親はオランダへ留学した幕府海軍のエリートであり、明治の旧幕臣の出世頭だったといえる。選挙で選ばれた幹事の顔ぶれには変遷があり、ほかに林若吉《はやしわかきち》、山田鋳十郎、朝倉政行、馬場静、花井孝次郎、遠山景福、梅沢敬作、水谷景長、三輪修三、柳沢四郎《やなぎさわしろう》、安井正吾、芥川寿といった人々が登板した。後年になるにつれ年齢は高くなり、青年集団としての性格は薄れていったと思われる。歴代幹事たちのなかでも、赤松、中沢、石川の三名は、創立から終末まで長きにわたり、会活動に半生を捧げたといえる。当初青年だった彼らも最後には「老幹事」（会誌第五九号）と呼ばれるまでになった。二十代半ばで会に参加した赤松を例にすれば、終末期には七十代の老人になっていたのである。まだ若かった頃の逸話であるが、彼らの実務能力は高く評価され、碧血会や静岡育英会についても会の仕事を引き受けてほしいと依頼する年配有力者もいたという。

会長は、初代榎本武揚が明治二十八年（一八九五）十月から四十一年（一九〇八）十月、二代林董が四十一年十二月から大正二年（一九一三）七月、三代江原素六が三年（一九一四）一月から十一年（一九二二）五月といった具合に歴代をバトンタッチした。江原没後、会長は置かれなかったようで、昭和七年（一九三二）発行の会誌には、正式に会長職を廃止した旨が記されている。

会員には、在京会員と地方会員の二種があったが、前者がその多くを占めた。ただし、時代が下がるにつれ地方在住者の割合は増えていったといえる。会の存在が地方でも知られるようになったという側面もあるが、近代社会の進展にともない人の移動が盛んになり、居住地の流動性が高くなったからであろう。会誌第五〇号（大正九年発行）の巻末には、会員を職業別にした内訳表が付されている。それによれば軍人・官吏・教育家などが多いが、それ以外の会社員や商工業従事者も決して少なくはなかった。ただし、学生はわずか二名であり、すでに青年組織ではなくなっていたことが明らかである。

一般の会員とは別に、賛成員という名目で旧幕臣出身の名士たちが次々に集められた。当初若い世代を中心に発足した同方会にとって、社会的地位を有した年配者をサポーター的な存在として揃える必要があったのである。賛成員には会費は課せられなかったが、会のために寄付金を拠出している。賛成員のかなりの割合を、箱館戦争参加者や沼津兵学校出身者が占めていた。この二つの集団は、洋学や陸海軍の知識・技術を先駆的に身に付けていた存在であり、軍人にせよ官僚にせよ、各界で活躍する人材を最も多く輩出したといえる。昭和九年（一九三四）四月、箱館戦争の生き残りでもあった田島応親が死去したことにより賛成員はゼロとなった。

規則に定められた大会は、春秋の二回開催された。会場には上野東照宮や料亭のほか、会長榎本武揚の邸宅が使用されたこともあった。

小集会（小会）は年三回開かれたが、会場には上野東照宮社務所などが使用された。そこでは旧幕時代の懐旧談や時事に関する講演を聞いたり、余興などを楽しんだ。時には遠足や旅行も行われている。どのような会にも停滞期が訪れるが、同方会では昭和七年（一九三二）に従来の小集会を臨時会に変更するとの決定がなされており、定期的な集会が開けなくなったことがわかる。

そのほか、定例の行事としては、徳川公爵邸への新年参賀、上野東照宮祭礼への参拝、円通寺での戊辰殉難東軍戦死者追悼会への参列などがあった。会として取り組んだ臨時的な行事では、日清戦争に際しての旧幕並静岡県出身陸海軍将校諸氏凱旋歓迎会での祝辞奉呈（明治二十八年十二月）、三十年五月落成の鳥羽・伏見戦死者慰霊碑建設への会員からの寄付金とりまとめ、徳川慶喜公爵授与の祝賀会開催（三十五年六月）、春季大会にあわせ日露戦争凱旋祝賀会開催（三十九年四月）、旧交会・碧血会とともに榎本武揚追弔碑を円通寺に建設（四十三年五月）、榎本武揚銅像建設への拠金（大正二年竣工）、日光東照宮三百年祭奉斎会への寄付金募集（三―四年）、伏見鳥羽東軍戦死者五十年招魂祭への幹事参列（六年一月）、徳川家達の御家名御相続七十周年記念式典への祝金奉呈と参列（昭和十三年五月）などを例としてあげることができる。もちろん、これ以外にも、その時々の徳川両公爵家の慶事に祝意を呈するなど、多種多様な活動をしている。

行事以外では、会員が亡くなった際に弔辞や弔慰金の発給、会葬、火事見舞い、さまざまな慶事の祝いなども日常的に行っている。

古老から幕府時代の歴史的証言を得るために結成された旧幕府史談会は、戸川残花《とがわざんか》が編集担当となった雑誌『旧幕府』にそこでの談話が掲載される一方、同方会の報告・会誌にもその動向が紹介され、また一部の談話が掲載されたこと、逆に同方会側の原稿が『旧幕府』に転載されたこともあり、同方会とは浅からぬ関係にあった。幕府評定所の元勤務者が結成した「辰の口老友会」も、同方会に原稿を転載することを許している。山ノ手談話会は、山中笑《やまなかえむ》（共古）や林若吉（若樹）らが中心となった江戸の風俗・史料・史跡などに関する好事家の集まりであったが、そこで語られた毎回の談話筆記が同方会の報告・会誌に掲載された。晩翠吟社は、向山黄村が主宰者となり多くの旧幕臣が参加した漢詩愛好サークルであったが、その社員たちが作った詩文が同方会の報告・会誌の文芸欄を埋めた。いずれの団体にも同方会の会員・賛成員と重なる人物が少なくなかったことがその原因である。自前の雑誌を持たない山ノ手談話会が『同方会誌』のなかに「出店」を出したと評されるごとく（山口昌男『内田魯庵山脈』下、岩波書店、二〇一〇年）、諸団体はあくまで独立したものであるが、大きく見ればゆるやかに結合しながら存在したのであり、同方会はその中核をなしていたといえよう。

同方会は、その規模と活動ぶりからいっても、明治・大正・昭和戦前期において、旧交会、葵会、静岡育英会と並ぶ、旧幕臣を構成員とする主要な団体のひとつとして続いた。しかし、日中戦争が長期化するなか、昭和十四年（一九三九）には、時局を理由に会費徴集が停止され、大会の開催も中止するとの決定がなされた。そのことは会誌に記載があるが、昭和十六年（一九四一）九月十日付で発送された会員あて通知ハガキ（沼津市明治史料館保管）には、「本会々費の儀昨年末迄徴収を停止致居候処時局は弥《いよい》よ重大と相成候に付更に明十七年末迄会費徴収を見合せ候事に幹事会に於て決定致候間御諒承被下度候」と印刷されており、会費停止状態がさらに延長されたことがわかる。上野東照宮に徳川家達顕彰碑を建立しようという十九年（一九四四）四月付の通知文書に、「同方会幹事男爵赤松範一」も発起人として名前を連ねているので、少なくとも終戦一年前まで会は存続していた。最終的にいつ解散したのかについては判然としないが、戦争と敗戦の混乱のなかで自然消滅を迎えたのかもしれない。

葵　会

旧交会・同方会に次ぐ三つ目の旧幕臣親睦団体として、明治四十四年（一九一一）九月七日に創立されたのが葵会である。「幕府ノ旧臣及其子孫ヲ以テ組織シ旧交ヲ温メ懇親ヲ結フヲ目的」にうたい、毎年一回懇親会を開き、徳川両公爵やその家族に臨席を仰ぐことになっていた。会員に御三卿の旧家臣をも含めた点に旧交会・同方会との違いがあったようである。歴代の会頭（会長）は、赤松則良（大正二年時点）、江原素六（同五年就任）、平山成信《ひらやましげのぶ》（時期不明）、石渡敏一《いしわたとしかず》（昭和八年時点）、大久保立《おおくぼたつ》（同十六年時点）、井出謙治《いでけんじ》（同十八年時点）と断片的にわかっている。大正二年（一九一三）十一月調べの『葵会規則并名簿』によれば、会頭一名、副会頭二名、評議員・陸軍部一一名、海軍部一一名、文官其他ノ部一〇名、幹事一三名であり、評議員のなかには田島応親、斎藤徳明、小倉鋲一郎（一八五三―一九二八）ら箱館戦争の生き残り軍人が顔を見せている。同九年（一九二〇）五月時点では、評議員（陸海軍部等の区別なし）三四名、幹事一一名、会員五五〇名（東京在住者三六九名、地方在住者一八一名）となっている。

旧交会、同方会などと同様、葵会についてもその終焉は詳らかでないが、昭和二十八年（一九五三）十二月、A級戦犯として巣鴨《すがも》プリズンに拘置中の畑俊六《はたしゅんろく》（元帥）のもとを、荒井郁之助の子陸男、榎本武揚の子春之助らが葵会の関係者とともに慰問に訪れたといった事実があるほか（『元帥畑俊六獄中獄外の日誌　前篇　巣鴨日記』）、昭和三十二年（一九五七）時点の会員名簿も残されているので、戦中も存続していたのか、あるいは戦後しばらくして復活したのかもしれない。

ほかに江戸協会という団体も存在した。「旧幕若《も》クハ江戸、又ハ静岡県ニ関係アルモノ、若クハ静岡県人」をもって組織され、毎月の常会、毎年の総会などを開催した、懇親を目的とした団体であった。大正八年（一九一九）以前に創立され、同十三年（一九二四）時点では平山成信が代表だったらしい。過去に会員だった者として、細谷安太郎・小柳津要人・本山漸ら榎本艦隊参加者も含まれていた。

2　後進の育成

敗者復活の方途

教育制度が整備されていくなか、身を立てるには学校への進学が必要不可欠な条件であることが明確になっていく。特に資産がない士族にとっては、教育こそが将来を保証する立身の手段と認識された。東京・静岡の旧幕臣の間にも、明治十年代後半には、朝野に活躍する同胞の人材を増やすため、教育を奨励し、後進を育成するという意味で、奨学団体、育英団体の結成が意図されるようになる。

明治十五年（一八八二）一月、東京で活躍していた旧幕臣大森鐘一《おおもりしょういち》・中村秋香《なかむらあきか》の二人によって静岡県会に提出された建議書は、対象を旧幕臣の子弟に限ってはいないが、県内から優秀な学生を選び東京の上級学校へ進学させるという、県を挙げての奨学制度の採用を説いたものだった。建議を受けた県会では、そのことについて議論を行ったが、ほんの一握りの上級学校進学者のために県民の税金を使うことに反対する議員も少なくなかった。そのためか、結果としてすぐには奨学制度は実現しなかった。

同時期、東京でも同じような意図にもとづく別な動きがあった。明治十四年（一八八一）頃とされるが、旧幕臣出身の海軍士官安原金次《やすはらきんじ》（後の海軍少将）は、同じ立場の加藤定吉《かとうさだきち》（後の海軍大将）ら数名と、旧幕臣の子弟には有能な少年であっても家庭が貧しく進学できない者が少なくないので、彼らを救うためには自分たちも拠金するとともに旧藩主からの援助を請うしかないと相談一決し、千駄ヶ谷の徳川家達邸を訪問した。家扶《かふ》に会ってそのことを願い出たが、明瞭な返答を得ることはできなかった。そこで旧幕臣中の最有力者である勝海舟・山岡鉄舟を説得するほうが早いと判断し、まずは山岡を訪ねた。彼らの話を聞いた山岡は、「諸君ノ意見ハ至極ナレバ篤クト熟考スベシ」と述べ、賛意を示しながらも即答は避けた。次に訪ねた勝は、「其ハ盗賊ヲ作クルヨリハ益ナラン」と返答したもの の、すぐに話題を変えられ、長話を聞かされ辟易《へきえき》し、そのまま辞去せざるをえなかったという（樋口雄彦編・解説『海軍諜報員になった旧幕臣―海軍少将安原金次自伝―』芙蓉書房出版、二〇一一年）。

さらにもう一件、明治十五年（一八八二）頃、東京で別の計画が存在した。松平太郎と鈴木重明の二人が発起人となったもので、「我旧藩子弟ニオ人君子ヲ出スノ栄誉ヲ得」ることによって、「衣食ニ奔走スル」だけで「子弟ノ教育」に十分に力を注ぐことができない、「今日ノ汚辱ヲ雪ク」ことを目標に掲げ、旧仙台・南部藩士族が実施している育英事業を模範とした奨学金制度を創設するというものだった。全二五条からなる「社則」が起草され、旧静岡藩士の「貧子弟」で学力優等な者に学資を貸与すること、社員は収入に応じた積み金を毎月納めること（十六年一月から開始）、本社を東京、支社を静岡ほかに置き、役員として社長・幹事を任命すること、毎年二回総会を開くこと、対象学生は専門生候補・専門生・中学生の三種とすること、生徒は卒業後には貸与された学資を償還していくことなどが定められた（昭和女子大学図書館所蔵・翠園文庫＝鈴木重嶺関係資料）。趣意書に、「亡国ノ臣」ではあっても、「朝廷一視同仁」の今日においては、教育の有無こそが社会で活躍できるか否かを決定する要点であると述べられているのは、箱館戦争降伏人たる松平が発起人となっている点と考え合わせると実に興味深い。ただし、この団体は社名も決定されず、実際には発足しなかったらしい。

静岡育英会

結局、大森・中村、安原・加藤、松平・鈴木らの運動もすぐには実を結ばなかったらしいが、数年後、明治十八年（一八八五）七月、ついに静岡育英会という団体が誕生するに至った。それは、「旧幕臣ノ子弟ニシテ学費ニ乏シキ者ヲ補助シテ学術ヲ修メシムル」ことを目的とした奨学団体であり、旧幕臣が結集した代表的な組織として昭和戦前期まで長く続くこととなった。

発起人全四六名のなかには、小花万次、永井岩之丞、関迪教の三名の箱館戦争参加者、本山漸、小林一知の二名の脱走艦隊参加者がいた。また、設立当初の議員一八名中には、沢太郎左衛門、荒井郁之助、永峰弥吉、小菅智淵の四名の箱館戦争参加者の名が見られる。一般の会員中（明治二十三年時点）のそれも含めれば、表5の通りである。

会長は、赤松則良—榎本武揚—赤松則良—平山成信と続き、その後昭和期には旧幕臣ではないが静岡県出身の教育界の有力者である岡田良平《おかだりょうへい》・一木《いちき》喜《き》徳郎《とくろう》兄弟が会長職に就いている。設立当初の会長はともにオランダに留学した学友であり、また義弟でもある赤松（妻同士が姉妹）がつとめたが、その後は榎本が明治二十年代から亡くなるまで、長く会長の任にあった。二十八年時点での役員は、会長榎本、副会長赤松の下、議員一九名が置かれていたが、議員中には荒井郁之助、沢太郎左衛門、細谷安太郎がいた。

創立当初の明治十八年十一月時点では、静岡県士族同胞会本部内に静岡支部が置かれ、地方幹事や地方幹事心得が任命されていた。二十三年（一八九〇）時点、会員は五一三名、うち東京在住は三〇〇名、静岡在住は六〇名だった。

大正六年（一九一七）の総会決議によって規則が改正され、会長の上に新たに総裁を置き、公爵徳川家達が推戴された。同時に、奨学金貸与の対象者を旧幕臣の子弟のみならず静岡県人一般や旧幕府に縁故ある者の子弟にまで拡大することとし、学資補助の対象がそれまで主として官費学校（陸海軍学校）入学者のみだったのを、中学四年以上に在学中の陸海軍学校志望者、陸軍中央幼年学校在学者、帝国大学および官立専門学校在学者にまで範囲を広げ、それ以外の公私立大学や専門学校・実業学校の在学者にも特別に貸費を許可する場合もあることとした。

大正九年（一九二〇）十月には、明徳寮《めいとくりょう》という寄宿舎を東京千駄ヶ谷徳川公爵邸内に開設し、静岡県出身学生の便宜をはかった。同年四月には支部を静岡県に設け、県知事を支部長とした。十一年（一九二二）八月には財団法人になったほか、理事のうち六名を静岡県人、六名を旧幕人とすることにした。明治期には『静岡育英会報告』、大正・昭和期には『財団法人静岡育英会会報』という定期刊行物も発行していた。その後、昭和十三年（一九三八）九月には学資貸与規程を改正し、四年生以上の在学者に限っていた陸海軍学校志望の中学生について、学年を問わないこととし、陸海軍学校を目指す小学校卒業者を広く補助することとした。

昭和十三年十月発行の『財団法人静岡育英会要覧』によると、同会の活動はほかに、年一回学生大会を開き講演会などを催して、先輩・後輩の交流をはかること、陸軍士官学校・同幼年学校在学者のための休日用休憩所の設置（陸軍生徒の集会所は静星寮と名付けられたらしい）、県下中等学校の首席卒業生に賞状・賞品を贈ること、貸費生・寮生卒業者への就職推薦などがあったことがわかる。役員・職員は、総裁一、顧問三、会長一、副会長二、理事一五、監事二、評議員九〇、静岡支部長一、同副長二、同幹事二、同嘱託医一という人数であり、ほかに静岡県内の各市町村長が市町村委員長をつとめていた。十四年（一九三九）十月現在の会況報告書によると、貸費生卒業生の累計は六四二名にのぼり、現在貸費生は一五五名であるという。

太平洋戦争下にも存続していたが、敗戦後にはすでに存在しておらず、正確な解散時期については不明である。

育英黌　静岡育英会は、明治二十四年（一八九一）三月、海軍予備科・普通科・農業科・商業科を持つ私立学校、育英黌《いくえいこう》を東京に設立した。奨学金の貸与のみならず、自ら学校経営に乗り出したわけである。開校案内の新聞広告によれば、トップである管理長は榎本武揚、その下の教頭、幹事も旧幕臣であり、教師・講師にも少なくない旧幕臣出身の学者・教育者が名を連ねていた。また、補助として旧幕臣の有力者一六名が名前を並べたが、そのなかには箱館の戦友としては荒井郁之助の名が見られた。

二十六年（一八九三）五月、育英黌の農業科は独立して私立東京農学校となり、その翌年十月には静岡育英会から分離、三十年（一八九七）には大日本農会へ移管され、現在の東京農業大学へと継承されていく。開校から明治三十年までの時期、初代管理者・校主は榎本武揚、黌長は永持明徳《ながもちめいとく》（初代）、伊庭想太郎（二代）がつとめている。永持は沼津兵学校教授から陸軍砲兵中佐になった旧幕臣である。金権政治家星亨《ほしとおる》を刺殺したことで知られる伊庭想太郎であるが、「自分は旧幕臣でもあり、（中略）江戸と云ふ二字は常に自分の頭脳を去らず、（中略）星氏の行為は実に此江戸主義に反し、一日も許すべからざるものと信じたれば」との理由で凶行に及んだと供述しているように、旧幕臣としての自意識を強固に保ち続けた人である。育英事業にも熱心に取り組んだ彼の思想・行動の背景には、剣術の家と

證
井口幹夫
明治九年五月生
農業科一年後期へ
及第候事
明治廿五年二月
育英黌管理長子爵榎本武揚
育英黌教頭　眞野肇
農業科教務主任　農学士河村九淵

64――育英黌の及第証書

しての誇りや箱館戦争で死んだ兄伊庭八郎の存在があったことは間違いないであろう。

旧藩の藩校の系譜を引き、あるいは廃藩後に旧藩主・旧藩士たちが設立・経営した学校が現在でも存続している例は少なからず見られるが、静岡藩の場合は育英黌がそれに相当するものになった可能性がある。ただし、残念ながら静岡育英会は途中で学校経営から手を引き、そうはならなかった。明治二十八年八月、静岡育英会は東京農学校を「本会ノ所属トスベキヤ否ノ意見」を役員に問い、分離という結論を導き出したようである。ただし、榎本の農業教育への理想や植民に賭けた理念は東京農学校に受け継がれたようである。

旧幕臣の子に生まれたある帝国大学法科大学の在学生は、明治三十一年（一八九八）に「我党の諸子に檄す」と題する論説を『同方会報告』第九号に投書し、「余は切に望む、徳川公を初めとし、其他有福の諸士は須《すべか》らく大金を醵出《きよしゆつ》して、少年子弟を養ひ、其団結を固ふし、勢力を扶植するの機関を設立せん事を」と主張した。これは、旧幕臣子弟の教育機関として設立された育英黌が立ち消えとなってしまったことに対し、遺憾の念を発露したものだったとも考えられる。この論説を書いたペンネーム「岳南生」とは、小栗忠順《おぐりただまさ》を伯父に持つ蜷川新《にながわあらた》（後の法学博士）その人である。彼の薩長藩閥への反感、対抗意識は強烈であり、藩閥を打破するために今後は学閥で行かなければならない、そのためには旧幕臣が一層団結を固める必要があるのだという主張で貫かれていた。

65――陸海軍学校に在籍する旧幕臣子弟の親睦団体静陵会（明治13年〈1880〉）

職業軍人になることは資産のない士族にとっては最も選びやすい進路であった。武の担い手である点からも、陸海軍軍人は武士の直接的な職務を継承した存在として認識されたであろう。そのため、旧藩を単位とした育英団体では陸海軍の学校への進学に力を入れたといえる。現役の軍人たちも後進を導くのに一役買うことになった。旧幕臣・静岡県士族の場合は、以下のような団体がつくられている。

静東会と静星会

明治十年代には静陵会《せいりょうかい》という名の陸軍・海軍学生の親睦団体が存在したらしい。明治十三年（一八八〇）、および十五年（一八八二）に撮影された会員の集合写真が残っている（横浜開港資料館保管・木村芥舟資料、沼津市明治史料館所蔵・加藤定吉資料）。

静東会《せいとうかい》は、海軍に奉職する武官・文官が組織した親睦団体である。江田島の海軍兵学校で数学教官をつとめていた人物が書き残したものには、明治二十一年（一八八八八）に広島で会合を開いたといった記述があるので、その頃には成立していたことがわかる。その時集まった人名として、三浦功（大佐、一八五〇—一九一九）、小花万次（海兵教官）、桜井當道（同前）らの名前がある。三人とも箱館戦争の経験者である。静東会は、後述する「旧幕並静岡県出身陸海軍将校諸氏凱旋歓迎会」を準備した母体の一つとなっており、少なくとも明治三十年代半ばまでは続いていたようである。会名の由来は、旧幕臣が属籍とした静岡の「静」と東京の「東」によるものではないかと想像される。また、二十四年（一八九一）頃には、広島・呉・江田島在勤の旧幕臣の間で葵陽会と称する親睦団体がつくられ、年二回の懇親会を開いていたことが知られる。

一方の陸軍では、静星会という団体がつくられた。ただし、こちらのほうは、静岡県出身の陸軍将校、陸軍士官学校・陸軍幼年学校生徒などから成っていたようであり、旧幕臣という点にはあまり重きは置かれていなかったようだ。もちろん静岡県士族・旧幕臣の子弟という存在も含んでいたが、必ずしもその割合は高くなかったと思われる。静星会は、日露戦後に、静岡県軍人会もしくは岳南会《がくなんかい》という名称で誕生した、陸軍部内の静岡県出身将校による親睦団体が改称したものと思われる。全一六条からなる「静星会会則」によれば、会員は「静岡県在籍ノ陸軍将校同相当官及生徒」からなり、東京に事務所を置き、正副会長・幹事長・幹事（中央・地方）などの役員を任命したこと、「交誼ヲ厚フシ智識ヲ交換シ特ニ後進者ヲ誘掖《ゆうえき》スル」ことを目的に、毎季一回の例会を開催したり、県下中学校・小学校等の職員・生徒に軍人志願を奨励したりといった活動を行ったことがわかる。後進の育成を目的としていたことから、大正八年（一九一九）十月、同様の機能を持つ静岡育英会に合併された。軍人だけで会を維持していくことは困難だったのだろう。

3　慰霊のいしぶみ

遺族の思い

「官軍」の戦死者が手厚く葬られたのに対し、「賊軍」とされた旧幕府方・榎本軍の戦死者については、当初埋葬が認められなかった。それが公的に許された後、明治八年（一八七五）函館に碧血碑が建てられ、それが戦友会としての碧血会結成のきっかけとなったことは先述した通りである。

一方、遺族による私的な祭祀は当然ながら早くから始まっていたであろう。静岡藩内では、直接政府の目が届きにくいということもあって、それは進んでいたと思われる。鳥羽・伏見戦争で戦死した旧幕府軍の指揮官の一人、窪田《くぼた》備前守《びぜんのかみ》（泉太郎）の墓石は、父親の移住先である駿河国清水近在の万《まん》象寺《ぞうじ》に明治二年七月に建てられ、「嗚呼忠勇壮烈」などと刻まれた。二年九月、榎本艦隊の美加保丸遭難者を慰霊すべく、静岡の宝泰寺《ほうたいじ》に建てられた壮士之墓もある。徳川慶喜が謹慎生活を送ったことで知られる静岡の宝台院《ほうだいいん》には、いつ建てられたのかわからない野州での伝習隊戦死者を中心に一一五名を祀った慰霊碑があったが、これもこの頃ひっそりと建てられたものなのかもしれない。

沼津兵学校一等教授（後頭取）になっていた塚本明毅は、二人の弟を箱館の榎本軍に参加させていた。明誠（誠輔、一八三六―？）と明教（録輔・轉、一八四五―六九）である。明誠は砲兵差図役下役並から彰義隊に加盟、軍艦稽古人となって榎本艦隊に乗り組んだ。明教は御軍艦組出役から御軍艦組勤方、軍艦役見習一等となり、兄明誠とともに回天で脱走、明治二年五月十七日箱館で戦死した。遺骨が帰ったのか否かはわからないが、兄明毅は沼津に墓を建てた。墓石は現在も残り、正面に「光輪院浄阿道照居士　明治二年己巳五月十七日箱館戦死」、側面に「塚本明毅弟明教及二男己巳次郎墓」と彫られている。同じ月の二十八日に夭逝《ようせい》した明毅の次男とともに同一の墓石に彫られているので、建立時期は死後それほど遠からぬ時期だったのではないかと思われる。塚本明教には以下のような逸話が残る。ある日、洋服を着て江戸の町を歩いていたところ、攘夷派の武士に斬り掛けられた。攻撃をかわしたものの、逆にピストルで相手を撃ち殺してしまった。正当防衛とはいえ、一応事件の顚末を上司である榎本武揚に報告・相談したところ、自分がすべて引き受けるので心配無用と断言され、その度量の大きさに感じ入り、以後榎本のことを徳としたという（「宮古の余聞及海軍結末（八）」）。

やがて、非業の死を遂げた者たちを正々堂々と慰霊したいという要求が出てくる。

六年（一八七三）五月六日、静岡県貫属士族小田井《おだい》蔵太《くらた》は、彰義隊戦死者大赦の出願を政府に対し行った（『鹿児島県史料　玉里島津家史料　六』）。自分が隊長の一人として彰義隊を統率する立場にありながら、指揮が行き届かず新政府軍から討伐される結果となってしまったことをまず謝罪した上、当時の戦死者がいまだ赦免されていないことについて、彼らは朝廷に遺憾を含み反抗に及んだわけではなく、ただただ徳川家の旧恩を思い、臆病者呼ばわりされることを恥じて戦い、命を落としただけであるとする。そして、泉下では後悔しているはずであり、大赦をいただけるのであればその「御仁《ごじん》沢《たく》」に感謝するであろうと、嘆願書が採用されるよう要望した。

祭祀の解禁

このような運動の成果であるのかどうかは不明ながら、明治七年（一八七四）、以下のような太政官達が出された。

戊辰己巳ノ際一時　朝旨ヲ誤リ　王師ニ抵抗セシ者降伏謝罪ノ道相立、夫々寛典ノ御処分被仰出候処、各地ニ於テ戦没ノ者ハ別段御沙汰モ無之ニ付、其親族共祭祀等憚リ居候者有之趣ニ相聞、愍然《びんぜん》ノ事ニ候、前条寛大ノ御趣意ニ候得ハ死者親族朋友ヨリ祭祀等執行候義ハ御構無之候条、地方官ニ於テ御趣意篤ト可致告諭、此旨為心得相達候事

明治七年八月十八日　　太政大臣三条実美

明治元年・二年に朝廷に抗戦し、その後降伏・謝罪した者に対する寛大な処分が仰せ出されたが、戦没者については特別な沙汰がなかったため、これまで遺族は祭祀することを憚っていたようである。それは哀れなことであるので、親族・朋友が祭祀を行うことは構わない旨を改めて地方官から告諭せよ、というのが右布達の要約である。これによって、「賊徒」として死んだ者を弔うことがおおっぴらに可能となったわけである。早くも翌月には小川興郷《おがわおきさと》・斎藤駿《さいとうはやま》・百井求造《ももいきゅうぞう》ら生き残り隊士らによっ

て上野の彰義隊戦死者埋葬地への墓石建立が申請されている。

とはいえ、明治八年頃、政府側の密偵報告であると思われる「徳川家回復ニ付探索書」には、「昨年以来東照宮ノ社ヲ新立シ、亦上野戦亡ノ塚ヲ新設シ、広小路ニ桜樹ヲ植テ之ヲ九段ノ招魂社ニ比シ」（鹿児島県歴史資料センター黎明館編『鹿児島県史料　玉里島津家史料　五』鹿児島県、一九九六年）云々と記されており、上野東照宮の新築と彰義隊戦死者墓の建立を「官軍」戦死者を祀る招魂社に対抗しようとする、旧幕府方の策謀とみなしていた。実態はともかくとして、政府の側に立つスパイにしてみれば、神経を逆撫でするかのような、反政府的な動きに映ったのである。

函館でも明治八年（一八七五）九月、碧血碑が、近松松次郎（榎本軍の工兵差図役）・宮路助三郎（酒田で降伏した元遊撃隊士）らが監督し、函館山の麓《ふもと》、谷地頭の地に建立された。「海舟日記」の明治九年二月二十一日条に、大鳥圭介・沢太郎左衛門から函館に建てた石碑の費用が不足しているので出金を依頼されたとの記事がある。二十七日には、沢に「碑石寄附金百五十両」を渡したとあり、碧血碑建設にあたっては、勝が自分のポケットマネーか管理していた徳川家の金から援助をしたことがわかる。もちろん、まだ大々的に徳川家が前面に立っての支援はできなかったであろう。

十五年（一八八二）には千葉県銚子の黒生《くろはい》海岸に美加保丸遭難者慰霊碑が建てられた。東京在住の宮永荘正・本山漸・山田昌邦らと地元の人々が中心となって建設したものであったが、静岡県においても、戊辰時には「幕府牙兵の家に生れ所謂《いわゆる》将軍あるを知つて天子あるを知らざりし一人」であった旧幕臣出身のジャーナリスト、機陽山人こと平山陳平が自らが主宰する新聞に記事を書き、募金への協力を呼びかけた（『函右日報』明治十三年十月二十六日）。依田学海は、中根《なかね》香亭《こうてい》撰文による碑文を簡潔でよいと褒めたが、「北行」が何の目的での航海だったのかが記されていないのは後世に至ると解しがたくなってしまうおそれがあるとした。その一方で、明治政府を憚ってわざと記さなかったのかもしれないと、同情してもいる（『学海余滴』）。中根は美加保丸に乗り組んでいたが、その後駿河へ移住し沼津兵学校教授になった人。妹の夫に軍艦役見習二等として箱館戦争に参加した原田元信（一八三六—九四、海軍少佐）がいた。廃藩後は明治政府の陸軍に入り、兵要地誌の編纂を担当した際、新政府軍を官軍、旧幕府軍を賊軍と表記することに断固抵抗したという逸話の持ち主である。明治三十一年（一八九八）銚子方面へ旅行し、自分が撰文した美加保丸慰霊碑を初めて見た中根は、三一年前の出来事を「夢の如し」と感じた。潮風による磨滅のためか、刻まれていたはずの彼の名前は「中」の字しか残っていなかったという。

静岡では、十八年（一八八五）七月二十六日に招魂法会が執行され、東軍招魂之碑が建立された。建設場所となった臨済寺《りんざいじ》の本堂正面には、「東軍戦歿各々精霊」の大位牌が据えられた。建設の中心となった寺島《てらしま》造酒之助《みきのすけ》は、戦いで右手を失い、苦しい生活を送る旧幕臣だった。彼はどうしても碑文中に「官軍」という文字を使わないことにこだわった。そして、旧幕府軍のことは「東軍」と表記することで満足したという（池田次郎吉「寺島造酒之助」『静岡県』昭和三年五月号）。

そのほか、九年（一八七六）に現ＪＲ板橋《いたばし》駅前に建てられた近藤勇宜昌・土方歳三宜豊之墓、十一年（一八七八）八王子に建てられた美加保丸遭難者新藤左右助の弔魂碑、十三年（一八八〇）箱根早雲寺《そううんじ》に建立された遊撃隊供養碑、同年函館・高龍寺《こうりゅうじ》に建てられた「傷心惨目」碑、二十年（一八八七）清水港に次郎長《じろちょう》が建てた壮士墓、同年興津清見寺に建立された咸臨艦殉難諸氏紀念碑、二十一年（一八八八）高幡山金剛寺《こんごうじ》に建立された殉節両雄之碑、二十四年（一八九一）中島三郎助の出身地浦賀に建てられた中島君招魂碑など、戦死した旧幕臣関連のモニュメントが続々と各地に建てられていった。

追悼・慰霊・顕彰が公然となされるようになったとはいえ、いまだ旧幕府方は「賊軍」であったという意識がわだかまりとして残っていた。ただし、時間の経過とともにその意識は次第に薄れていき、やがて後ろめたさといったものは消えていく。

咸臨丸碑と榎本・福沢

榎本脱走艦隊の一艦だった咸臨丸は、台風によって翻弄された末、駿河の清水港にたどり着き、そこで新政府軍によって拿捕された。その際、無抵抗の乗組員、副艦長春山弁蔵《はるやまべんぞう》（一八一七―六八）らが殺害され、死体が海に投じられるという悲劇が起こった。義憤にかられた清水次郎長こと侠客山本長五郎は遺骸を引き揚げ鄭重《ていちょう》に葬った。その事件から二〇年が経過した明治二十年（一八八七）、生き残った乗組員のみならず、別の艦に乗っていた脱走者やそれ以外の旧幕臣らを加えた多くの協力者たちの拠金によって、咸臨艦殉難諸氏紀念碑が建立されるに至った。建設準備は十七年（一八八四）から開始され、永峰弥吉の尽力により、場所は清水港を見渡す高台、興津の清見寺の境内が選ばれた。静岡県江尻《えじり》警察署に提出された建設願書には、榎本武揚・沢太郎左衛門・荒井郁之助・渡辺忻三・蛯子末次郎・千島九一・小林一知・笹間洗耳が名を連ねた。発起人総代は小林と渡辺である。拠金者は脱走艦隊・箱館戦争参加者を中心に一八三名に及び、六〇二円余が集まった。建碑式当日、二十年四月十七日には、祭主小林一知以下、約一〇〇名が参列した。榎本・荒井らは出席しなかったが、代わりに沢が足を運んだ。もちろん次郎長の顔もあった（『咸臨艦殉難諸氏紀念碑落成報告』）。

66――咸臨艦殉難諸氏紀念碑
（静岡市清水区・清見寺）

この石碑の題額は大鳥圭介、碑文の撰文は永井尚志によるものだった。また、反対面には榎本の筆になる「食人之食者死人之事」の九文字が彫られた。「史記」の准陰侯列伝から引用したもので、人の食を食む者は人の事に死す、つまり徳川氏の禄を食む者は徳川氏のために死すという意味である。福沢諭吉はこの碑を見て、「瘠我慢の説」を書いた。「氏の本心は今日に至るまでも此種の脱走士人を見捨てたるに非ず、其挙を美として其死を憐まざるに非ず」と、揮毫《きごう》をした榎本の心事にも理解を示す。しかし、それだけでは不十分であり、現在の輝かしい地位から去れ、そして「その身を社会の暗處に隠して其生活を質素にし、一切万事控目にして世間の耳目に触れざるの覚悟」を持てというのである。

果たして、脱走艦隊や箱館戦争に参加した同志たちやその遺族のなかに、福沢のような考えを持った者がいたであろうか。たとえいたとしても、慰霊碑の存在すらも知らず、ましてその考えを表現する手段など持っていなかったかもしれない。

盛大な慰霊へ

後述するように、日清戦争は旧幕臣に、自らが堂々たる国家の一員であることを自覚させ、自信を深めさせた。その自信はおのれの過去の歩みに対しても向けられることとなった。戊辰戦死者に対する慰霊もより盛大になっていく。

明治二十九年（一八九六）十一月、日清戦争凱旋軍人のため千駄ヶ谷徳川公爵邸で開催された「旧幕並静岡県出身陸海軍将校諸氏凱旋歓迎会」では、会場入口で鳥羽・伏見戦死者慰霊碑建立の趣意書が配布され、募金が求められた。すでに上野や函館には立派な慰霊碑が建ち、会津そのほかでの戦死者についても円通寺など各地に建碑がなされているにもかかわらず、ひとり鳥羽・伏見の戦死者についてはそれがないのは残念であり、今回それをつくりたいというのが主旨であった。一見すると、日清戦争と鳥羽・伏見の戦争に直接の関係はない。しかし、栄光の戦勝を経験し、この「聖世ノ恩露ニ沾《うるお》フ」ことができている生存者たる我々だからこそ、いま戊辰の死者たちの霊を慰めてやらなければならないのだという、発起者の切々たる思いがあったのである。日清戦争で武勲を立て、また鳥羽・

伏見では負傷した経歴を持ち、この慰霊碑建設に尽力した陸軍少将矢吹秀一は、雑誌記者の取材に、「順逆正否暫らく惜く、忠を仕ふる所に尽くして戦場に死す、其志や固《もと》より嘉《よみ》せざる可らず」と答えている（『太陽』第三巻第三号）。

これは京都在住者と東京在住者とが協力しての運動であったが、東京側の発起人二三人のなかには、榎本武揚、大鳥圭介、荒井郁之助、細谷安太郎の四名の箱館戦争関係者の名前もあった。東京の静岡育英会事務所内に建設事務所が置かれた。この結果、二十九年（一八九六）十二月、伏見の観月橋畔に戊辰東軍戦死者之碑が竣工した。石碑の上部には徳川家所縁の十本骨金扇馬標がデザインされていた。翌年五月九日には祭典が執行され、発起人総代榎本武揚のほか、箱館戦争関係者としては荒井郁之助・沢太郎左衛門・細谷安太郎・丸毛利恒らも参列した。

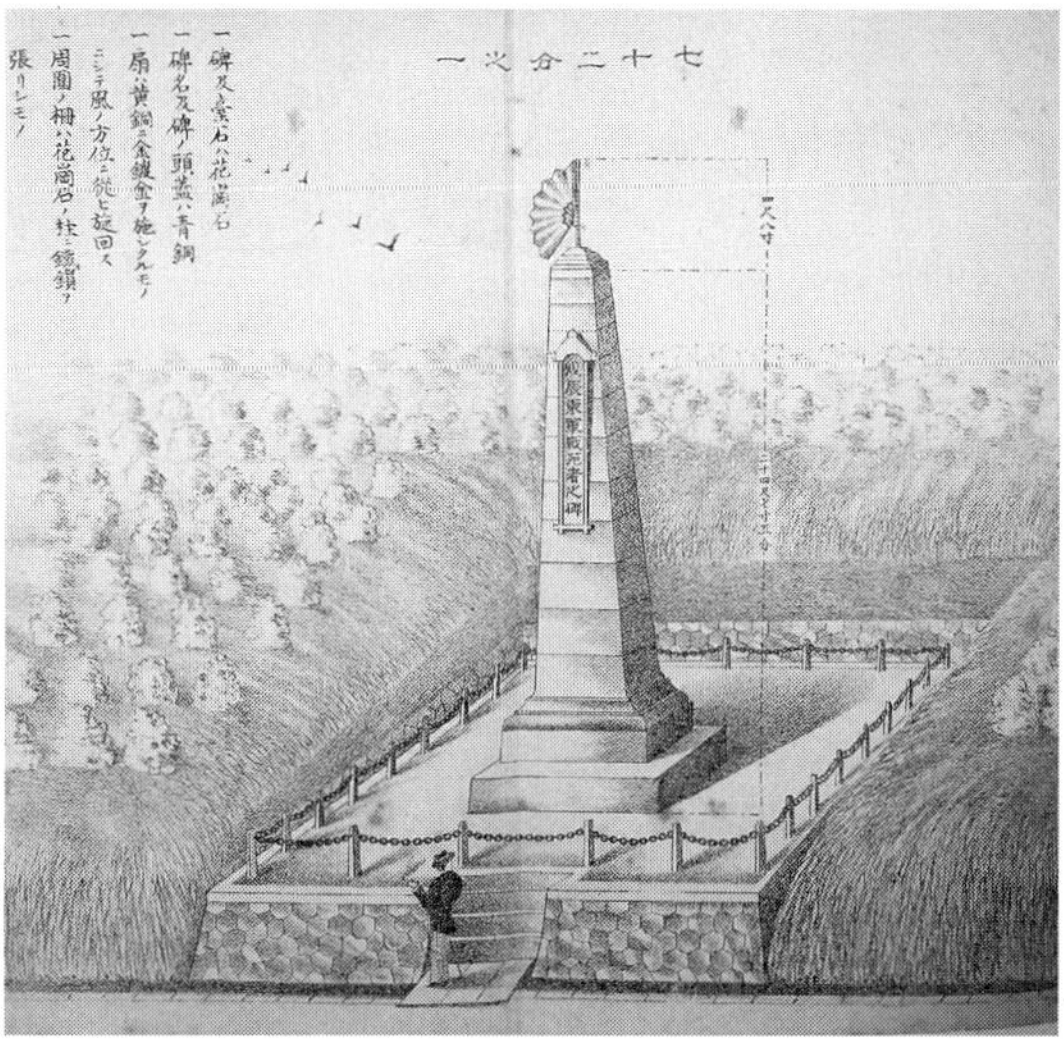

67──戊辰東軍戦死者之碑

榎本は海軍中将の正装で、「賊徒と罵られ朝敵と嘲《あざ》けらるそれ豈《あに》諸君の戦し初の心に期する所ならんや嗚呼《ああ》諸君の初に戦しは国家の為め君父の為め民人の為にして当時官軍として諸士に抗せし諸士と其志を本寺は明治の初め上野（彰義隊及諸藩士戰死者二百六十六名の遺骸埋葬墳墓の地）函館鳥羽伏見其他諸道に於て徳川家の爲めに戰死せし諸士の靈塔幷に諸名士（三幸翁。天野八郎。横田豊三郎。佐野豊三郎。澤太郎左衛門。佐久間貞一。土肥庄次郎。中田正廣。永井尚志。永井岩之丞。丸毛利恒。榎本武揚。松平太郎。後藤鐵次郎。相馬翁輔。荒井郁之助。大鳥圭介。木下福治郎。鷹羽玄道。松本義房。前野利正。大塚嘉久治。羽山寛一。小林一知。百井求之助新門辰五郎。山田八郎。西村賢八郎。大澤常正。高松凌雲。町野五八。（建設順））の紀念碑及び舊上野黒門（彈痕歴歴たり）の所在地なり毎年五月碧血會員同方會員舊交會員中の有志者其他關係の者打寄り佛事營み居り殊に本年は別記の通り盛大に追悼大法會を修行致候間何卒御參詣下され度此段御案内申上候

來ル五月十八日午前十時（日曜日）
殉難幕臣戰死者追悼大法會
大震災罹災横死者追善法會
執行

東京府北豊島郡南千住通新町（電車千住大橋行き通新町停留場下車電車通り）
百観音 圓通寺
電話浅草一〇九二番
振替東京五二〇四九番

68―円通寺での殉難幕臣戦死者追悼法会案内状

論ずるに毫も径庭《けいてい》あることなし」云々という文言を含んだ祭文を朗読した。

拠金者名簿からも、林董、松岡譲、渡辺忻三、渋沢喜作、斎藤徳明、安藤太郎ら多くの箱館戦争関係者を見い出すことができる（『戊辰東軍戦死者碑建設結了報告』）。箱館の戦いは単独のものではなく、鳥羽・伏見から始まった一連の戦争の一つであったという認識は当然あったろうし、親類・知人のなかに戦死者を出した者もいたであろう。そして何よりも、日清戦後のこのタイミングは、徳川の旧臣としての一体感が明治以後最も高揚した時期だったことが広範な力を結集し得た理由であり、結果として箱館戦争関係者もそのなかで一定の割合を占めることになったのである。

さらに鳥羽・伏見関連では、明治四十年（一九〇七）、京都在住の旧幕臣の親睦団体、京都十七日会によって榎本武揚揮毫の「戊辰之役東軍戦死者之碑」が、二ヵ所の戦死者埋葬地に建立された。京都市伏見区の妙教寺《みょうきょうじ》と長円寺《ちょうえんじ》に現存する。

大正六年（一九一七）一月十四日には京都で伏見鳥羽東軍戦死者五十年招魂祭が開催された（『同方会誌』第四四号）。また、同年五月十三日には、碧血会・旧交会・同方会・葵会・田安旧誼会・一橋会の発起により上野寛永寺で戊辰殉難者五十年祭大法会が実施された。三〇〇名余が参列し、法会終了後は、徳川家霊屋の拝観が許され、また円通寺でも余興が行われたという（『都新聞』大正六年五月十四日）。

図として掲げたのは、関東大震災横死者の追善も兼ね、大正十三年（一九二四）五月に円通寺で執行された殉難幕臣戦死者追悼のための法会の案内状である。境内に建てられた多数の慰霊碑や移築された上野戦争時の弾痕が残る黒門などから、同寺が慰霊の拠点としての地位を確立していたことがうかがえよう。

4 敗者がつむぐ歴史

箱館戦争の回想

戊辰の戦いを回想し、何らかの形で記録化する動きは早くから始まっていた。禁《きん》錮《こ》された牢舎内の降伏人たちが戦争体験記の執筆にいそしんだことは先にも述べた。ただし、それらはあくまで私的な思い出にとどまっていた。箱館帰りの降伏人木村省太郎が立ち寄った駿河国の素封家の家で物語ったことが、「函函始末」と名付けられた風聞書となったように、彼らの体験談は知り合いに回覧され、手書きで写し取られたことはあったが、公刊されることはなかった。そのようななかで、明治六年（一八七三）四月に刊行された『雨窓紀聞《うそうきぶん》』は例外的な存在だった。これは、小杉雅三（雅之進）の手記を何者かが勝手に刊行した海賊版であり、小杉自身は『麦叢録《ばくそうろく》』（明治七年）として本物の戦記を刊行した。

三毛證編『瓦解集《がかいしゅう》　一名関東邪気集《いちめいかんとうじゃきしゅう》』（明治九年刊）は、「関東奥羽等諸藩士」がつくった漢詩・和

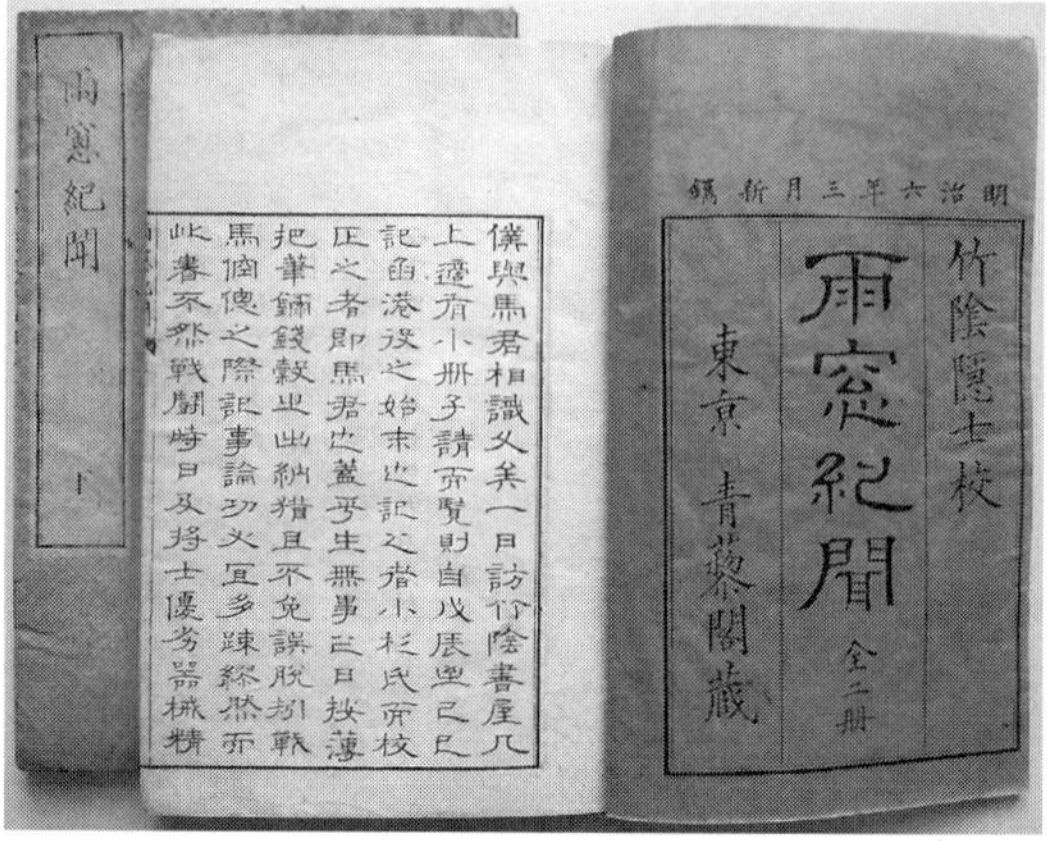

69―『雨窓紀聞』

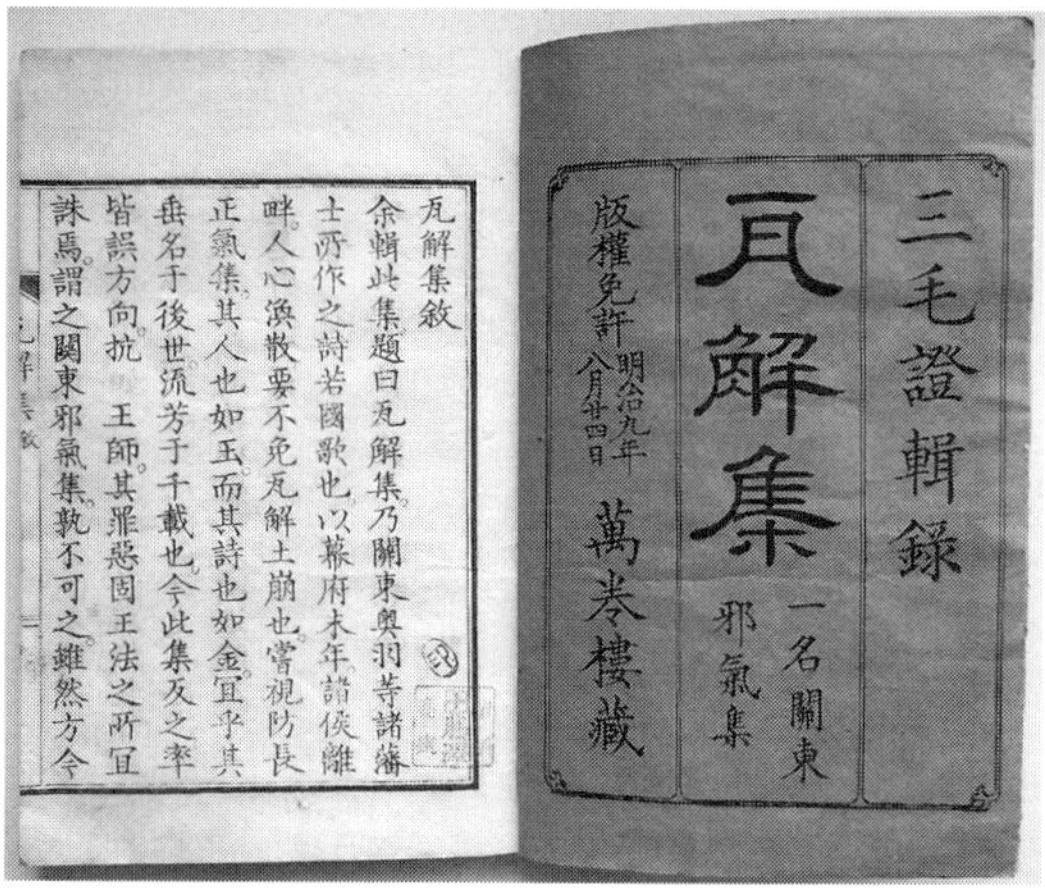

70―『瓦解集　一名関東邪気集』

歌を集めた、木版和装の一冊本である。勝海舟・柳河春三・依田学海らの作品も含まれるが、収録された作者の多くは、榎本武揚・大鳥圭介ら、箱館戦争を戦った旧幕府方の人々であった。編者の三毛自身も元桑名藩士だった。序文には、朝廷が「一視同仁」の観点から帰順者の罪を問わず、任用も行い、さらには戦死者の祭祀も許可するようになったことが本書刊行の動機となったと記されている。かつての「賊徒」に対する視線がやわらいだことが出版の背景にあったわけである。それにしても、「瓦解集」というネーミング、とりわけ「邪気集」というのは長州藩士の詩文を集めた『防長正気《ぼうちょうせいき》集《しゅう》』（明治八年二月刊）の対極をなすものであり、屈折した意識が感じられる。

明治十年（一八七七）八月、「東西雄名一覧」という一枚刷の番付表が刊行された。西南戦争での西郷軍の幹部たちと政府軍の指揮官たちの氏名を左右四段に配置したものであるが、その右側の下二段はなぜか戊辰戦争時の「旧幕の脱士」を表示した欄となっており、榎本武揚・大鳥圭助・天野《あまの》八《はち》郎《ろう》・竹中丹後守・林昌之助・今藤勇・池田大隅守・松平太郎・荒井郁・中根量蔵・伊庭八郎・土方歳三・堀覚《ほりかくの》之助《すけ》・永井玄蕃・黒沢正助・春日左ヱ門・古屋作左・大岡甲次《おおおかこうじ》郎《ろう》・菅沼三五《すがぬまさんご》郎《ろう》・諏訪部信五郎・駒井正五郎・中島三郎助・松岡盤吉・斎藤辰吉《さいとうたつきち》・大川正次郎・滝川光太郎・中条金之助《ちゅうじょうきんのすけ》・酒井宗輔・小笠原長行《おがさわらながみち》・小田井庫太ら、箱館戦争・彰義隊戦争の参加者名が、函館・東台といった地名とともに並んでいる（表記は原文の通り）。

明治十六年（一八八三）には岡田《おかだ》霞《か》船《せん》編『徳川義臣伝』という書籍が刊行されている。戊辰戦争時に旧幕府方として戦った人物の姿絵が短いコメントとともに紹介されている、和装木版の二冊本である。収録人物は全一〇〇名であるが、うち箱館戦争関係旧幕臣は、永井玄蕃、榎本和泉《いずみの》守《かみ》、大鳥圭介、池田大隅守、松平太郎、伊庭八郎、土方歳三、竹中春山、菅沼三五郎、春日左衛門、矢野光照、荒井郁之助、相馬《そうま》主計《かずえ》、松岡磐吉、朝夷藤三郎、甲賀源吾、中島三郎助、柴田重蔵、伊奈《いな》誠一郎《せいいちろう》、大岡主膳《おおおかしゅぜん》、諏訪部内記、山辺小太郎、長岡主税《ながおかちから》、中島恒太郎、大塚竜造、藤崎倉之助、野村貞次、市川寅五郎《いちかわとらごろう》、古屋逸馬ら、二九名にのぼる。旧大名の脱走者として板倉伊賀守《いがのかみ》、小笠原壱岐守《いきのかみ》もある。ただし、絵は単なる想像図であり、リアリティをもった肖像画とは程遠いものである。文章部分にも不正確な内容が含まれる。そのような点からもこの本は、錦絵や番付表に類するものであり、歴史や文学・伝説上のほかの人物などと同様、彼らが庶民から英雄視されるに至ったことを示している。

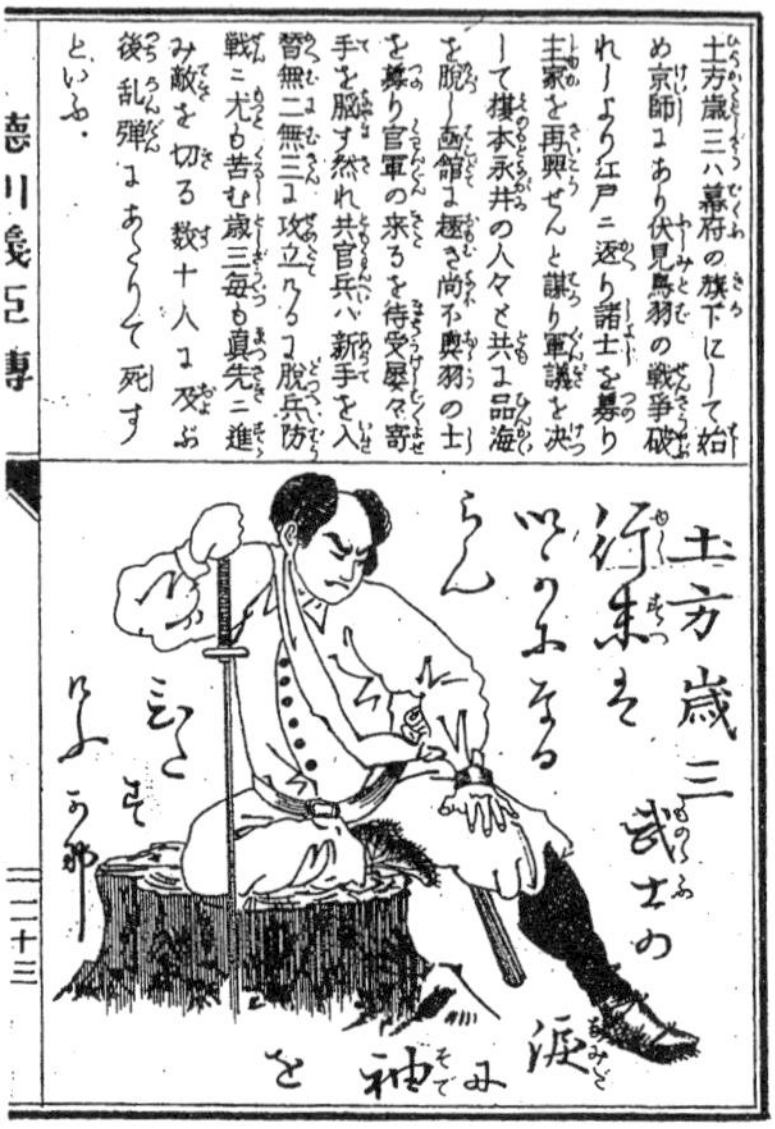

71―『徳川義臣伝』掲載の土方歳三

史談会

歴史への取り組みは、史書の編纂・刊行とは別の形でも表れた。史談会は、明治二十二年（一八八九）に組織された維新史料調査のための半官半民機関であったが、もともと薩長中心の史観にもとづいており、幕府側の立場から歴史を語り、史料を編纂することは憚られていた。後述するように、戸川残花らによって、その名も旧幕府史談会が結成され、雑誌『旧幕府』が刊行されたのは、史談会に対抗するような意味があった。しかし、明治も四〇年近くを経過した頃、かつての開国・攘夷、勤王・佐幕、官軍・賊軍といった立場の違いを超え、ひとしく国事に倒れた志士たちを慰霊・顕彰すべきであるという動きが史談会のなかから現れ、明治三十九年（一九〇六）六月二十三日、東京上野で史談会主催により殉国志士弔慰会が開かれるに至った。会場には約二〇〇名が参列し、嘉永元年（一八四八）から明治二十三年（一八九〇）までの期間に死亡した志士の英霊を追悼した。ここでいう「志士」が勤王・討幕側の志士だけではなく、むしろこれまで省みられなかった幕府方の死亡者に焦点を当てたものであることは当然である。参列者中、著名人では、松平容大《まつだいらかたはる》・山川健次郎《やまかわけんじろう》・島田三郎・江原素六・本多晋ら、旧会津・幕府関係者もそのなかにいた。祭文を読み上げた榎本武揚は、「半に至り、追懐の情禁じ能はざるもの、如く、暫し朗読を途切らせたりき」という（『毎日新聞』明治三十九年六月二十四日）。この時、東久世通禧《ひがしくぜみちとみ》も史談会副総裁として祭文を朗読した。東久世は、史談会の席では睨みを効かし、かつて幕府側に立った旧藩出身者を萎縮させていたとされる存在であった（『旧幕府』第七号）。さらに時勢の変遷を経た当時、そのような賊徒意識やそれに対する反感などは、互いの間で果たしてどこまで薄らいでいたのであろうか。

丸毛利恒が彰義隊について語った例会（明治二十九年四月十一日）、人見寧が箱根戦争（三十四年四月十三日）、同人が箱館戦争について語った例会（三十六年三月二十八日）は、早い例であるが、史談会の席上、上野戦争や箱館戦争のことが旧幕府方だった者の口からより多く語られるようになるのは、殉国志士弔慰会の後からだったようである。列記してみれば以下のようになる。高松凌雲が箱館戦争について語る（明治四十二年一月十七日、二月十三日、五月十五日）、田島応親が中島三郎助について語る（四十二年五月十五日）、林董が箱館戦争について語る（四十二年十一月十六日）、高松が古屋佐久左衛門について語る（四十三年七月十六日）、人見が箱館戦争について語る（四十四年一月二十二日、大正三年六月二十日、七月十八日）、山崎有信《やまざきありのぶ》が大鳥圭介について語る（四年三月十四日）、山崎が宮古湾海戦について語る（四年五月十五日）、山崎が大塚賀久治について語る（六年三月十一日）、山崎が彰義隊について語る（五月十三日）、山崎が天野八郎について語る（十月十三日、七年二月十一日）、田島・田《た》村銀之《むらぎんの》助《すけ》が箱館戦争について語る（大正九年九月二十一日）、田村が伊庭八郎について語る（十年四月二十五日刊号）。

殉国志士弔慰会を経ることによって、かつて「賊軍」だったことに公的な免罪符が与えられたものと認識され、長年抱き続けていた後ろめたさから解放されたのではないだろうか。

『旧幕府』

旧幕臣戸川残花は、明治三十年（一八九七）四月、雑誌『旧幕府』を創刊した。明治三十二年（一八九九）六月には旧幕府史談会を結成し、上野東照宮社務所を会場に例会を開き、そこで話された内容を記事にして『旧幕府』に掲載するようにした。旧幕府史談会の発起人は田辺太一・中根香亭・島田三郎・田口卯吉・坪井正五郎《つぼいしょうごろう》らであり、三十三年（一九〇〇）時点での会員数は八七名だった（その後加入した者もいる）。

『旧幕府』には、戊辰戦争を戦った旧幕臣の原稿・談話・史料等が極めて多い。主だったところでは、鳥羽・伏見戦争は沢太郎左衛門・岡崎撫松《おかざきぶしょう》ら、上野戦争は本多晋・丸毛利恒・阿部弘蔵ら、ほかにも、長州征伐、薩摩藩邸の焼き打ち、甲陽鎮撫隊の戦い、房総での撒兵隊の戦争、遊撃隊の箱根戦争、美加保丸の難船など、戦争関連の記事は非常に目に付く。なかでも箱館戦争関連は多く、大鳥圭介「南柯紀行《なんか》」、安藤太郎「美家古廼波奈誌」、横井時庸「幕府の軍艦蟠龍丸の記」、丸毛利恒「北鳴詩史」「北州新話」、荒井郁之助「回天丸」等々の記事はもちろん、挿図にも、開陽丸の図、朝陽艦撃沈の図、松前城戦争の図、函館碧血碑の写真、小笠原長行・板倉勝静・永井尚志・大鳥圭介・松岡盤吉・沢太郎左衛門・榎本武揚・甲賀源吾らの肖像などが掲載されている。

旧幕府史談会の会員になったことが判明する九二名のうち一九名は、戊辰時に新政府軍と抗戦したか、脱走し抗戦しようとした経験を持つ旧幕臣・藩士であった。何といっても雑誌刊行の支援者のなかには榎本・大鳥の二人の重鎮がいた。朝敵・賊軍とされたのは遠く三〇年前、明治国家体制が確立するなかでそれなりの地位につき自信を取り戻した彼らは、自らの過去をようやく語り出したのである。『旧幕府』は、そんな元抗戦者たちが自らの来歴を振り返り、歴史に位置づけ直そうとする上で、格好な発表の場となったといえる。

第九号の告知欄には、次号からは「衰運の幕府のみならず、隆盛の幕府をも記載」したいと、幕末の記事だけでなく一一代将軍の時代にまでさかのぼり編集を行うとしているが、結局、その後も幕末関連の記事が誌面の多くを占めた。皮肉にも『旧幕府』は、今日では幕末の文献資料の豊富さで重宝されているわけであり、「衰運の幕府」時代に焦点を当てたからこそ後世にその史料的価値が高まったのである。そのなかでも戊辰戦争関係の記事は最も豊かな部分である。

戦争、それも敗戦という体験こそが、個人に刻み込まれた最も大きな過去の記憶であったといえるかもしれない。幕末・維新の動乱を経験した者にとって、個人の体験と一致させ歴史を実感できるのは、戦争以外の何ものでもなかったろう。戊辰戦争に関する記事・史料が多い理由である。もちろん、戦いは、武士という戦闘者としての本能から、最大の関心事であったことにも由来するだろう。『旧幕府』は戦友会誌としての性格を多く含んでいたといえよう。

戊辰戦争に関する記事は論争的な要素を持つ場合も少なくなかった。たとえば、江戸薩摩藩邸焼き打ちと品川沖海戦をめぐり、鹿児島出身と思われる軍人のインタビュー記事「某将軍昔日談」（第二巻第六号）に対し、茈園逸人の寄書「読旧幕府二巻六号某将軍昔日談」（第二巻第九号）は、薩摩藩の陰謀に対する剝《む》き出しの反感を隠さない。ある書物のことを真実を隠蔽する「虚偽史料」だと批判した箇所は、編集者の側で気を使い伏字にしてあるほどである。また、その編集者たる戸川残花自身も、源平の歴史にまでさかのぼり、朝敵とはその時々の権力者が恣意的に使用する用語であり、西南戦争で死んだ西郷隆盛には決して皇室に対する不義不忠の意識はなかったし、戊辰時の徳川慶喜も同様だったとし、旧幕臣や奥羽諸藩が自分たちが朝敵とされたのは薩長の企みによるものであると認識したのは無理もないと弁じた（「朝敵弁」、第二巻第九号）。

ほかにも残花は、国家の功労者として阿部正弘《あべまさひろ》・井伊直弼《いいなおすけ》ら幕末の政治家に贈位する必要性を説くとともに、とりあえず鳥羽・伏見や上野・箱館の旧幕府側戦没者は除外しながらも、桜田門外の変で倒れた彦根《ひこね》藩士、大和五条や生野《いくの》の変、水戸天狗党《みとてんぐとう》の乱、禁門《きんもん》の変、長州征伐などで戦死した幕府側将兵に対しては国事殉難者として位置づけるべきであるとした（「贈位贈官弁」、第二巻第十号）。「勝てば官軍負ければ賊徒」の数文字が明治史に与えた影響の大きさを指摘し、宮内省によって編纂された『殉難録』が、一方的な歴史観に基づくものであることを批判しての発言であった。その後も、これら戊辰戦争以前の幕府方殉難者については、某翁が「聖世の余恵に霑《うるお》はしむ可き方法なきか」との意図で寄送した「殉難士氏名録」を掲げ、「記者も同情の感なくんばあらず高見を寄せらるゝあらは幸甚」と記している（第四巻第三号）。せめて幕末の幕政に対しては正当な歴史的評価をしてほしいという希望は強かったといえる。

なお、残花は、箱館戦争は「天兵」に抵抗したのではなく、薩長と戦った「私闘」である、中島三郎助ら旧幕軍戦死者は、天晴れ三河武士の意地を貫き「烈士高士の天爵」を得たのであり、いたずらに「伯子男の人爵」を加えなくても可であるとする（「中島君招魂碑を読む」、第三巻第三号）。

雑誌『旧幕府』は、明治三十四年（一九〇一）八月発行の第五巻第七号まで続いた。

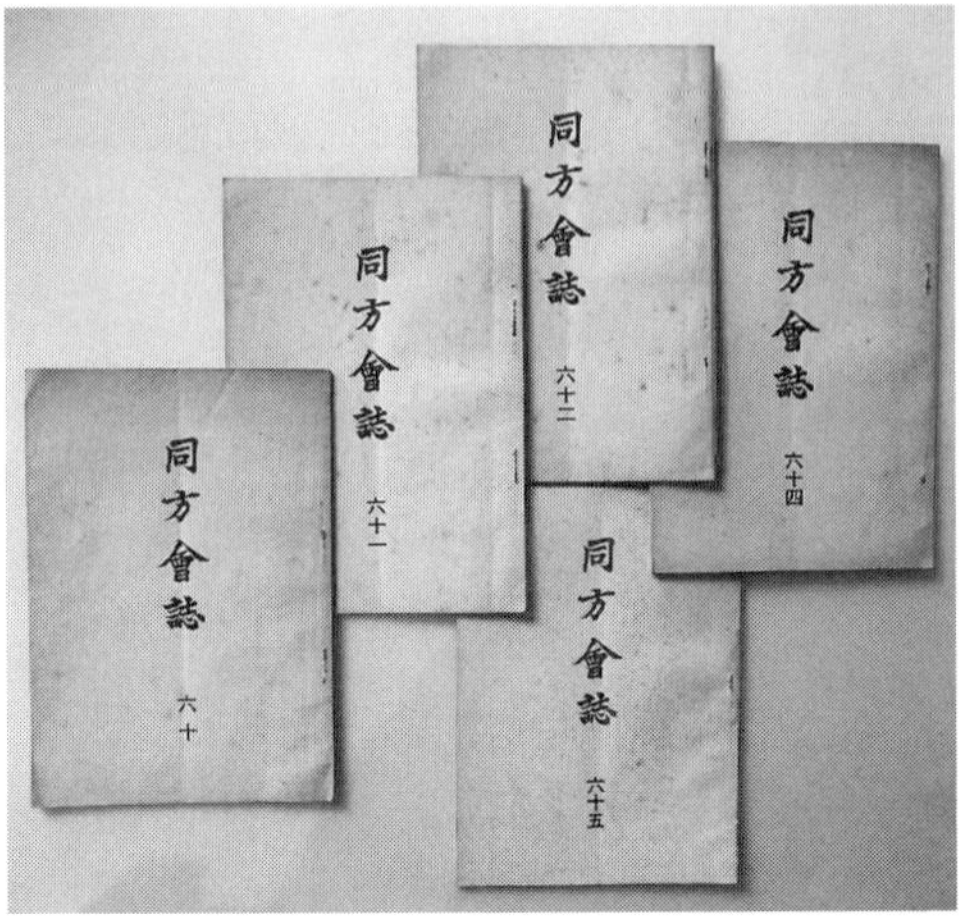

72――『同方会誌』

『同方会誌』

『同方会誌』（最初のタイトルは『同方会報告』）は、先に紹介した旧幕臣の親睦団体、同方会の会誌である。幹事の分担が「庶務」と「編輯」とに分けられたことからも、会誌の編集・出版が会務のなかで大きな割合を占めていたことがわかる。編輯者・発行者は、幹事である中沢金一郎・赤松範一らが長くつとめた。印刷所は賛成員でもあった佐久間貞一が社長をつとめた秀英舎が使われたが、後に他社に変わっている。会が発足して一年後の明治二十九年（一八九六）六月に創刊され、年に三冊から四冊の勢いで発行されたが、後にペースダウンし、一冊も発行されない年があった。特に第五一号（大正十年）、第五二号（同十五年）、第五三号（昭和五年）の間の空白は長かった。一般に市販された雑誌ではないため、当然ながら発行部数は会員数を少し上回る程度であったと考えられる。昭和十四年（一九三九）の収支表では、会誌の印刷部数は四五〇部となっている。結果として『同方会誌』は、昭和十六年（一九四一）十一月発行の第六五号が終巻となった。ただし、同号のなかには廃刊するとの記述は一切ない。たぶん、まだ刊行を続けるつもりだったのだろう。しかし、その翌月に始まった太平洋戦争がそれを許さなかったようだ。

会誌に掲載された内容は、目次によれば、論談・雑録・文苑・紀事・彙報《いほう》などの構成から、譚筵《たんえん》・葵影《きえい》・雑俎《ざつそ》・彙報・報告、譚筵・雑纂《ざつさん》・詞苑・報告、報告・雑纂といった構成に変わるなど、時期によって違いがあるが、大会・小集会での講演録、談話筆記、会員や友好団体からの寄稿文・史料紹介、会の活動についての報告記事、会員の動向を伝える彙報、そのほかの諸情報を集めた雑報欄、詩文を載せた文芸欄などから成っていたといえよう。

会に活力があり、雑誌にエネルギーが満ちあふれていた時代には、仲間内での意見の対立や小さな内紛も起きた。賛成員の川口嘉《かわぐちよしみ》が提唱し、会員に自分の家の系譜を会誌に投稿することを呼びかけたことがあった。実際に第二七号から掲載が始まり、第三五号までに二八名の略譜が紹介された。この「略譜」掲載については、そのようなものは自家に秘めておくべきものであり、赤の他人に公表すべきではないという意見が会誌に投じられた（第一九号）。さらに、明治三十六年（一九〇三）七月これらの略譜をまとめ和装製本したものが徳川公爵家に進呈されたことに対しても、そのような利用のされ方は思ってもみなかったことであり、自分のような小身者の履歴がお手元に達したかと思うと恐縮のあまり汗が出るとの声が上がった（会誌第二七号）。

前身である旧交青年会の時代と比べると、同方会は幹事たちが優秀で、立派な会誌を発行しているが、若者らしい元気さがなく、誌面も歴史関係の記事ばかりで『旧幕府』と差がないとの批判の声も出た（第二〇号）。同じ批判者は、同方会は「一男爵十六博士十八佐官を包有する老雄会」であり、青年が老人のご機嫌伺いをしているだけだと批判を繰り返した（第二二号）。古いことばかりでなく新知識にもっと重点を置けとの主張は、大会での演説で会員宮川鐵次郎も述べた（第二八号）。旧交青年会との対比は、ほかの会員からも示され、一部の者が牛耳っていて、会計も乱脈だった前者に比べ、同方会の会運営はよく整っている一方、会員には活気がなく、すべてを幹事まかせにしているとの意見も出された（第二一号）。しかし、諸分野の新知識については別に学ぶべき書籍があり、またほかの郷友会雑誌によくある法学生による誌面独占などと同じになっては面白くないので、『同方会誌』は、多くの読者に関心を持ってもらえるような材料を集め、「新旧半々」か「旧種六分」程度の割合で進むべきであるとの中沢金一郎による反論が提示された（第二九号）。このように会と会誌の方向性をめぐってはさまざまな議論が戦わされたが、歴史重視の方針はその後も変更されなかったといえる。

内輪もめの例はほかにもある。山ノ手談話会の連載記事に、江戸時代の商標・張札や墓石などの図が溢れていることに対し、そんなものは個人的な嗜好にもとづく「狭小なる趣味」であり、『同方会誌』の主旨に反するとの抗議である（第二二号）。しかし、山ノ手談話会の記事はその後も掲載された。

そもそも「目安箱」といった欄を設け、幹事の方針に批判的な投書をも掲載した態度は公平だったといえ、決して排他的な雑誌づくりはなされていなかった。とはいえ、若いパワーで幹事たちが苦心し、工夫をこらして編集した『同方会誌』であるが、やがて息切れする時期が訪れたことも確かである。昭和期に入ってからの誌面は単純化されたものとなり、会の報告と寄稿・講演録だけになっていった。会員相互の論争的なやりとりも消えていったようである。

当初、誌面は幹事たち自らが埋めることが少なくなかった。ペンネームで寄稿されたものには、それが誰であるのかわからないものもあるが、かなりのものが中沢・赤松ら幹事たちの手になるものだったと思われる。彼らは、自ら文章を書くだけでなく、積極的に先輩を訪問し、幕末の秘話を取材し、それを原稿化し会誌に載せた。

幹事自らが会誌に執筆する傾向は後年まで続くが、やがてそれ以外の会員からも常連の執筆者・投稿者が現れる。目につくところでは、林若吉（一時幹事）、岡本昆石《おかもとこんせき》、矢島隆教、戸川残花といった人々である。何号にもわたる連載記事を書いた人物としては、「大鳥圭介君獄中日誌」を寄せた丸毛利恒、「江戸時代落書類纂」を寄せた矢島隆教、「沼津兵学校沿革」などを寄せた石橋絢彦《いしばしあやひこ》らがあげられる。

戸川・矢島・岡本らは、長短の違いはあるものの自らが旧幕時代の体験者であるとともに、著述家としての性格を持っており、自分の経験と史料・文献・伝聞など駆使し文筆をふるった人々だった。

それに対し、林若吉や中沢金一郎・赤松範一ら同方会幹事の中心メンバーたちは、幕臣・武士としての経歴をまったく持たない若い世代であった。彼らは、ほかに集古会・東京人類学会・江戸時代文化研究会などの団体に所属したことからもわかるように、幕府関連以外にも関心の対象を広げた、古いもの好きの同好者であり、その本質には好事家・収集家（今日いうところの「オタク」）といった性格が濃厚だった。

石橋絢彦は、幕臣時代を経験した世代であるが、明治期には技術者・工学博士となっており、歴史研究はあくまで余技であった。石橋が会誌に頻繁に投稿するようになるのは、大正期からであり、第一線を退き趣味に取り組む時間的余裕ができてからのことだったようだ。ほかに、本職を別に持ちながらアマチュアとして歴史研究に情熱を燃やした同方会会員としては、法学博士の蜷川新をあげることができる。蜷川は明治生まれの若い世代であったが、伯父にあたる小栗忠順の非業の死について述べた『維新前後の政争と小栗上野の死』（昭和三年）を刊行し、戦後になるとより明確に天皇制を厳しく批判し、「旗本の亡霊」「反天皇教祖」などと評された人として知られる（坂井誠一『遍歴の武家―蜷川氏の歴史的研究―』吉川弘文館、一九六三年）。『同方会誌』上でも、若い頃から蜷川は、徳川幕府の歴史上の功労を賛美し、旧幕臣出身者の団結を強く訴えるなど、薩長の「成り上がり者」に対する反感を隠さなかった。

誌上では、特定の史観に対する批判が吐露され、史実をめぐっての論争が引き起こされたこともあった。歴史観に関しては、以下のような例を拾い出せる。田辺太一が、史談会（明治二十二年島津・

毛利家などを中心に設立された半官半民的維新史料調査機関）に出席した諸藩出身者が口をそろえて自分の藩は勤王だったと主張し、真実の歴史を明らかにしようとしないことを批判したこと（第七号）、本多晋が、井上馨邸の門に芝増上寺あたりから流出したらしい葵紋の木彫がはめ込まれていることを「奇態」として軽蔑したこと、同じく本多が、日光東照宮は徳川氏の諸大名に対する強権によって建設されたものだと発言した佐佐木高行《ささきたかゆき》に対し、王道と覇道との違いを知らぬ浅薄な理解であると反論したこと（第八号）、戊辰に際し徳川家を恭順に導いた勝海舟に対し、主戦派小栗上野介にこそ歴史的「正義」と「男子らしさ」があった、勝海舟を「怯人懦夫《きょうじんだふ》の好標本」と断罪する蜷川新の主張（第一一号、第二五号）、彰義隊の聖地上野に西郷隆盛銅像を建設することに対する批判と反批判（第一〇号・第一一号）、井伊直弼の銅像建設をめぐる反対派・妨害派への反駁《はんばく》（第三三号）等々である。

純粋な史実に関する論争としては、御徒士の実態を知らない上級旗本出身の戸川残花の論考に対し、それを詳しく訂正・補足した投稿（第七号）があった。また、中下級旗本の内実について無理解な戸川の論考に対する矢島隆教の批判（第四四号）、それに対する戸川の弁明（第四五号）、一〇〇〇石以下を見下すような戸川の「広言」に対し、維新時には高禄の旗本にこそ「卑怯者臆病者」が多かったと喝破する岡本昆石らのさらなる攻撃（第四六号、第四七号）、矢島・岡本対戸川の論争について、戸川の不勉強は間違いないが、「喧嘩」のし方では二人の負けであるとする意見（第四八号）といった応酬もあった。気分を害したのであろう、この一連の流れのなかで戸川は退会している。このように、史実をめぐるものではあっても、彼らの言動が感情に左右されたようにみえるのは、それが本当の意味でのアカデミックな論争ではなかったことを示しているのかもしれない。とはいえ、現代の我々からすれば、それが『同方会誌』とそこに集った人々の良さであり、特徴でもあるのだが。

同誌に記事を投稿したり、講演・談話・資料などが掲載されたりした箱館戦争関係人物には、榎本武揚、大鳥圭介、沢太郎左衛門、林董、丸毛利恒、田島応親、細谷安太郎、山内堤雲らがいる。脱走艦隊乗組者も含めれば、山田昌邦、本山漸、中根香亭らを加えられる。決して多くはないが、大鳥の獄中日記など、直接箱館戦争に関わる資料が収録された例もある。

しかし、当時それを編集・発行していた当事者にとって、同誌は歴史研究のためだけのものではなく、あくまで会員の相互交流のための道具であった。そのため、会報や彙報の欄は重要な情報源だったし、時事に関する論説なども知識・教養に寄与するものだったろう。漢詩や和歌を掲載した欄も、愛好者が自らの作品を多くの人々に見てもらうための共有スペースになっていた。多くの会員を擁した規模の大きな団体、旧交会と葵会に機関誌はなく、旧幕臣たちにとって、『同方会誌』こそが、唯一自分たちが拠って立つべき雑誌であった。

読み物としてメインとなったのは、講演録や寄稿論文、史料紹介などであり、時には批判はあったものの、その多くが江戸時代や幕末、明治初年などの事物、事件、人物などに題材をとっていたことも事実である。そして、会員・賛成員自らが記し、語った自伝・回想録なども歴史の証言としての意味を持った。三〇年以上の時を経ることで、幕末維新は歴史の対象となったのである。常連たちが寄せた記事の多くも、結果として歴史の素材として位置づけられるものがほとんどであった。

『江戸』

江戸旧事采訪会は、大正四年（一九一五）六月に設立され、雑誌『江戸』を刊行した。首唱者は平山成信、三田佶《さんだただし》、今泉雄作《いまいずみゆうさく》、町野五八、塩谷時敏《しおのやときとし》の五名、事務所は平山方に置かれた。首唱者には箱館戦争の生き残りとして町野が唯一加わっていた。ほかに会員中には、表5に示した通り、細谷安太郎、乙葉林八（?—一九一八）、高松凌雲、人見寧、小柳津要人、本山漸らがいたし、遺族まで広げてみれば、古屋庚次郎、榎本武憲、沢鑑之丞、小笠原長生《ながなり》らも加えられる。『江戸』は大正十年（一九二一）一月の第四〇号まで発行され、廃刊となった。箱館戦争に関わる記事としては、石橋絢彦「宮古湾海戦記」や獄中の榎本に関する福沢諭吉書簡などが掲載されたが、ほかには人物にまつわるもので永井尚志・伊庭八郎・荒井郁之助関連が追加できる程度である。ただし、石橋の記事は、後に単行本『回天艦長甲賀源吾伝』（昭和七年刊）へとつながった。

戦記と伝記

幕末維新の激動に立ち会った人々は、明治末から大正期に入ると、次々に世を去るようになる。箱館戦争に参加した旧幕臣たちも同様である。箱館の戦記や関係人物の履歴については、すでに丸毛利恒による『毎日新聞』紙上の多数の連載記事をはじめ、『旧幕府』、『同方会誌』、『江戸』などの雑誌で発表されていたものがあったが、当事者の没後にはそれが単行本として改めて刊行される動きが出てきた。さらに第三者によって特定の人物の全生涯をまとめた伝記も編纂されるようになった。

林董『後は昔の記』（明治四十三年刊）には、林の「風俗、歴史の参考に供せらるる事あらば、望外の幸といわんのみ」という言葉が冒頭に掲げられており、すでに明治政府のなかで確固とした地位を築き上げた彼らしく、「賊軍」だったことも含め、すべては過去の歴史となったのだという自信が感じられる。

中田蕭村《なかだしょうそん》『幕末実戦史』（明治四十四年刊）に収録された今井信郎の「衝鋒隊戦史」の冒頭には、「終に維新の大業を就し得たるは実に天運にして、人力の到底能する所に非るなり」とあり、自分たちが新政府軍と戦ったことが「維新の大業」に抗した行為であったことをすっかり忘れたかのような口ぶりである。あるいは自分たちも維新の功業に参加したのだという意識だったのか、それとも薩長による維新の成功を皮肉っているのかよくわからない。

山崎有信には、『彰義隊戦史』（明治四十三年刊）、『大鳥圭介伝』（大正四年刊）、『天野八郎伝』（大正十五年刊）、『幕末血涙史』（昭和三年刊）といった著作があり、熱心に戊辰戦争の旧幕府方について調査・研究を行った人として知られる。大正初年には史談会にもたびたび出席し、同様のテーマで談話を行っている。旧幕臣でもない九州出身の彼を突き動かしたものが何だったのかはわからないが、「彼れの王室に抗する意なきこと明けし」、「世徒《いたずら》に其の蹤《あと》を観て其の心を察せず、漫《みだ》りに呼びて賊といふ亦《また》悲むべきかな」（『彰義隊戦史』自序）という言葉からは、勤王の立場を逸脱しないよう注意しながら、武士道の「花」、「日本魂の発揮」(『大鳥圭介伝』自序)を称揚しなければならないという強い熱情が看取される。

さらに、戊辰から暦が一回りした昭和に入ると、『新選組始末記』(昭和三年刊)、『回天艦長甲賀源吾伝』(昭和七年刊)、『義烈中島三郎助父子』(昭和十三年刊)といった作品が生み出された。養父甲賀源吾の伝記を発行した甲賀宜政が、凡例に「祖先を尊敬し父祖を顕揚するは忠孝の一端にして、又過激思想の伝播を防止するの一手段なり」と記しているのは、青年層に広がったマルクス主義思想、共産主義運動への危惧を表明したものであろう。赤化の脅威の前には勤王も佐幕もはるか遠い過去のものとなっていた。

福永恭助《ふくながきようすけ》『海将荒井郁之助』(昭和十八年刊)には、海軍大将嶋田繁太郎《しまだしげたろう》の序文が付されているが、「大東亜戦争に於ける帝国海軍の輝かしい勝利は、広大無辺の御稜威《みいつ》の賜であると共に、海軍諸先輩によつて築かれた伝統に負ふ所極めて大であるが、その諸先輩もまた、直接或は間接に幕末海軍の指導者達の薫陶《くんとう》に負ふところが少くなかつたのである(中略)海軍軍人であり幕臣の家に生れた私として真に喜ばしいところである」と、海軍の伝統にかこつけ時局と幕末史とを結び付けている。出版事情が厳しいなか、よくある常套句ではあるが、幕臣の子孫であり、葵会会員にもなっていた嶋田にとっては偽りのない言葉であったかもしれない。著者自身は、「はしがき」において、箱館戦争は「大義名分に背く行動であつて、朝敵といふ汚名を被つたのも致し方のないことである」と誠に素っ気なく、旧幕府軍＝「賊軍」を当然視しており、そのことの持つ意味について深い洞察はない。皇国史観全盛の当時、その点についてはあっさりと書き流すのが無難だったのだろう。

同じ昭和十八年刊行の別の本には、榎本とともにオランダに留学した船大工上田寅吉が、「畏多くも御稜威に背く罪を深く後悔してゐた」ため、「徴発」され連れて来られた箱館の「賊軍」（榎本軍）から脱走し、「皇政維新への御奉公を誓」うという場面が登場するが（興梠忠夫『近世名船匠伝續豊治』東山書院、一九四三年）、これは明らかにつくり話であろう。

戦記や伝記も時代の制約を受け、その描かれ方には変遷が生じたといえよう。

5　国家との一体化

西南戦争への参加

箱館戦争を経験した旧幕臣たちが、その後堂々たる国家の一員となったことをシンボリックに表すのが、政府が始めた新たな戦争に今度は「官軍」としての立場で参加したという事実である。

明治十年（一八七七）の西南戦争に際しては、あたかも戊辰戦争での怨みを晴らそうとするかのように、政府の募集に応じて巡査となった元会津藩士たちが新撰旅団などに編制され、九州の戦地で戦ったことがよく知られている。戊辰時には辛酸を嘗《な》めた元会津藩家老、陸軍中佐山川浩《やまかわひろし》が薩軍に攻囲された熊本城の囲みを解く奮戦ぶりを見せたことは、爆発した旧怨の象徴であった。会津と同じく、静岡の旧幕臣たちに対しても兵員の募集が行われた事実がある。遊撃隊を率い箱館戦争で奮戦した人見寧は、当時内務省勧業寮に在職し全くの職務外であったが、内務少輔前島密《まえじまひそか》の意向や右大臣岩倉具視から直々の依頼もあり、静岡県内の士族から志願者を募り、一大隊、六〇〇人を編制するための準備を始めた。事前に勝海舟には相談したという。出張先の静岡では今井信郎らと協議し、大隊長には今井が就くことが予定された。しかし、戦争が鎮静化に向かったことにより、この徴募兵は横浜まで赴いたところで出征は中止され、解散となった（「人見寧履歴書」）。今井が一等中警部心得に任命されたのは七月九日、第一課警備掛兼臨時巡査取締になったものの、解職となったのは八月二十七日のことだった。静岡の旧幕臣たちに対し、どのような説得が行われたのかまでは史料に記されていないが、幕府を倒した憎き仇、薩摩の連中をやっつけるというのが口実にされたであろうことは想像に難くない。一方、子孫のいい伝えによれば、西郷に恩義を感じていた今井は薩摩軍に寝返る腹積もりだったという。しかし、真偽のほどは確認しようもない。

出征した大川矩文（?―一八七九）は、凱旋後に会った林董に、「函館の戦の時ハ自費であつたから苦しかつたが、今度ハ官費だから沐浴迄出来る位で楽だつた」と語ったという。彼にとって過去に経験した実戦である箱館戦争を比較対象としたわけであるが、自費か官費かという違いを持ち出すのは面白い。戊辰の脱走軍にも軍資金はあったであろうが、公のバックはないわけであり、自主参加の兵士たちは何かと自弁を強いられる場面があったのだろう。明治十年の大川は、今回は「官軍」の一員として、国家という大きなものを背負ったことによって、それがなかった戊辰時の危うさを改めて感じたのかもしれない。それから二年後、大川は金沢の歩兵第七連隊在勤中に病死した。

別働第二旅団第一軍に属し、第二師管後備軍司令官心得として出征した陸軍歩兵中尉滝川具綏（一八五〇―七七）は、十年五月三十一日、人吉《ひとよし》攻撃に参加、熊本県球磨《くま》郡瀬戸《せと》山《やま》で戦死した。そのようすは、「銃創十五、刀創六ケ所に及び地に倒れて気息淹々《えんえん》たり負傷の身を馬背に縛して勇戦し」云々と伝えられる凄まじいものだった（『明治過去帳』）。大鳥圭介が墓誌の撰文を担当したらしい。

こうして、大川、滝川という、実戦に長じた指揮官として箱館戦争で鳴らした二人の猛将は相次いで没し、後年将官にまで累進するといった、大成した姿を見せることはなかった。あるいは長命だったとしても、長州閥が幅を利かせた当時、砲兵や工兵ならまだしも、二人が属した歩兵科では昇進は難しかったかもしれない。同じく箱館の勇将だった本多忠直も陸軍歩兵中尉として西南戦争に出征し負傷するなど、軍功をあげているが、軍人としての履歴は大尉止まりだった。

日清戦争と歓迎会

明治二十年代、三十年代以降になると、旧幕臣の間の親睦会は隆盛を迎える。主に東京で次々に新たな団体が結成されるようになったのは先述した通りである。その背景には、勝海舟・榎本武揚・渋沢栄一らを筆頭に旧幕臣のなかから明治の官界・政界・財界などで栄達を極める者が出現するに至ったこと、徳川慶喜が公爵に叙させられるなど徳川家の名誉回復が達成されたこと、明治維新からはるかな時間を経過し佐幕派史観ともいうべき歴史観が登場したことなどが挙げられる。そして、そのいずれもが、当時の日本が明治国家の確立、すなわち国民国家の成立という大きな歴史の段階に達したことを示している。つまり、近代国家が成熟していくなかで、旧幕臣たちは、自分たちがほかと何ら異なることのない国民の一部であることを認識し、むしろ人一倍国家に尽くしている存在であることに自信を深めた結果、何ら遠慮や警戒をすることなく、自らのルーツを過ぎ去った封建時代に求める形で、親睦団体を組織し、歴史を語り合うことが可能になったといえるのである。

日清戦争の勝利は、まさにそのような状況を生み出す最初の契機となった。

榎本武揚が歓迎会長となり、明治二十八年（一八九五）十二月八日に東京の徳川家達邸を会場に開かれた「旧幕並静岡県出身陸海軍将校諸氏凱旋歓迎会」は、士族・平民の別なく、徳川家と静岡県にゆかりのある出征兵士を招いた祝宴であった。この歓迎会の準備には、静岡育英会、旧交会、静東会、碧血会、静岡親睦会、江戸旧誼会の六団体が協力して当たったが、各会から三人ずつ選出された担当委員のなかには、碧血会（担当委員渡辺忻三・細谷安太郎・小林一知）はもちろんであるが、丸毛利恒（旧交会）、伴正利（静東会）、川村久直・本山漸（静岡親睦会）ら、箱館戦争・榎本艦隊関係者が多く含まれた。正式に発足した歓迎会には、さらに委員として高松凌雲、山内長人《やまのうちおさひと》、町野五八、人見寧らが加わり、箱館戦争経験者の比重が増した。

当日は、戦功を挙げた陸軍少将黒田久孝《くろだひさたか》が凱旋軍人の代表として読み上げた答辞のなかで、戦勝は「日本男児の気魄と三河武士の精神」の発揚であると述べた。同方会が捧げた祝辞のなかには、「今や諸君は関東武士の後裔を以て　天皇陛下の忠臣たり」、「昔日の関東武士に非すして日本帝国の男児たり」云々と記されていた。それは、まさに旧君臣が共有する歴史のなかに現在の淵源を求め、その延長として天皇への忠誠心や日本という国家への帰属意識を高める効果を発揮したイベントであったといえる。会場では、住吉踊、撃剣、能楽、大神楽、手品などのアトラクションが行われ大変な賑やかさだったが、撃剣の担当は伊庭想太郎と箱館の老戦士町野五八であった。凱旋軍人に贈られた記念品の木杯には、家達が揮毫した「祝凱旋」「歓迎会」の文字が入り、徳川家ゆかりの十本骨の扇の馬標がデザインされていた。

開催後にまとめられた『歓迎会報告書』という活版冊子によれば、招待者側である出征軍人は陸軍一五二人、海軍一六八人、主人側である発起人（拠金者）は二八九人となっている（ただし不参者も含む）。その出征軍人名簿から箱館戦争経験者を拾い出せば、筒井義信（工兵少佐）、松島玄景（一等軍医正）、斎藤徳明（歩兵中佐）、関定暉（工兵大佐）、尾形惟善（海軍大佐、一八五二―一九一四）、小倉鋲一郎（海軍少佐）、三浦功（海軍大佐）らとなる。全体では決して多いわけではないが、現役で軍務に従事していた者がまだいたのであり、戊辰の「老兵」は消え去ってはいなかった。商船会社勤務だったにもかかわらず軍の御用船の船長をつとめた福井光利、中央気象台技師として軍務に携わった小林一知らのように軍人ではない立場で従軍した例もある。隠棲していたにもかかわらず動員され、第一軍兵站部司令官として出征、朝鮮で病没した小宮山昌寿陸軍工兵少佐のような不運な人もいた。もちろん、すでに退役した軍人たちは発起人の側に回っていた。

日露戦争

日清戦争の時に比較して、日露戦争に出征した旧幕臣出身の軍人はずっと少ない。宮古湾海戦にも参加した、箱館戦争の生き残りで最も若い世代である海軍中将三浦功は、旅順口海軍港務部長を明治三十八年（一九〇五）十二月に免職、待命となっている。逆に、旧幕臣の子というべき、もっと若い世代になると、出征した者、戦死した者は少なくなかった。たとえば、長鯨丸艦長などとして榎本軍で戦った浅羽幸勝（甲次郎、一八三四—九七）の場合、戊辰時にはともに脱走艦隊に参加した長男源之助をわずか一六歳で亡くしたのに続き、本人没後のことではあるが、今度は帝国海軍の士官となっていた次男金三郎を失ったのである。彼は、旧幕府と明治国家に、それぞれ一人ずつの息子を差し出したことになる。三十八年七月、同方会では会長榎本武揚の名で慰問状を戦地へ発送している。

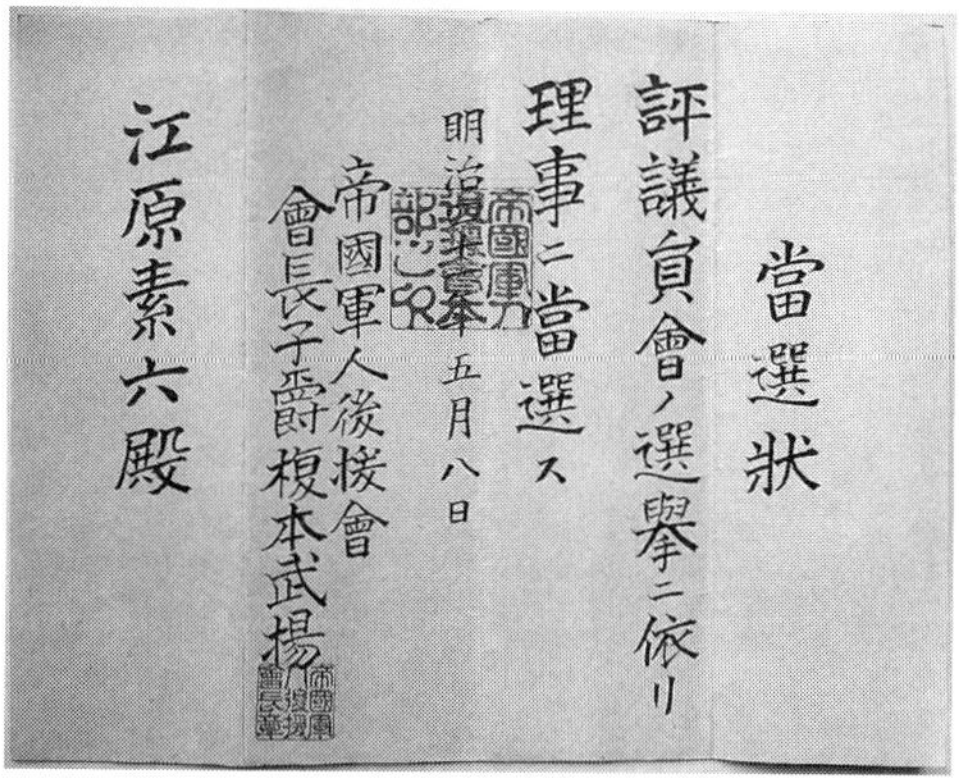
當選狀
評議員會ノ選擧ニ依リ
理事ニ當選ス
明治[illegible]五月八日
帝國軍人後援會
會長子爵榎本武揚
江原素六殿

73——帝国軍人後援会理事当選状

榎本は、明治二十九年（一八九六）設立の軍人遺族救護義会の三代日会長をつとめ、日露戦後には同会を帝国軍人後援会と改め、引き続きその会長をつとめた。大鳥圭介は、日露戦争の頃、麻布区兵事義会の会長をつとめていた。全国組織か地域組織かの違いはあるが、いずれも旧幕臣とは無関係の、軍人遺族の保護などを目的とした軍隊や戦争をバックアップする団体である。

戦後、三十九年（一九〇六）四月十五日には、同方会の春季大会を兼ね、上野精養軒で日露戦争出征者凱旋祝賀会が開かれた。歓迎する側には、榎本武揚、荒井郁之助、細谷安太郎、小花万次の四名の、箱館の老戦友の顔が見られた。若き日の明治初年、北方で開拓・国防の任務を担おうと志した彼らにしてみれば、会長榎本に唱和した万歳三唱には、当時から脅威とみなしていた巨大な敵ロシアに勝利したことへの特別な感慨が込められていたと考えてよいのかもしれない。同月二十二日には、千駄ヶ谷の徳川公爵邸で凱旋慰労会が開催された。旧幕臣関係の戦没者を祀る祭壇が設けられ、凱旋した軍人・軍属らが招待された。家達は祭文、式辞を朗読し、戦死者を慰霊するとともに、凱旋者を称賛し、戦勝を祝った。凱旋軍人の答辞には、「往時祖先金扇馬標の下矢石剣光の間に馳駆奮闘せし状を追想し心目に娟々《けんけん》して感慨愈々《いよいよ》胸に満ち情極まりて言ふ所を知らす」云々という文言があったが、日清戦争時とは違い、幕末維新期には直接つながらない世代が発する言葉としては、古い君臣時代の歴史を持ち出した点に無理が感じられないこともない。いずれにせよ、国家が進める新たな戦争に繰り返し参加することによって、遠い過去の戦争で負けたという傷跡は消えていったのだろう。

爵位を持った旧幕臣

維新の敗者たる旧幕臣であっても、その後の明治国家のなかで功なり名遂げた者には、その証として爵位を授けられた例がある。列挙すれば、伯爵が勝海舟、林董、子爵が大久保一翁、榎本武揚、山岡鉄舟、渋沢栄一、男爵が松本順、大島圭介、赤松則良、黒田久孝、矢吹秀一、佐野延勝、山内長人、目賀田《めがた》種太郎《たねたろう》、大森鐘一、向山慎吉、加藤定吉、宮原二郎、平山成信、岡野敬次郎、前島密、益田孝といった具合である。長いスパンでとらえれば、一橋徳川家の家臣を父に持つ男爵荒木《あらき》貞夫《さだお》も含めるべきかもしれない。

山口県出身が六〇家以上、鹿児島県出身が七〇家以上であるのに比べて、旧幕臣出身の有爵者が数の上で劣るのは明白であり、また侯爵以上も皆無である。そこに薩長藩閥の優位とその恣意性が表れている。とはいえ、誰もがその実力と実績を認めざるをえなかったわけであり、不利な立場ではあっても旧幕臣はよくやったというべきなのかもしれない。榎本・大鳥・林は箱館戦争組、松本・山内は奥羽での戦闘参加者だったわけで、戊辰の反逆者転じて明治国家の功労者となったのは紛れもない事実であった。沼津兵学校や静岡学問所の出身者が九名を占めているのも大きな特徴といってよいだろう。静岡藩での先駆的な教育が人材輩出に寄与したのである。戦争に参加した者も参加しなかった者も、生き続け、自らの才能に磨きをかけた者が報われたというべきか。

公爵徳川慶喜家では、明治四十三年（一九一〇）家範を発布し、家政の運営ルールを定め、旧臣のなかから選ばれた顧問が当主を補佐する体制がつくられた。顧問に指名されたのは渋沢栄一、林董、山内長人らであった（松戸市戸定歴史館編『徳川慶喜家最後の家令』同館、二〇一〇年）。彼らは、いずれも爵位を有する者であり、皇室の藩屏たる華族であると同時に、徳川家の藩屏としての役割も期待されたのである。もちろん、宗家である徳川家達家のほうでも同様の措置がとられた。たとえば、大正十一年（一九二二）、男爵・海軍大将加藤定吉は、家達の孫家英の教育について依頼されている。

新たな語り部たち　エピローグ

昭和戊辰の感慨

『同方会誌』第五五号（昭和六年刊）に凌雲荘主人のペンネームで「見ぬ世に在りし叔父の墓を探る」というエッセーが収録されている。凌雲荘主人とは、同誌の編輯兼発行者たる赤松範一その人であろう。実際には昭和三年（一九二八）五月に記されたものであるが、その内容は、旧幕府海軍の軍艦役並見習当分出役として北行する開陽丸に乗り組みながら、途中寄港した東名浜（現宮城県東松島市）で、二一歳で病死した叔父吉沢才五郎の墓石を初めて訪ねた際の紀行文である。才五郎は実兄赤松則良と同様の秀才であったが、無念の思いを残し異郷の地で亡くなったのだった。則良もこの弟のことを、「明治の今日までゐたならば、立派なアドミラルになって国家に貢献し」たであろうと、しみじみ語ったことがあったほか、才五郎と竹馬の友であった山田昌邦（榎本艦隊美加保丸乗組、則良とは沼津兵学校で同僚）も同様のことを範一に話していたという。範一は、村人に場所を聞き、草むらのなかでようやく見付けた苔むす墓を前に、父や山田から聞いて

吉沢才五郎の墓

いたことを思い出しながら、「万感胸に逼《せま》つて、縷々《るる》として立昇る香の煙うちに、思はず眼頭の熱くなるのを覚え」た。六十一年目の昭和戊辰の年のことであった。

実は、吉沢才五郎の墓標のことは、明治六年（一八七三）に兄赤松則良が、知人であり、才五郎とは榎本脱走艦隊の同志であった根津勢吉（?—一八七七）に依頼して現地で調査してもらい、看病してくれた村人の氏名やそこに残された遺品の存在をも含め、文書に書き残したことがあった（国立国会図書館憲政資料室所蔵「赤松則良日記」）。また、第Ⅲ章第3節でも述べたように、範一の弟が明治末発行の『同方会誌』に寄せた文中においても触れていた。赤松家の人々にとって、維新の動乱のなかで若くして没した吉沢は、自らの来し方と一族の歴史を振り返るなかで必ず思い起こされる存在になっていたのだろう。

吉沢才五郎の墓石は、東松島市大塚字東名の共同墓地に現存した。吉沢を看取り、その後墓守を任された近くの家には、昭和三年（一九二八）五月二十七日の日付が記された赤松範一の名刺も残されていた（菊地明『東名の道のり』私家版、二〇〇二年）。本書執筆中に起きた東日本大震災の津波により、同地は壊滅状態になってしまったが、墓石は失われることなく、地元の方々によって復旧された（被災前後の状況については、扉の写真提供も含め東松島市教育委員会赤澤靖章氏のご教示・ご協力による）。

子母澤寛の世界

箱館戦争に参加した彰義隊士を祖父に持つ作家、子母澤寛《しもざわかん》（一八九二—一九六八）が処女作『新選組始末記』を出版したのは、昭和三年（一九二八）のことだった。同年刊行の、『東京日日新聞』で特集した明治維新六〇年をまとめた『戊辰物語』も彼が中心となって執筆した本だった。いずれも古老の談話を駆使したものであり、今日いうところのオーラル・ヒストリーによる歴史叙述の成果である。

子母澤の祖父梅谷十次郎《うめたにじゅうじろう》（旧名斎藤鉄太郎）は、江戸育ちの元御家人であったが、箱館戦争後も北海道にとどまり、石狩郡厚田《いしかりぐんあつた》村《むら》（現石狩市）で網元となり、貸座敷業や旅籠屋も営んだという変わった履歴の持ち主だった。子母澤の作品には、上京後に新聞記者として出入りした子爵小笠原長生や歴史学者尾《お》佐《さ》竹《たけ》猛《たけき》らから示唆を得たものが素材として活かされた半面、北海道での幼少期に祖父から聞かされた懐旧談と佐幕的心情が大きく反映されている。

当事者たちが次々に死に絶えていく時期、『同方会誌』を支えた赤松範一らとは別の場所で、子母澤のような作家が旧幕臣の物語を受け継いでいくことになるのである。子母澤

74――映画「伊庭八郎」の広告

は聞き書きを駆使し、史実を重視しながら、祖父とその同時代の江戸人への哀惜と共感を作品に込めた。祖父は勝海舟を好きではなかったというが、子母澤は勝を主人公にした。子母澤の祖父と勝の間には、「瘠我慢」の有無があったはずであるが、勝を批判的に描いたようすはない。「勝海舟」の新聞連載は昭和二十年八月十五日を挟んだが、江戸城明け渡しとアメリカ軍による日本占領を重ね合わせ説くことで、GHQによる連載中止を免れたという。そのことが勝の描き方と関連したかどうかはわからないが、むしろ、作中に登場する、新政府によって処刑されることとなった吉岡艮太夫のほうに、勝には当てはめることができなかった「瘠我慢」への思いが込められていたように思われる。

子母澤以後、箱館戦争や旧幕臣・新選組のストーリーは、さらに小説、演劇、映画、テレビドラマなどで繰り返し描かれ、最近はマンガやゲームにまでそのバリエーションは広がり、より大衆化していくことにもなった。それらフィクションが描き出す世界は、想像や創造を多く交えた明治の錦絵や軍記物の系譜を引いているといったほうがよいのかもしれない。その一方、佐幕的心情や江戸っ子気質を祖父から直接受け継いだ子母澤ほどの臨場感をともなう作品は確実に減っていった。

あとがき

本書は「榎本武揚」とうたっているが、榎本以外に、箱館戦争に参加した多くの旧幕臣をできる限り取り上げ、さながら曼陀羅のように、その群像を描くことに力点を置いた。その群像は、筆者にとっては、沼津兵学校の人材群、静岡学問所の人材群に次ぐ、第三番目の対象であった。いや、それは単に筆者にとってではなく、客観的な事実としても、そうであったといえる。明治の旧幕臣のなかで、箱館戦争参加者は、少なからぬ有力者を生み出し、沼津兵学校・静岡学問所出身者と並び立つ大きな勢力を占めたからである。

その意味において本書は、筆者の二つの旧著、『旧幕臣の明治維新—沼津兵学校とその群像—』、『静岡学問所』と筋書きにおいてはほぼ同じであり、登場人物が違うだけで、何ら目新しい点はないかもしれない。本書を執筆していく過程で、叙述のさまざまな箇所において、箱館戦争参加者を沼津兵学校関係人物に置き換えたとしても全く同じことがいえると感じていた。たとえば、他藩への御貸人となった箱館戦争降伏人と沼津兵学校教授・生徒たち、開拓使の測量事業における荒井郁之助と野沢房《のざわふさ》迪《みち》ら、内務省の測量事業における岩橋教章と大川通久《おおかわみちひさ》、陸軍砲兵分野での関迪教と大築尚志、陸地測量部における小菅智淵と早川省義《はやかわあきよし》、海軍水路部における五藤国幹と伴鉄太郎、三井物産支店長として働いた松岡譲と笹瀬元明、さまざまな事業を手掛けたが成功することのなかった松平太郎と阿部潜、移民事業を推進しようとした榎本武揚と田口卯吉、嚶鳴社の民権運動に参加した吉田次郎と島田三郎、旧幕臣親睦団体の会長をつとめた榎本武揚と江原素六、爵位を授与された榎本・大鳥らと赤松則良・黒田久孝ら等々、あらゆる場面で箱館戦争参加者と沼津兵学校出身者はペアのように常に組み合わせになっていた。

箱館戦争参加者を取り上げても、沼津兵学校出身者を取り上げても同じ筋書きになるのがなぜかといえば、いずれも彼らが真の意味での「敗者」ではなかったからである。「敗者の日本史」と銘打った本書にとっては大いなる矛盾であるが、戦った者も戦わなかった者も旧幕臣たちは政治・軍事のレベルでは一時的な敗者であったことは否定しようのない事実であるが、社会的には決してそうではなかった。とりわけ旧幕臣のなかでも、箱館・沼津の二集団は、いち早く自らを軍人・洋学者として育成していた先駆的存在であり、政権交代を経てもその価値が減じることはなかった。

その一方、旧幕臣のなかに本当の意味での敗者が存在しなかったわけではない。社会的・経済的に没落していった者たちである。しかし、彼らについては史料的な制約もあり、なかなか詳細を明らかにすることはできない。特に箱館戦争参加者に焦点をあてた本書のストーリーからは、その存在を浮き上がらせることは難しかった。

また、土方歳三や伊庭八郎らが見せた「滅びの美学」とその意義については、生き残った者たちのその後に力点を置いた本書では扱いきれなかった。もしも彼らが死ななかったとしたら、どのような明治を生きたのかについては想像しにくい。むしろ、中島三郎助、古屋佐久左衛門、吉沢勇四郎、貝塚道次郎らについて考えるほうが楽である。きっと彼らは、本書で述べた者たちと同じような足跡をたどり、軍人・技術者などとして得意の分野で日本の近代化に貢献したであろう。

本書は、あくまで筆者の自己流の描き方による、箱館戦争の長い後日譚のようなものである。箱館戦争そのものについて、政治過程としての戦争や戦闘経過などに関心がある場合には、ほかの文献を併せてお読みいただくことをお勧めしたい。また、死んでいった者、没落していった者への挽歌を感動的に描くことは、大衆文学や映像の世界に委ねたほうがよいのかもしれない。

末筆ながら掲載した写真をご提供いただいた個人（飯島士郎、井口亘生、奥村直、小花正雄、柴喜友、畠山雄三郎、人見寧則、三宅立雄、本山松二、吉井一夫、吉沢勝一、以上敬称略）、機関（目次ページの最後に一覧表示）の皆様には厚く御礼申し上げる次第である。

二〇一二年七月

樋口雄彦

参考文献

青木　昭「人見寧履歴書」『農業史内部資料』第一八号、茨城県農業史編さん会、一九六七年
明田鉄男編『幕末維新全殉難者名鑑』Ⅱ～Ⅳ、新人物往来社、一九八六年
荒川区立荒川ふるさと文化館編『彰義隊とあらかわの幕末』同館、二〇〇七年
井黒弥太郎「箱館戦争新論」『軍事史学』第一七号、一九六九年
石川安次郎『沼間守一』毎日新聞社、一九〇一年
石田龍次郎『日本における近代地理学の成立』大明堂、一九八四年
稲垣達郎編『明治文学全集89　明治歴史文学集（一）』筑摩書房、一九七六年
井上　勲「徳川の遺臣　その行動と倫理」、井上編『日本の時代史20　開国と幕末の動乱』吉川弘文館、二〇〇四年
石橋絢彦『回天艦長甲賀源吾伝』甲賀源吾伝刊行会、一九三二年
今井昭彦『近代日本と戦死者祭祀』東洋書林、二〇〇五年
今井幸彦『坂本竜馬を斬った男―幕臣今井信郎の生涯―』新人物往来社、一九七一年
今村信隆「開拓使の画工牧野数江について」『北大植物園研究紀要』第三号、二〇〇三年
巌橋章山『正智遺稿』同人、一九一一年

上杉孝良「海軍艦船の創設に活躍した渡辺忻三」『はまゆう』第二八号、横須賀市民文化財団、一九九一年
臼井隆一郎『榎本武揚から世界史が見える』ＰＨＰ研究所、二〇〇五年
榎本隆充編『榎本武揚未公開書簡集』新人物往来社、二〇〇三年
榎本隆充・高成田享編『近代日本の万能人　榎本武揚』藤原書店、二〇〇八年
岡山県史編纂委員会編『岡山県史　第二十六巻　諸藩文書』岡山県、一九八三年
奥光三郎編『学校沿革誌』蕨市立北小学校父母と教師の会・教育後援会、一九六三年
海上保安庁水路部編『日本水路史　１８７１〜１９７１』財団法人日本水路協会、一九七一年
加茂儀一『榎本武揚』中央公論社・中公文庫、一九八八年
川崎　司「山路愛山研究—第二の故郷静岡—」『静岡県近代史研究』第四号、一九八〇年
楠　善雄『土木屋さんの史学散歩』鹿島出版会、一九七六年
久能山東照宮社務所編『久能山叢書』第五編、同所、一九八一年
栗賀大介『箱館戦争始末記』新人物往来社、一九七三年
小泉雅弘「明治初期東京府の人的基盤—「東京府史料」所載官員「履歴」の紹介をかねて—」『江東区文化財研究紀要』第五号、江東区教育委員会、一九九四年
河野基樹「戊辰函館五稜郭の文学—佐幕・転向・プロレタリアリアリズムをめぐる物語—」『埼玉学園大学紀要　人間学部篇』第六号、二〇〇六年
昆野和七「榎本武揚老母の歎願書案文」『日本歴史』第二四七号、一九六八年

佐藤　侊「陸軍参謀本部地図課・測量課の事蹟―参謀局の設置から陸地測量部の発足まで―」1〜6、『地図』第二九巻第一号〜第三一巻第二号、日本地図資料協会、一九九一―九三年
沢鑑之丞『海軍七十年史談』文政同志社、一九四二年
静岡県編『静岡県史　資料編16　近現代一』同県、一九八九年
静岡県史料刊行会編『明治初期静岡県史料』第一巻、静岡県立中央図書館葵文庫、一九六七年
静岡県神社庁編『明治維新静岡県勤皇義団事歴』編者、一九七三年
静岡県民権百年実行委員会編『ドキュメント静岡の民権』三一書房、一九八四年
史談会編『戦亡殉難志士人名録』一九〇七年、原書房復刻、一九七六年
市立函館博物館編『戊辰戦争　鳥羽・伏見から箱館まで』同館、一九九九年
市立函館博物館友の会編『幕臣達の明治維新―箱館戦争始末記―』同会、二〇〇五年
新人物往来社編『伊庭八郎のすべて』同社、一九九八年
新人物往来社編『新選組大人名事典』上・下、同社、二〇〇一年
鈴木　明『追跡　一枚の幕末写真』集英社、一九八八年
鈴木高弘「小笠原島領有と小花作助―新発見の『小花日記』を中心に―」『紀要』第三〇号、専修大学附属高等学校、二〇〇九年
鈴木栄樹「開化政策と翻訳・洋学教育―大蔵省翻訳局と尺振八・共立学舎―」、山本四郎編『近代日本の政党と官僚』東京創元社、一九九一年

鈴木要吾『蘭学全盛時代と蘭疇の生涯』東京医事新誌局、一九三三年、大空社復刻、一九九四年
須藤隆仙編『箱館戦争史料集』新人物往来社、一九九六年
『高砂小学校開校百二十年記念誌』浦和市立高砂小学校開校一二〇周年記念事業実行委員会、一九九一年
太政官編『復古記』第十四冊、内外書籍株式会社、一九三〇年
田中　明『幕艦美加保丸宮永荘正伝』信太書店、一九七三年
田中　彰『北海道と明治維新―辺境からの視座』北海道大学図書刊行会、二〇〇〇年
田村貞雄校注『初代山口県令中野梧一日記』マツノ書店、一九九五年
塚原　晃「近代美術と地図―川上冬崖と岩橋教章―」『神戸市立博物館研究紀要』第一七号、二〇〇一年
辻　達也「徳川家達の静岡旅行の費用」『日本歴史』第七一六号、二〇〇八年
東京都江戸東京博物館編『勝海舟関係資料　海舟日記（五）』同館、二〇一一年
『東京農業大学五十年史』東京農業大学、一九四〇年
戸田市編『戸田市史　通史編　上』同市、一九八六年
中島義生編『中島三郎助文書』私家版、一九九六年
西澤朱実「松平太郎」『歴史読本』第五一巻第一号、二〇〇六年
野　武士「松廼家露八」『文芸倶楽部　第拾弐巻第六号　明治畸人伝』一九〇六年
萩原延壽・藤田省三『瘠我慢の精神』朝日新聞出版、二〇〇八年
橋本　進『咸臨丸還る　蒸気方小杉雅之進の軌跡』中央公論新社、二〇〇一年

樋口雄彦「史料紹介　矢田堀鴻『公私雑載』―明治四年の静岡藩士日記―」『沼津市博物館紀要』15、沼津市歴史民俗資料館・沼津市明治史料館、一九九一年
樋口雄彦「旧幕臣・静岡県出身者の同郷・親睦団体」『沼津市博物館紀要』24、沼津市歴史民俗資料館・沼津市明治史料館、二〇〇〇年
樋口雄彦『旧幕臣の明治維新―沼津兵学校とその群像―』吉川弘文館、二〇〇五年
樋口雄彦『沼津兵学校の研究』吉川弘文館、二〇〇七年
樋口雄彦「まぼろしの清水海軍学校」『清見潟』第一八号、清水郷土史研究会、二〇〇九年
樋口雄彦『静岡学問所』静岡新聞社、二〇一〇年
樋口雄彦「井口省吾日記にみる同郷会とその活動」『静岡県近代史研究』第三五号、静岡県近代史研究会、二〇一〇年
樋口雄彦「大鳥圭介と荒井宗道・荒井宗懿」『佐倉市史研究』第二四号、佐倉市、二〇一一年
樋口雄彦「『同方会誌』の世界」『同方会誌』第十巻（復刻版合本）、マツノ書店、二〇一一年
福井　淳「嚶鳴社の構造的研究」『歴史評論』第四〇五号、一九八四年
福永恭助『海将荒井郁之助』森北書店、一九四三年
福本　龍『明治五年・六年　大鳥圭介の英・米産業視察日記』国書刊行会、二〇〇七年
真下菊五郎『明治戊辰梁田戦蹟史』一九二三年、マツノ書店復刻、二〇一〇年
松浦　玲「俊英榎本武揚の誤算」『月刊歴史と旅』第三巻第八号、一九七六年

松田藤四郎『榎本武揚と東京農大』東京農大出版会、二〇〇一年
三浦泰之「開拓使に雇われた「画工」に関する基礎的研究」『北海道開拓記念館研究紀要』第三四号、二〇〇六年
柳生悦子『史話まぼろしの陸軍兵学寮』六興出版、一九八三年
山内堤雲「後の鏡」『同方会誌』第五十六、一九三二年、復刻合本第九巻、立体社、一九七八年
山崎有信『幕末血涙史』日本書院、一九二八年
山崎有信『彰義隊戦史』隆文社、一九一〇年、マツノ書店復刻、二〇〇八年
山田孝子「碧血の賦―秋田流亡箱館の降伏人たち―」『幕末史研究』第三六号、三十一人会、二〇〇〇年
由井正臣校注『後は昔の記他―林董回顧録』平凡社、一九七〇年
「遊撃隊供養碑」『報徳博物館友の会だより』第六七号、報徳博物館友の会、二〇〇二年
好川之範・近江幸雄編『箱館戦争銘々伝』上・下、新人物往来社、二〇〇七年
『歴史読本』第二四巻第一一号（最後の戊辰戦争―五稜郭の戦い）、新人物往来社、一九七九年
我妻栄他編『日本政治裁判史録　明治・前』第一法規出版株式会社、一九六八年
我妻栄他編『日本政治裁判史録　明治・後』第一法規出版株式会社、一九六九年
蕨市史編纂委員会編『蕨市の歴史』二巻、吉川弘文館、一九六七年

略 年 表

西暦	和 暦	事 項
1868	慶応4 (明治元)	1.3 鳥羽・伏見の戦い（～6）. 1.23 徳川家の人事体制刷新により，榎本武揚は海軍副総裁となる. 4.11 江戸城が新政府軍に明け渡される. 榎本武揚率いる旧幕府海軍艦隊，館山沖へ脱走. 閏4.3 下総・上総で撤兵隊（徳川義軍府）と新政府軍による戦い（～16）. 5.6 奥羽越列藩同盟成立. 5.15 彰義隊と新政府軍との間で上野戦争. 5.17 沼津で謹慎中の遊撃隊（上総義軍），脱走して新政府軍との間で箱根戦争（～27）. 5.23 福地源一郎，『江湖新聞』の筆禍により投獄される. 5.24 新政府より，徳川家の駿府70万石移封が公表される. 6.16 輪王寺宮，奥羽越列藩同盟の盟主に推戴される. 7.15 徳川家達，駿府に到着. 7.?「駿河表召連候家来姓名」に榎本武揚以下海軍局員約530名記載. 8.19 榎本武揚率いる旧幕府艦隊，品川沖を脱走. 8.21 榎本艦隊，台風のため鹿島灘で離散. 8.26 榎本艦隊に加わった美加保丸，銚子沖で沈没. 8.28 米沢藩，新政府に降伏. 9.15 仙台藩，新政府に降伏. 9.18 咸臨丸，清水港で新政府軍に襲撃され，乗組員の一部が惨殺される. 9.22 庄内藩，会津藩，新政府に降伏. 10.12 榎本艦隊，仙台藩領の折ノ浜を出港，蝦夷地へ向かう. 10.24 会津・仙台での降伏人210名余，千住宿で静岡藩に引き渡される. 10.26 榎本軍，箱館五稜郭を占領. 11.6 新政府から徳川家達に対し，箱館榎本軍の討伐が命じられる. 11.18 開陽丸，江差沖で沈没. 11.24 水戸藩主徳川昭武に対し箱館の榎本軍討伐命令が下される. 12.28 英米仏蘭など6ヵ国による局外中立が解除，ストーンウォール（甲鉄艦）がアメリカから新政府に引き渡される. 榎本軍，投票により総裁榎本武揚・副総裁松平太郎以下の役職を決める.
1869	明治2	1.10 徳川昭武に対する榎本軍討伐命令が撤回される. 1.20 駿河府中藩，田中城で謹慎させていた会津・仙台での降伏人203名を釈放する. 1.23 同藩，海軍学校の設置計

西暦	和　暦	事　　　　項
		画を中止し，海軍局を廃止．3.25 宮古湾海戦．4.9 新政府軍，江差北方の乙部に上陸．4.22 宮古湾海戦アシュロット降伏人小笠原賢蔵・古川正雄ら，東京の糺問所に収容．4.23 板倉勝静・竹中重固ら，イギリス船で箱館を脱出．5.16 中島三郎助父子ら，千代ケ岡台場で戦死．5.18 五稜郭の榎本軍，降伏．5.20 松平定敬，箱館から東京にもどり名古屋藩邸に出頭．5.21 箱館戦争降伏人 580 名余（612 名とも），箱館から青森の寺院へ移され，兵卒は釈放となる．5.29 箱館戦争降伏人 218 名，島原藩温泉丸に乗り箱館を出航（6.1 能代港着）．6.1 東京にもどった板倉勝静，政府に自訴状を提出．6.3 降伏人 218 名，秋田藩に預けられ，秋田在の寿量院に入る（〜4）．6.11 青森の降伏人，弘前へ移され，寺院に収容される．6.12 室蘭での降伏人 300 名余護送され，海路箱館に到着．6.17 弘前にて箱館降伏人のうち年少者・兵卒・水夫は釈放され，帰国を許される．6.30 榎本・大鳥ら，東京に到着，軍務局糺問所の牢舎に投獄される．7.3 室蘭での降伏人 184 名，岡山藩兵の護衛で海路東京着，芝山内に収容される．7.5 沢太郎左衛門・渋沢喜作，軍務局糺問所牢舎に投獄．7.21 弘前の降伏人，青森の寺院に移転．8.5 アシュロット乗組降伏人の大半，糺問所禁錮から諸藩預けとなる．8.17 降伏人の重症者 81 名，高松凌雲ら医師とともに函館を出航（22 東京着）．8.24 福井光利ら，軍務局糺問所の牢舎から尼崎藩へ預けられる．8.27 松平定敬，東京の津藩邸で謹慎．9.3 榎本武揚の母，新政府あてに武揚の助命嘆願書を提出．9.12 弘前藩，青森抑留の降伏人に筒袖 427 枚を贈る（28 には綿入 438 人分）．9.15 秋田藩に預けられていた箱館戦争降伏人 218 名，青森に移転（〜16）．9.28 徳川慶喜の謹慎が解除される．9.? 石川忠恕，「説夢録」の序文を記す．9.? 静岡・宝泰寺に美加保丸遭難者供養のため壮士之墓が建立される．10.25 弘前藩・秋田藩預かりだった箱館戦争降伏人のうち 499 名，函館にもどされ弁天岬台場に収容される（〜27）．10. 下旬　芝山内に収容されていた高松凌

西暦	和　暦	事　　　　　　　項
		雲，徳島藩預けとなる．10.? 今井信郎，収容された青森・蓮華寺で「衝鋒隊戦争略記」の序文を記す．10.? 富山藩，変則英学校を設立し，箱館降伏人森本弘策を英学教師に採用する．11.4 神木隊，杜陵隊，岡崎・唐津・桑名藩士ら164名の箱館降伏人，函館港出帆（7東京着）．11.9 今井信郎，軍務局糺問所の牢舎に投獄．11.25 芝山内の病院にいた友成安良，静岡藩に引き渡され翌月浜松城内に禁錮となる．12.2 海軍教育のため箱館降伏人を寛典に処し登用すべきとの意見，集議院で出される．
1870	3	1.? 今井省三，静岡学校に学ぶ．2.9 兵部省から広島藩・富山藩に対し，御預人の赦免が伝達される．2.11 高松凌雲，赦免される（15静岡藩に引き渡される）．2.18 兵部省から津山藩に対し箱館戦争降伏人の赦免が伝達される．2.20 新庄藩，御預人6名を静岡藩へ引き渡した旨を政府に報告．2.? 開拓使，函館謹慎中の降伏人500人を開拓に従事させる案に反対する上申．3.8 津山藩，御預人山路一郎に数学取立を依頼，30俵を給す．3.29 福山藩預けになっていた小花万次，静岡藩を経て釈放される．3.? 東京府権大参事北島時之助，箱館降伏人の赦免にあわせ，下総開墾場行きを希望する脱籍旧幕臣1200名余を静岡藩へ復籍させるべき旨を上申．3.? 函館獄中の中島登，「戦友姿絵」を描く．3.? 石川直中，蕨宿の郷学校教師に招かれる．4.10 函館の降伏人のうち421名，宥免され静岡藩に引き渡しとなる．4.19 大聖寺藩の御預人6名，赦免され静岡藩へ引き渡される．4.下旬　香春藩預けから前月釈放された人見寧・中野梧一，静岡到着．4.? 沼津・本光寺に戊辰戦死者供養のため懇忠碑が建立される．5.2 赦免された箱館戦争降伏人200名，東京に到着．5.3 赦免された箱館戦争降伏人170名，静岡に到着．人見寧，鹿児島藩への遊学のため静岡を発す（6上旬鹿児島着）．5.5 岩橋教章ら，静岡藩に藩籍編入願書を提出する．5.7 岩橋教章，静岡学校附属絵図方に任命される．5.10 小花万次，慶応義塾に入塾．5.21 梅沢有久，静岡藩軍事掛附属に任命される．5.

西暦	和　暦	事　　　　項
		25 岩橋教章，兵部省から招聘され上京．6.7 柴貞邦，静岡藩から兵部省帆前運輸船船長に出仕．7.8 山口知重，沼津小学校体操教授方に任命される．7.11 梅沢有久，沼津兵学校喇叭教授方に任命される．9.20 坂本龍馬暗殺の取り調べを受けていた今井信郎に禁錮・静岡藩引き渡しの判決．10.? 林董，駐日アメリカ公使デロングの翻訳官に雇われる．10.? 丸毛利恒，浜松勤番組となる．10.頃　関迪教，静岡藩の許可を得て，大垣藩から和歌山藩の御貸人に変わる．11.上旬頃　室田秀雄・町野五八・小林弥三郎，鹿児島に到着．11.7 人見寧，春日丸に乗艦し鹿児島を発つ．勝海舟の三男七郎，箱館戦争戦死者岡田斧吉の家名相続を許され，二等勤番組となる．11.8 中島三郎助の遺児與曽八，家名相続を許され静岡藩三等勤番組となる．11.11 高松凌雲，東京浅草で医院を開業．榎本軍に参加していたフランス人下士官3名，大阪兵学寮の練兵教師に雇用される．11.23 古屋佐久左衛門の遺児庚次郎，家名相続を許され，三等勤番組となる．11.25 小菅智淵，静岡藩から和歌山藩へ御貸人として派遣され工兵を指導することとなり，勝海舟に暇乞い．11.? 横田豊三郎，金沢藩の仏式陸軍士官養成学校斉勇館の教師に招聘される．12.13 静岡藩，筒井義信を和歌山藩工兵教授として御貸人派遣を決定． 12.? 今井信郎，静岡藩士中条景昭に預けられ，月3両3分を給せられる．
1871	4	1.5 箱館降伏人畠山義質，土浦藩への御貸人となる．1.12 箱館降伏人山口知重，沼津兵学校三等教授方並に任命される．1.22 安藤太郎，大蔵省准十一等出仕に任命される． 2.2 箱館戦争降伏人中川長五郎，静岡藩から名古屋藩への御貸人となる．2.30 早乙女為房，大学南校少得業生に出仕．2.? 甲賀源吾の甥宜政，静岡藩での家名再興を許される．5.3 静岡藩，アメリカに亡命していた鳥羽・伏見戦争責任者塚原昌義の寛典を政府に願い出る．5.18 人見寧，集学所世話心得に任命される．7.5 松岡盤吉，東京の獄中で病死．7.14 廃藩置県．9.3 徳川家達，東京に移り住む．

西暦	和　暦	事　　　　　　項
		9.19 辻村義久，東京の自宅で牛乳販売業を始める．9.24 静岡在大谷村の集学所，火災により焼失．11.12 林董・安藤太郎，岩倉使節団の随員として横浜を出航．11.15 中野梧一，山口県参事に就任．11.? 人見寧，集学所頭取に任命される．
1872	5	1.6 徳川慶喜，従四位に叙せられる．榎本武揚・永井尚志・松平太郎・大鳥圭介・荒井郁之助・沢太郎左衛門・渋沢喜作ら，出獄．1.12 永井尚志ら5名，開拓使御用掛に任命される．3.6 親類預けになっていた榎本武揚，放免となる．3.8 榎本武揚，開拓使四等出仕に任命される．9.19 大鳥圭介・寺沢正明の娘ら，開拓使女学校に入校．11.? 竹中重固，北海道移民開拓について建白書を集議院あてに提出．
1873	6	4.? 小杉雅三『雨窓紀聞』が刊行される．5.6 小田井蔵太，彰義隊戦死者の大赦を建白．
1874	7	1.14 榎本武揚，海軍中将に任命される．8.5 中野梧一，山口県令に就任．8.18 賊軍戦死者の祭祀を許すとの太政官達第108号が出される．
1875	8	9.14 函館に碧血碑が建立され，最初の招魂祭が行われる．
1876	9	5.1 板橋に近藤勇・土方歳三墓碑が建立される．8.24 三毛證編『瓦解集　一名関東邪気集』が刊行される．
1877	10	7.9 今井信郎，西南戦争に出征すべく一等中警部心得に任命（8.27 解職）．9.? 東京数学会社が設立，荒井郁之助・沢太郎左衛門ら参加．10.? 仙台の瑞鳳殿に仙台藩・米沢藩・旧幕臣戦没者らのため弔魂碑が建立．12.? 荒井郁之助，内務省地理局測量課長に就任．
1878	11	5.18 静岡の徳川慶喜，来訪した永井尚志と会見せず．
1879	12	4.18 東京地学協会が創立され，榎本武揚は副社長に就任．11.11 日光東照宮保存のため，保晃会が結成される．
1880	13	1.? 三井物産函館支店開設，松岡譲が支配人となる．3.8 人見寧，茨城県知事に就任．5.18 徳川慶喜，正二位に叙せられる．7.24 箱根湯本・早雲寺に遊撃隊供養碑が建立され，慰霊祭が執行．8.? 荒井郁之助・沢太郎左衛門らが

西暦	和　暦	事　　　　　　　項
		発起人となった海員掖済会が設立される.
1881	14	8.16『函右日報』に論説「梧一と葉」が掲載される.
1882	15	1.20 大森鐘一・中村秋香, 静岡県会に対し東京進学の奨学生制度を建言する. 8.30 大鳥圭介, 工部大学校長に就任. 9.? 本山漸・宮永荘正ら, 銚子黒生浦に美加保丸遭難者慰霊碑を建立する. 10.8 今井信郎, 洗礼を受けカナダ・メソジスト教会員となる.
1883	16	11.2 この頃, 静岡県士族同胞会が結成され, 規約緒言が『函右日報』に掲載される. 11.? 岡田霞船編『徳川義臣伝』が出版.
1884	17	7.7 徳川家達, 公爵に叙せられる. 7.? 一橋旧藩懇親会, 結成される. 9.27 関口隆吉, 静岡県令に就任. 10.? 旧交会が結成される.
1885	18	7.26 静岡の臨済寺に東軍招魂之碑が建立され祭典執行. 7.13 静岡育英会が結成, 会長赤松則良, 議員荒井郁之助らが選ばれる. 11.? 静岡県士族同胞会本部内に静岡育英会静岡支部が置かれる. 12.22 榎本武揚, 逓信大臣に任命される.
1886	19	4.10 大鳥圭介, 学習院長に就任. 5.15 寛永寺・増上寺の徳川家墓所保存のため, 酬恩義会が組織される. 6.12 土肥庄次郎（松廼家露八), 静岡事件に連座し検束される. ?.? 清水次郎長, 咸臨丸死者供養のため清水港に壮士墓を建立.
1887	20	4.17 興津清見寺に咸臨艦殉難諸氏紀念碑が建立され, 建碑式が開かれる. 5.9 勝海舟, 伯爵に列せられる. 5.24 榎本武揚, 子爵に列せられる. 10.31 明治天皇が東京の徳川家達邸に行幸.
1888	21	2.26 徳川旧譜代懇親会が華族会館で開催され, 徳川家達らが招かれる. 3.20 島田三郎『開国始末』が刊行される. 4.7 安藤太郎, ハワイで大日本禁酒会を設立し, 会頭となる. 5.? 電気学会が創立され, 榎本武揚が会長に就任. 5.? 荒井郁之助, 大日本気象学会幹事長に就任. 6.2 高幡不動に殉節両雄之碑が建立される. 10.? 関口隆吉が旧交会

西暦	和　暦	事　　　　　　項
		の第2代会長に就任.
1889	22	6.1 江戸会から『江戸会雑誌』(のち『江戸会誌』と改題)が創刊される. 8.26 委員長榎本武揚のもと, 東京上野で東京開府三百年祭が開催される.
1890	23	6.? 榎本武揚, 旧交会の第3代会長に就任. 8.? 荒井郁之助, 中央気象台長に就任. 9.4 山内堤雲, 鹿児島県知事に就任.
1891	24	1.27「大鳥圭介氏獄中日誌」が,『毎日新聞』に連載開始(〜2.19). 4.9 永峰弥吉, 宮崎県知事に就任. 5.3 育英黌の開校式が挙行される. 5.21 榎本武揚, 外務大臣に就任. 6.14「友成安良の伝」が『毎日新聞』に連載開始(〜7.23). 7.? 中島三郎助追悼のため, 浦賀に中島君招魂碑が建立される. 11.27 福沢諭吉,「瘠我慢の説」を脱稿.
1892	25	2.5 福沢諭吉,「瘠我慢の説」を勝海舟と榎本武揚に送り, 反論を求める. 12.1 福地桜痴『幕府衰亡論』が刊行される.
1893	26	3.11 殖民協会が設立され, 榎本武揚が会頭となる. 5.11 育英黌農業科が独立し, 東京農学校となる.
1894	27	1.22 榎本武揚, 農商務大臣に就任. 10.15 東京農学校, 静岡育英会から分離(後に大日本農会に移管される).
1895	28	6.3 石川忠恕『説夢録』が刊行される. 6.23 同方会が結成される. 10.6 榎本武揚, 同方会の初代会長に就任. 12.8 東京徳川家達邸で旧幕並静岡県出身陸海軍将校諸氏凱旋歓迎会が開催.
1896	29	6.22『同方会報告』(明治34年・第18号から『同方会誌』と解題)が創刊. 11.19 山内堤雲, 製鉄所長官に就任.
1897	30	4.22 雑誌『旧幕府』が創刊される. 5.9 伏見に戊辰東軍戦死者之碑が建立され, 竣工式に榎本武揚ら参列. 6.21 荒井郁之助・榎本武揚らが発起人となった浦賀船渠株式会社が設立される. 8.? 仙台に額兵隊見国隊戦死弔魂碑が建立される. 11.16 徳川慶喜, 静岡を離れ東京に移住する.
1898	31	2.18 徳川慶喜, 参内し明治天皇に拝謁する. 3.? 榎本武揚, 工業化学会の初代会長に就任.

西暦	和　暦	事　　　　　項
1899	32	1.19 勝海舟，死去．7.2 旧幕府史談会の第 1 回例会が上野東照宮で開催される．
1900	33	5.5 大鳥圭介，男爵に叙せられる．
1901	34	1.1 福沢諭吉「瘠我慢の説」が『時事新報』に掲載される（〜3)．6.21 伊庭想太郎，星亨を刺殺する．
1902	35	2.27 林董，日英同盟締結の功により子爵に叙せられる．6.3 徳川慶喜，公爵を授けられる．6.15 同方会，徳川慶喜の公爵授与祝賀会を開催．12.7 偕行社を会場に徳川慶喜授爵祝賀会（祝賀会長榎本武揚）が開催される．
1903	36	12.4 徳川家達，貴族院議長になる．
1906	39	4.15 同方会，春季大会を兼ね日露戦争凱旋祝賀会を東京上野に開く．6.23 史談会による殉国志士弔慰会が開催，榎本武揚が祭文を読む．
1907	40	7.23 徳川慶喜の伝記編纂のため，第一回の昔夢会が開かれる．11.15 史談会編『戦亡殉難志士人名録』が刊行される．?.? 京都十七日会，榎本武揚揮毫の戊辰之役東軍戦死者之碑を 2 ヵ所に建立．
1908	41	10.27 榎本武揚，死去．12.12 林董，同方会の第 2 代会長に就任．
1909	42	2.? 碧血会・同方会などの有志により子爵榎本公追弔碑が円通寺に建立される．11.15 徳川家正・島津正子が結婚，祝賀として旧幕臣関係 8 団体が記念品を贈呈．
1910	43	1.? 碧血会，円通寺に荒井郁之助君追弔碑を建立．4.20 山崎有信『彰義隊戦史』が刊行される．5.15 東京・円通寺で榎本武揚追弔碑の建碑式が行われる．12.20 林董『後は昔の記』が刊行される．
1911	44	4.5 中田薫村編『幕末実戦史』が刊行される．6.15 大鳥圭介，死去．9.10 碧血会・同方会により大鳥圭介君追弔碑が円通寺に建立，除幕式．
1913	大正 2	5.4 東京向島梅若神社で榎本武揚銅像の除幕式が挙行される．11.22 徳川慶喜，死去．11.30 徳川慶喜葬儀執行，委員総裁渋沢栄一，委員長沢鑑之丞．
1914	3	1.24 江原素六，同方会の第 3 代会長に就任．

西暦	和　暦	事　　　　　　　　項
1915	4	2.1 山崎有信『大鳥圭介伝』が刊行される．6.25 江戸旧事采訪会により雑誌『江戸』が創刊される．7.? 祥雲寺に徳川家達篆額により荒井郁之助顕彰の「荒井君碑」が建立．
1917	6	1.14 京都城南会の発起により伏見鳥羽東軍戦死者五十年招魂祭が開催．5.13 寛永寺で戊辰東軍殉難者五十年忌大法会が執行される．5.? 円通寺に高松凌雲君追弔碑，町野五八君追弔碑が建立される．10.6 静岡育英会，規則を改正し総裁を置き，徳川家達を推戴する．12.? 間宮魁，北海道鷲ノ木・霊鷲寺に「箱館脱走人名」を寄贈．
1918	7	1.4 渋沢栄一編『徳川慶喜公伝』全8巻が刊行される．6.8 徳川家達公御相続五十年祝賀会が開催される．
1924	13	9.? 内田万次郎，現足利市に明治戊辰梁田役東軍戦死者追悼碑を建立．
1928	昭和3	8.5 子母澤寛『新選組始末記』が刊行される．9.30 山崎有信『幕末血涙史』が刊行される．
1931	6	3.? 東京本郷区・光源寺に甲賀源吾墓碑が建立される．
1932	7	12.31 石橋絢彦『回天艦長甲賀源吾伝』が刊行される．
1933	8	3.8 映画「伊庭八郎」（原作子母澤寛，製作日活），封切り．
1937	12	5.23 埼玉県飯能の能仁寺に振武軍之碑が建てられる．
1938	13	5.1 徳川家達の宗家相続七十周年記念会が開催され，旧幕臣関係7団体が祝う．2.25 田口由三『義烈中島三郎助父子』が刊行される．
1940	15	6.5 徳川家達，死去．
1941	16	10.14『中外商業新報』で子母澤寛「勝安房守」（後に『勝海舟』）の連載開始．11.1『同方会誌』第65号が発行，これが最終号となる．
1943	18	5.25 福永恭助『海将荒井郁之助』が刊行される．

著者略歴
一九六一年　静岡県に生まれる
一九八四年　静岡大学人文学部人文学科卒業
現　在　国立歴史民俗博物館・総合研究大学院大学教授

〔主要著書〕
『旧幕臣の明治維新—沼津兵学校とその群像—』(吉川弘文館、二〇〇五年)
『沼津兵学校の研究』(吉川弘文館、二〇〇七年)
『海軍諜報員になった旧幕臣—海軍少将安原金次自伝—』(芙蓉書房出版、二〇一一年)
『第十六代徳川家達—その後の徳川家と近代日本—』(祥伝社、二〇一二年)

敗者の日本史17
箱館戦争と榎本武揚
二〇一二年(平成二十四)十一月一日　第一刷発行

著　者　樋《ひ》口《ぐち》雄《たけ》彦《ひこ》
発行者　前田求恭
発行所　株式会社　吉川弘文館
郵便番号一一三—〇〇三三
東京都文京区本郷七丁目二番八号
電話〇三—三八一三—九一五一〈代表〉
振替口座〇〇一〇〇—五—二四四
http://www.yoshikawa-k.co.jp/
印刷＝株式会社　三秀舎
製本＝誠製本株式会社
装幀＝清水良洋・大胡田友紀

ISBN978-4-642-06463-7

敗者の日本史

刊行にあたって

現代日本は経済的な格差が大きくなり、勝ち組と負け組がはっきりとした社会になったといわれ、格差是正は政治の喫緊の課題として声高に叫ばれています。

しかし、歴史をみていくと、その尺度は異なるものの、どの時代にも政争や戦乱、個対個などのさまざまな場面で、いずれ勝者と敗者となる者たちがしのぎを削っていました。歴史の結果からは、ややもすると勝者は時代を切り開く力を飛躍的に伸ばし、敗者は旧体制を背負っていたがために必然的に敗れさった、という二項対立的な見方がなされることがあります。はたして歴史の実際は、そのように善悪・明暗・正反というように対置されるのでしょうか。敗者は旧態依然とした体質が問題とされますが、彼らには勝利への展望はなかったのでしょうか。敗者にも時代への適応を図り、質的変換への懸命な努力があったはずです。現在から振り返り導き出された敗因ではなく、多様な選択肢が消去されたための敗北として捉えることはできないでしょうか。最終的には敗者となったにせよ、敗者の教訓からは、歴史の「必然」だけではなく、これまでの歴史の見方とは違う、豊かな歴史像を描き出すことで、歴史の面白さを伝えることができると考えています。

また、敗北を境として勝者の政治や社会に、敗者の果たした意義や価値観などが変化しながらも受け継がれていくことがあったと思われます。それがどのようなものであるのかを明らかにし、勝者の歴史像にはみられない日本史の姿を、本シリーズでは描いていきたいと存じます。

二〇一二年九月

吉川弘文館

敗者の日本史

① 大化改新と蘇我氏　遠山美都男著
② 奈良朝の政変と道鏡　瀧浪貞子著
③ 摂関政治と菅原道真　今　正秀著
④ 古代日本の勝者と敗者　荒木敏夫著
⑤ 治承・寿永の内乱と平氏　元木泰雄著
⑥ 承久の乱と後鳥羽院　関　幸彦著　二七三〇円
⑦ 鎌倉幕府滅亡と北条氏一族　秋山哲雄著
⑧ 享徳の乱と太田道灌　山田邦明著
⑨ 長篠合戦と武田勝頼　平山　優著
⑩ 小田原合戦と北条氏　黒田基樹著
⑪ 中世日本の勝者と敗者　鍛代敏雄著
⑫ 関ヶ原合戦と石田三成　矢部健太郎著
⑬ 大坂の陣と豊臣秀頼　曽根勇二著
⑭ 島原の乱とキリシタン　五野井隆史著
⑮ 赤穂事件と四十六士　山本博文著
⑯ 近世日本の勝者と敗者　大石　学著
⑰ 箱館戦争と榎本武揚　樋口雄彦著　二七三〇円
⑱ 西南戦争と西郷隆盛　落合弘樹著
⑲ 二・二六事件と青年将校　筒井清忠著
⑳ ポツダム宣言と軍国日本　古川隆久著　（次回配本）

※書名は変更される場合がございます。

（価格は５％税込）

吉川弘文館